LES BAISERS

Un roman de Manuel Vilas

Du même auteur

Aux Éditions Passage du Nord-Ouest

On Air, traduit de l'espagnol par Catherine Vasseur, 2012

Aux Éditions du sous-sol

Ordesa, traduit de l'espagnol par Isabelle Gugnon, 2019 (Éditions Points, 2021), prix Femina étranger 2019

Alegría, traduit de l'espagnol par Isabelle Gugnon, 2021 (Éditions Points, 2022)

Les Baisers

Traduit de l'espagnol par Isabelle Gugnon

Manuel Vilas

Éditions
du sous-
sol

Titre original :
Los besos

Cet ouvrage a été publié pour la première fois en 2021
par Editorial Planeta

Photo de couverture : Steve McQueen et Faye Dunaway
dans le film *L'Affaire Thomas Crown*, de Norman Jewison, 1968,
Prod DB © Solar Prod / DR

Conception graphique : gr20paris

ISBN : 978-2-36468-641-0

La stagione dell'amore viene e va,
i desideri non invecchiano quasi mai con l'età

La saison des amours va et vient,
et les désirs ne vieillissent presque jamais avec l'âge

FRANCO BATTIATO

1

Je dois quitter Madrid pour voir des arbres, des oiseaux, des sentiers, des forêts, des rivières, des montagnes.

Mais c'est quoi, cette chose qui s'abat sur le monde ? Est-ce important ? Mortifère ? Est-ce une aversion de la nature ? Une destruction ou seulement un petit dérangement sur le chemin vers la liberté et la vérité, vers un être humain plus parfait ? Une maladie comme tant d'autres ? Un ouragan s'approche, peuplé de créatures invisibles qui ne sont ni des étoiles, ni des météorites, ni des bombes atomiques.

Est-ce passager ?

Est-ce grave ?

Est-ce universel ?

L'Histoire, c'est-à-dire les événements de portée planétaire, n'était pas révolue ?

Y aura-t-il de la beauté ?

Je suis à la fois effrayé et reconnaissant – envers le hasard, le beau hasard tremblant, roi de tout sans qu'il le sache. Nous lui avons octroyé ce trône sur lequel il ne s'assoit même pas, dormant toute la sainte journée sur ses lauriers, étranger à son royaume, marinant dans les nuages, dans son insondable indolence.

Je dois quitter Madrid pour aller dans un bel endroit.

Je ferme les fenêtres. Toutes les fenêtres, me dis-je. Écoute leurs charnières, écoute les crémones tourner, fais tes adieux.

J'éteins les lumières, prends une valise, non, deux, c'est mieux, des livres. Que mettre dans les valises ? L'univers dans deux valises ? Je devrais appeler quelqu'un, mais je suis fils unique et mes parents ne sont plus de ce monde. Je continue à fermer les fenêtres.

Je suis retraité depuis peu alors que je n'ai pas soixante ans mais deux ans de moins. Un des avantages de l'enseignement secondaire, c'est qu'on peut demander sa retraite à soixante ans à condition d'avoir cotisé trente ans. Il n'y a plus de vieillesse dans la retraite, en tout cas pas dans la mienne, c'est déjà un pas en avant, mais vers où ? Qu'a-t-on devant soi ?

Qu'est-ce que la vieillesse ?

La veille du confinement je suis monté dans ma voiture et j'ai fui Madrid le plus vite possible. Les routes commençaient à se vider, j'avais remarqué ce processus et l'observais même avec une certaine exaltation. On aurait dit que la Terre mère reprenait possession de son territoire occupé par des forces primitives, involontaires, anonymes, inconnues.

Il y avait une grande beauté dans ces forces quasi surnaturelles, et j'ai pensé à mon âme en espérant que je pourrais un jour la voir de mon vivant.

Avant de disparaître de la planète, tout humain devrait avoir le droit, un droit de nature politique, de voir son âme, car sans âme nous ne sommes pas grand-chose.

L'air et le soleil étaient ceux de toujours, pourtant ils se présentaient sous un profil différent, sans doute parce que les éléments de la nature sont et resteront une perception et non des objets paisibles et achevés.

Oui : les humains, leurs existences et leur présence écrasante quittaient le monde ou plutôt s'estompaient. C'était un peu la débâcle des armées de la vie, de la joie, de la lumière, de la fête.

J'avais l'intuition que l'échec et le succès allaient s'égaliser, devenir indifférenciables l'un de l'autre. Car le succès est social. Et le confinement une réclusion.

La prison se refermait sur des justes et des pécheurs, pour employer des termes de notoriété biblique. La dimension cosmique de la catastrophe qui s'abattait sur la vie m'enivrait.

Les Baisers

J'ai pensé aux morts.

Non pas à ceux qui allaient mourir, mais à ceux qui étaient déjà morts, qui avaient trépassé les années précédentes, en 2015, 2016, 2017 ou 2018. Ne devaient-ils pas revenir à la vie pour assister au spectacle de l'irréalité de la civilisation ?

Je trouvais injuste qu'ils n'aient pas l'occasion de voir toutes ces nouveautés planétaires. Rater les événements universels est une fatalité. C'est comme rater les jours de fête de l'humanité.

2

Le virus ressemblait à un nouveau-né s'approchant de la Terre, je le percevais ainsi, comme à la fin de *2001, l'Odyssée de l'espace*, de Stanley Kubrick.

Une question me faisait sourire avec ironie : l'argent allait-il perdre son effectivité ? Personne n'a connu la vie sans la présence de l'argent. Même ceux qui possèdent des millions de dollars ou d'euros ne peuvent payer pour réaliser le rêve d'un monde où l'argent ne circulerait pas. Cet argument induit que la vie humaine tend à la comédie, la seule chose à prendre au sérieux étant l'amour entre deux personnes.

À quoi sert donc l'argent dans un monde sans serveurs, sans employés ni fonctionnaires venant consolider l'idée d'État ? Si l'argent est irréel, la civilisation chancelle, car les riches et les pauvres se rejoignent sur un pied d'égalité. Ils pourraient aller jusqu'à tomber amoureux les uns des autres. Personne n'a vécu sans la présence de l'argent, aussi ancienne que celle d'un dieu, ce qui amène à se demander si toutes deux ne sont pas une seule et même réalité.

Elles sont pareilles, et ce mariage difficile entre Dieu et l'argent est un prodige, un grand don de l'intelligence, un mariage qui ne s'étiole pas et comprend toujours des rapports érotiques de premier ordre, un lien où l'infidélité est l'idée la plus absurde qu'on puisse imaginer.

3

La terre tremblait vraiment d'angoisse.

Je n'avais encore jamais traversé en voiture le brasier de la nature. À la radio on ne parlait que du virus, des gens émettaient des avis et des médecins, des politiciens, des journalistes faisaient beaucoup de tapage en livrant leurs interprétations. La nature prenait les armes contre les humains. Elle nous envoyait un virus. Une sorte de sperme de Satan. Cela m'a rappelé un autre film, *Rosemary's Baby*. J'étais passé de Kubrick à Polanski. Mais cette pensée m'attristait dans la mesure où elle me renvoyait à la nuit fondamentale de l'espèce, qui divise la réalité entre le bien et le mal, entre la lumière et l'obscurité, entre la vie et la mort, à croire qu'aucun progrès n'est possible, que rien n'a changé dans les conceptions anthropologiques essentielles des trois mille dernières années. La binarité, la dualité, continue de dominer nos connaissances.

De grandes avancées scientifiques, technologiques, astronomiques et médicales qui s'inscrivent dans une configuration morale vieille de trois mille ans et totalement stagnante.

Le virus était petit, seulement visible au microscope.

On implore toujours les microscopes.

Je déteste la foi qu'on a dans les microscopes.

Le virus est source d'une nouvelle humiliation dans la vie des gens. Nous étions jusqu'alors humiliés par l'échec social, les déconvenues amoureuses, la pauvreté, la laideur, l'indigence au travail, la tristesse ou la mort. Nous le sommes maintenant par un être invisible.

Comme Jésus-Christ, le virus n'a été vu que par les élus. De sorte que tout est resté identique. Il a fallu croire en des hommes et des femmes particuliers. Le nom de ces individus a changé. Il y a deux mille ans on les appelait les apôtres. On les désigne aujourd'hui sous le nom de scientifiques. La comédie humaine est frénétique et interminable.

Mais qu'est-ce qu'on fait donc sur terre ?

Nous pourrions disparaître en tant qu'espèce, il ne resterait aucune trace de notre présence nulle part, l'univers poursuivrait sa marche vaine vers le néant ou peut-être vers l'obscurité, et nous disparaîtrions sans avoir été capables d'expliquer pourquoi nous sommes apparus un jour et quel sens a eu notre vie. Mais tout être humain est dans la même situation : il quitte ce monde sans savoir pourquoi il a été là, sans savoir ce qu'est la vie, ce qu'est sa vie.

Le lendemain de mon arrivée dans la maison de la forêt, l'Espagne a été mise en quarantaine.

4

La maison de la forêt est en bois avec un joli toit à deux pans. Elle comprend une chambre agréable, une salle de bains et une cuisine-salle à manger dégagée et spacieuse. J'ai rangé les boîtes de conserve dans le placard de la cuisine. J'ai apporté des livres. Des bouteilles de lait. De la viande congelée. Beaucoup de café. Le village le plus proche se trouve à quinze kilomètres, et pour le moment il est désert car c'est un lieu de vacances, surtout en été.

J'ai apporté des livres, oui, mais je ne savais pas trop lesquels choisir.

J'ai pris deux incontournables : la Bible et *Don Quichotte* de Cervantès. J'ai pensé qu'ils étaient parfaits pour affronter la fin du monde, ces deux livres ayant la capacité d'en résumer d'autres. Dans une fuite précipitée, personne ne peut transporter trois mille ouvrages ni même trois cents. Il vaut mieux en prévoir cinq ou six, quinze au maximum, ou bien douze, je ne sais pas, tout dépend de ta force brute, à moins que tu n'aies un serviteur, parce qu'il faut tenir compte de la portabilité de ces volumes.

La portabilité a son importance, non seulement pour les objets mais aussi pour l'âme.

L'image de la fin du monde surgit toujours à l'occasion d'un événement planétaire, mais songer à la fin du monde, c'est exprimer de manière indirecte l'existence de ce monde. En parlant de fin du monde, les gens reconnaissent ce dernier et laissent ainsi entendre que la civilisation est un fait indiscutable. Voilà pourquoi nous adorons la fin du monde, qui nous permet au passage d'affirmer notre propre existence.

Je ne suis pas isolé, la connexion wifi de mon portable

fonctionne parfaitement. Il y a en outre un petit téléviseur qui capte les principales chaînes d'information.

C'est un LG de 28 pouces avec une télécommande aux touches minuscules. Pourquoi ne pas en fabriquer de plus grandes ? On aurait l'impression de piloter un vaisseau spatial, de piloter le monde entier.

Le matin un soleil extraordinaire entre dans la maison. Je le regarde se promener dans la chambre et la salle de séjour et me félicite d'avoir eu l'excellente idée de venir dans cet endroit.

Le soleil n'est au courant de rien de ce qui se passe ici-bas. Si je l'observe, ce soleil qui baigne la maison, il m'est impossible de penser qu'une chose incroyable est en train de survenir dans le monde.

Ce soleil est une invitation à tomber amoureux, mais de qui ?

Je me réveille en général entre huit heures et huit heures trente, mais ne sors du lit qu'une heure plus tard, puis je prends mon café jusqu'à dix heures passées.

Je mets le journal télévisé.

Des millions d'êtres humains restent des heures devant leur téléviseur pour regarder les informations.

Elles sont dévastatrices, et le monde s'engage dans un lieu inconnu, comme quand on a marché sur la Lune, en 1969. Nous ne l'avions jamais foulée, mais, plus important, nous n'avions rien anticipé, hormis dans des films et des romans, qui ne sont pas des formes solides de prévision.

Bien entendu, il ne s'est rien passé après que l'homme eut marché sur la Lune en 1969. Cela paraissait crucial et pourtant ça ne l'était pas. Il s'agissait pour finir d'une extravagance de l'humanité.

La conquête de la Lune était un acte poétique sans conséquences réelles, une sorte de narcissisme qui a révélé l'inutilité du cosmos. Il est très difficile de croire en l'humanité quand aucun événement planétaire n'a lieu. Si les événements sont dévastateurs, la croyance s'affermit. S'ils sont décoratifs, comme marcher sur la Lune, la croyance dure moins longtemps.

Marcher sur la Lune a-t-il changé la vie de nos parents ? Non, c'était un divertissement, un loisir, du cinéma, un spectacle, ce qui signifie déjà beaucoup. Un loisir scientifique, voire métaphysique, mais un loisir quand même. Cela n'a rien changé à la réalité économique de la terre, cela n'a entraîné aucune révolution industrielle. C'était un agrément, un agrément lumineux avec son effervescence philosophique, sa touche poétique.

Le voyage sur la Lune a été le dernier acte poétique de l'humanité. On a dépensé des milliers de millions de dollars pour l'amour de la poésie.

Jamais on n'avait investi autant d'argent dans la poésie.

Jamais on n'avait autant aimé la poésie.

En finançant ces voyages sur la Lune, les États-Unis et l'ancienne Union soviétique sont devenus de véritables mécènes de la poésie.

Il n'est pas nécessaire d'être très intelligent pour s'apercevoir que l'idée de nation ou de peuple n'en a plus pour longtemps, de longues années ou un ou deux siècles, peut-être trois ou quatre, je n'en sais rien, mais un jour seule l'humanité existera, avec le statut politique qu'elle sera en mesure de s'octroyer.

Les nations disparaîtront, les langues aussi, et ce ne sera pas un moment de tristesse mais un pas vers des dimensions merveilleuses.

Nous ne le verrons pas maintenant, mais quelqu'un finira par le vivre ; en étant optimistes, cela arrivera d'ici un siècle et demi ou deux : il n'y aura plus de pays, plus de France, d'Espagne, d'États-Unis, plus de Cuba, de Russie, d'Allemagne, d'Italie, de Chine. Cela mettra peut-être cinq cents ans, mais je le vois très clairement. Ce sera un moment magique : la chute des identités nationales, l'extinction de la notion de peuples et la naissance de l'humanité.

L'important sera la fin des nations, et quelle chance auront alors les hommes et les femmes qui assisteront à l'effacement des inégalités et des injustices ! Peu importe où tu naîtras. Tu n'auras plus la vie dure parce que tu viens d'Afrique, ni une existence privilégiée parce que tu es originaire d'Europe. Rien de tout cela n'existera plus. Personne ne te condamnera à l'invisibilité sous prétexte que tu ne parles pas anglais. À la fin nous parlerons tous anglais, comme Shakespeare lui-même.

Nous serons tous William Shakespeare par le talent, et Elvis Presley par notre prestance et notre physique.

Si je tends la main, je touche ce monde.

Du virus irradie la possibilité d'un changement de sujet de l'Histoire avec un grand "H", bien que nous ne comprenions guère le sens d'une majuscule à un mot.

Les informations essentielles à propos du virus sont désignées par des termes anglais sur tous les téléviseurs de la planète, et dans deux cents ans, ce sera la seule langue, les autres se seront éteintes peu à peu, mais pas tristement. J'ignore encore à quoi cela ressemblera, je sais qu'il n'y aura rien d'imposé, aucune tristesse, pas de guerre ni de tyrannie, plutôt un accord fraternel où le désir de communiquer primera sur le désir d'identité. Car il n'y aura plus d'identités nationales, supplantées par une immense envie de parler entre tous, une volonté universelle de communication.

Nous qui ne ferons pas partie de ce futur pouvons toujours nous consoler en pensant à ceux qui ne sont plus parmi nous maintenant, qui ont vécu au Moyen-Âge ou au XVIIe siècle.

Nous autres, vivants, nous nous souvenons, et les morts

nous laissent les rappeler à notre souvenir, c'est leur unique activité.

Et pourtant rien n'a d'importance si tu n'es pas amoureux.

À quoi bon avoir le cerveau et l'intelligence de Karl Marx ou d'Albert Einstein si tu n'es pas amoureux ?

C'est là tout le mystère.

5

Hier je suis allé faire des courses dans le seul magasin du village de Sotopeña, le lieu qui m'accueille. La vendeuse affichait une animosité envers le monde qu'elle ne se souciait plus de cacher. Elle me connaît depuis peu et n'était pas sympathique comme quelques jours auparavant, lorsque j'étais venu pour la première fois.

Elle m'avait alors posé des questions sur ma vie, par politesse, évidemment.

Aujourd'hui, Montserrat – c'est son prénom – s'est contentée de respecter la distance protocolaire en ajustant son masque, de type chirurgical. Elle m'a servi des fruits, des légumes frais, du pain, de la viande, des croissants et des bouteilles de lait. Très peu de chaque parce que je n'aime pas accumuler la nourriture.

Manger beaucoup en plein confinement n'a aucun sens, lui ai-je dit pour justifier mes maigres achats, car j'avais l'impression de lui faire perdre son temps avec des emplettes aussi insignifiantes : un kilo de mandarines, quelques bananes, un chou, une aubergine, un steak haché, deux litres de lait et deux croissants. Je me suis tout de même dit que j'allais avoir trop de mandarines et que je ne mangerais qu'un seul croissant. J'ai pensé aux oiseaux, aux oiseaux du ciel à qui je pourrais lancer des quartiers de mandarine. Le fait d'avoir dispensé des cours à des adolescents pendant des années a peut-être forcé mon côté mystique, qui provient de l'humilité sur laquelle se fonde toute transmission du savoir. Sans humilité, l'intelligence n'est que vanité.

Montserrat a critiqué avec subtilité et même un brin d'espièglerie la gestion de la pandémie par les hommes politiques. Oui, elle a fait ça en glissant trois bananes des Canaries dans mon sac en tissu. C'est bien, les bananes, ça donne du volume et la sensation d'avoir acheté beaucoup de choses.

Il faudrait trouver des coupables, ai-je songé, un monde sans coupables étant intolérable. Je l'ai accompagnée mentalement dans la propagation de griefs qu'elle venait d'entreprendre, sa tentative de montrer les politiciens du doigt, parce que sans coupables les humains ne peuvent avoir aucune connaissance du monde et de la vie.

Montserrat veut des coupables, le monde entier veut des coupables. La nature est une entité trop abstraite pour qu'on rejette la faute sur elle. Rien n'est plus humain que la recherche de coupables, car au-delà de la dérive paranoïaque et de l'aspect psychotique, l'ironie, c'est que les coupables existent.

Quand je sors du magasin, deux policiers municipaux gantés et masqués s'avancent dans ma direction et me demandent ce que je fais à Sotopeña. Je leur explique que je viens de prendre ma retraite, que j'étais dans l'enseignement et que mon syndicat a mis une petite maison à ma disposition, dans la montagne de La Perla, où je me suis installé avant le confinement.

Ils veulent que je le prouve.

J'hésite, je ne vois pas comment prouver ça, je regarde les bananes qui émergent du sac puis me rappelle qu'en arrivant au village, avant que l'état d'urgence sanitaire soit déclaré, j'ai acheté de la viande dans ce petit commerce.

Nous retournons au magasin.

Montserrat retire son masque et dit qu'elle ne se souvient plus, mais qu'il faut qu'ils me foutent la paix, à quoi ça rime, tout ça, puisqu'on est dans la merde, alors autant laisser chacun s'y plonger comme il l'entend.

Je regarde cette femme dont la beauté me brise le cœur,

je crois que c'est la femme de ma vie, une certitude qui explose dans mon âme que je vois enfin.

Nous sommes tous – les deux policiers municipaux et moi – stupéfaits. Elle a prononcé ces mots avec une conviction contagieuse. Et sa beauté sauvage a inondé le monde d'espoir. Je l'ai vue ainsi : brune, une chevelure relevée en un chignon chaotique, des yeux noirs pleins de violence, de grandes mains, des lèvres esquissant un demi-sourire prêt à prendre les armes, investie d'une autorité à la fois diabolique et divine.

Je me suis concentré sur ses mains, car tout en s'adressant à nous elle rangeait des cageots de mandarines, sans gants, avec ses mains puissantes. J'ai songé à la tristesse des gants, dont la fonction est de priver de telles mains de la lumière du soleil.

Les deux policiers et moi sommes sortis du magasin, comme si entre-temps nous avions fraternisé, comme si un lien nous unissait, fondé sur la beauté, la violence et la colère de Montserrat.

Ils ont retiré leur masque dans une sorte de rébellion policière et nous nous sommes souri.

Ne vous avisez surtout pas de l'appeler Montse, m'ont-ils prévenu. Il faut dire Montserrat. Elle a un sacré caractère mais c'est une femme adorable, elle est généreuse et très belle. Ça, ça saute aux yeux. Nous l'aimons beaucoup, elle vous a tiré d'affaire, vous avez eu un avocat redoutable. C'est la plus belle femme qu'il y ait jamais eue dans ce village, alors faites attention de ne pas tomber amoureux.

Sur ce ils ont éclaté d'un rire agréable et amène.

Puis ils ont remis leurs masques.

Et je suis reparti.

Qu'ils parlent de Montserrat en des termes aussi bienveillants m'a touché, et j'ai pensé qu'ils devaient la protéger, mais de quoi ? De tout, de toute la méchanceté de ce monde, même infime. Quoi qu'il en soit, la bonté de ces agents m'a transporté de joie.

Ne seraient-ils pas eux aussi amoureux d'elle ?

Il est impossible de la voir sans être mort d'amour.

J'ai besoin de croire à la bonté de ces policiers, de me dire que ce sont des gens bien. Je veux avoir foi dans la bonté universelle pour une raison très simple, c'est qu'elle est préférable à la méchanceté, et la choisir est un acte intelligent presque surnaturel.

Pourquoi Montserrat est-elle aussi jolie ? Quel est ce labyrinthe ?

J'ai vu tant de beauté dans son visage, ses yeux, ses pommettes, ses lèvres, sa peau, que ce coup de foudre colonise mon cœur et s'y ancre pour édifier un hameau, faire un feu qui se met à brûler et concentre la vie autour de lui.

Pourtant la route était déserte, les arbres tristement livrés à leur sort, les chemins se perdaient, le vent soufflait. La sierra madrilène se refroidissait, mais renvoyait une sensation d'intemporalité, de retour à la nature.

6

Je regarde les arbres qui sont à côté de chez moi et remarque des différences.

Je reconnais les pins et les sapins, les peupliers, mais pour les autres je m'y perds.

Je dois apprendre tous les noms d'arbres. Il est plus important de connaître les noms des différentes espèces d'arbres que ceux des rois d'Espagne, de France ou d'Angleterre.

Les arbres sont des êtres humains améliorés, changés en quiétude et en bonté absolue. Que dire d'un arbre ? Uniquement de bonnes choses, comme de Montserrat.

Je suis tombé amoureux d'elle, murmuré-je aux arbres.

Je vais la transformer en arbre pour que, comme moi, vous tombiez sous son charme.

Est-ce un coup de foudre ?

Si seulement.

Si seulement les coups de foudre pouvaient être aussi réels que les arbres, les montagnes ou les fleuves. Si seulement personne ne doutait de leur existence. Parce que les coups de foudre sont probablement la preuve de l'existence de forces surnaturelles, magiques, des pouvoirs étonnants destinés à élever la vie humaine, la métamorphoser en beauté, en amour sauvage, en passion.

Les arbres tombent-ils amoureux d'autres arbres ?

D'après moi oui, et leur amour est condamné à l'éloignement et à l'inaccomplissement dans la mesure où un arbre ne peut pas marcher vers un autre arbre.

Ils se touchent peut-être au moyen de leurs branches ou de leurs racines, mais sont incapables de s'extraire de terre et de se diriger, déracinés, vers un de leurs congénères.

Le monde s'avilit à cause du virus et j'ai besoin de passer un moment seul en compagnie des arbres.

C'est la plus jolie femme que j'aie vue de ma vie, dis-je à un sapin géant.

Elle, Montserrat, précisé-je.

Mes yeux la conduisent déjà jusque dans mon âme.

Je ne l'ai pourtant vue que cinq minutes, mais peu importe. Ce qui compte, c'est que j'aie pris conscience que c'était elle que j'attendais.

Celle que mon âme attendait.

Son visage revient constamment dans mes pensées et prolonge la douceur et le sortilège.

Exact : mon âme l'attendait et en la trouvant elle s'est rendue visible.

Les arbres ne me répondent pas avec des mots mais ils agitent leurs branches.

7

Les chaînes de télévision ne veulent pas montrer les cercueils. On en manque. Les cercueils sont importants : ils en disent long sur la condition humaine et ont une force politique. Quand on en voit un, on cesse automatiquement de croire en toute forme de nation ou d'État, car on s'aperçoit que la vérité est là, dans le cercueil. Voilà pourquoi on évite de nous les montrer.

Un cercueil remet aussitôt en question tout sens social et politique de la vie. Les cercueils sont la vérité nue.

Tout le monde les déteste.

Je regarde à présent l'exemplaire de *Don Quichotte* que j'ai posé de manière cérémonieuse sur la table de chevet. Il donne la sensation d'être à la maison : une table de nuit et un livre.

J'apprends par cœur des phrases isolées que j'ai entendues au journal télévisé afin de m'assurer que la situation est bien réelle.

Mémoriser des phrases de ce journal équivaut à prier pour que le monde existe.

Personne ne sait qui sont les morts. Les présidents des différents gouvernements doivent fournir un gigantesque effort théâtral pour cacher leur indifférence à ces morts. Mais nous savons tous qu'ils s'en tapent, et ce pour une raison très simple, c'est que nous aussi on s'en fiche.

Il est vrai que nous essayons d'employer le meilleur de nos forces pour nous intéresser à la souffrance d'autrui, qui nous est cependant étrangère. Nous sommes trop hypocrites ou avons le cœur étroit.

Nous attendons des chefs d'État ou des chefs du gouvernement qu'ils se préoccupent de ce dont on n'a cure. Mais si on y réfléchit, c'est une posture assez risible, qui s'assimile quoi qu'il en soit à une obligation de résultat que le peuple exige de ses politiciens.

Les liturgies ont été inventées pour ça : pour que ce qui pourrait ne pas nous importer ait l'air de compter à nos yeux. On dit aussi "témoigner du respect" et c'est parfait. C'est une belle invention, elle nous permet de vivre en société et nous aide à nous tolérer les uns les autres. Le respect est moderne. Je crois qu'il est apparu après la Seconde Guerre mondiale.

Mais le respect n'est pas l'amour.

Le respect est l'ennui politique, la soumission, une autre terreur qui vient s'ajouter à celle de la mort. Ce respect-là recèle quelque chose de terrifiant.

Mon hommage consiste à les imaginer comme des danseurs dans le ciel : entourés de nuages, ils dansent une valse pleine de lumière, ils ont rajeuni et s'embrassent, se mordent, se mettent en pièces, font l'amour, sont infidèles – l'infidélité ayant été à jamais abolie –, échangent leurs compagnes et leurs compagnons, les vieux couples se disent adieu et tous ont des aventures avec d'autres femmes et d'autres hommes, les octogénaires se poursuivent pour se livrer à des scènes de sexe torrides sur le rivage, sous les arbres, il y a du champagne, des fruits de mer, un temps interminablement calme, de la musique, des chansons de Nat King Cole, et tous ont l'air d'être Adam et Ève.

Tel est l'hommage que je rends aux morts.

Qu'ils se remettent à danser.

Danser.

Comme le chante Franco Battiato : "Je veux te voir danser", l'hymne le plus merveilleux que j'aie jamais entendu pour clamer la beauté de la vie.

Qu'ils se remettent à marcher dans les rues de leurs villes : Madrid, Séville, Valence, Barcelone, Malaga, Bilbao,

La Corogne, Saragosse, Oviedo, Cáceres. Qu'ils retournent dans les rues qu'ils ont toujours fréquentées, dans les restaurants où s'est déroulée la fête de mariage de ceux qui ont convolé, c'est-à-dire la plupart d'entre eux, car en Espagne tout le monde finit par se marier, pourtant j'aimerais aussi saluer de tout mon cœur les célibataires, qui n'ont pas de restaurants où revenir.

Je pense aux célibataires et aux appartements qu'ils ont laissés vides en mourant, faute d'enfants pour en hériter, mais peut-être avaient-ils des neveux, il y a toujours un neveu pour remporter tout à coup le gros lot.

Les angoisses amoureuses des célibataires s'en vont avec le virus, ainsi que les jours où ils se sont dit que, oui, cette fois était la bonne, ils allaient se marier, mais en fait non, et le célibat a fini par devenir leur destinée.

Pourvu que les neveux des célibataires morts occupent leurs appartements pour y faire l'amour, la seule chose qui vaille la peine d'être faite ici-bas avant de mourir, bien que ni le journal télévisé ni le président du gouvernement n'en parlent.

En vérité le virus s'est planté devant nous pour laminer notre érotisme, nous priver de langue, de jambes, de sexe, de lèvres, de mains, d'orgasmes, et nous ramener au Moyen-Âge du péché de chair.

Sans gémissements.

Sans rencontres fortuites dans des toilettes de gare où deux inconnus jouissent comme des bêtes, lui assis sur la cuvette des W.-C., elle au-dessus, puis elle les jambes plaquées au mur et lui debout, et enfin lui en dessous, sur le sol poisseux, tandis qu'elle le frappe de ses pieds.

Ils quittent ensuite les toilettes sans même se demander leurs prénoms, chacun monte dans un train différent et ils ne se reverront plus jamais.

Ils se sont aimés ou ont essayé de s'aimer, ils ont fait

ce qu'ils ont pu, ce n'est pas moi qui les condamnerai aux flammes éternelles pour avoir libéré leurs instincts.

Et ils emportent leurs fluides, de solides odeurs corporelles qu'ils garderont un bon moment, jusqu'à ce qu'ils se douchent, s'ils se douchent.

Car les pauvres ne s'alimentent que de l'illusion de l'amour, du sexe et des caresses. Les riches aiment les indices boursiers, les grands bureaux dans les gratte-ciel, les banques internationales, l'industrie, les jets privés, les villas avec cent chambres et cinquante salles de bains.

Les pauvres n'ont plus que le sexe, et avec un peu de chance l'union mystique du sexe et de l'amour. Avec un peu de chance.

Cent chambres pour faire l'amour cent nuits dans cent endroits différents.

Les amoureux pauvres n'ont guère le temps de songer à détester qui que ce soit, guère le temps de se rebeller, d'avoir des idées politiques pour s'engager dans une révolution socialiste, communiste, libérale ou autre, et ce non parce qu'ils sont pauvres, mais parce qu'ils sont amoureux.

Les amoureux n'ont pas de temps à consacrer au monde.

Je veux être l'un d'entre eux, ne serait-ce que par désir d'être amoureux.

Dire aux révolutionnaires d'aujourd'hui et même à ceux de demain : votre combat est merveilleux, mais ça ne me convient pas d'y participer, je n'ai pas le temps, je n'ai pas cinq minutes devant moi.

Pourquoi ? me demanderait leur leader.

Parce que je suis amoureux.

8

Lavez-vous les mains, c'est toute la journée la même rengaine. Un avilissement de la vie qui tient à présent dans l'acte insignifiant et vain de se laver les mains des centaines de fois. Se laver les mains sauve des vies.

À croire que, ce faisant, on ne perd pas le temps précieux qu'on passe à contempler la beauté du monde. Car en se lavant les mains on ne voit qu'un robinet, de l'eau, de la mousse savonneuse et de l'obéissance.

Il est impossible de ressentir la plénitude de la vie dans l'acte médiocre d'obéir. L'obéissance n'est qu'un renoncement volontaire à la liberté, une dégradation et une misère morale.

Ponce Pilate a été le premier et le dernier homme à élever une action aussi banale que se laver les mains au rang philosophique.

L'obéissance revient, la soumission ressort et rend la docilité encore plus visible.

Je convoque donc le souvenir du visage de Montserrat comme un lieu de désobéissance, le seul où je pourrais encore être libre.

J'écoute les informations en pliant les draps.

Dans cette maison la machine à laver semble neuve. Je tombe sous le charme car elle possède un écran digital, presque comme un ordinateur. Il y a une explosion festive dans le fait de lancer le programme de lavage en se sentant aux commandes d'un simulateur spatial ou d'un appareil de ce genre.

Un mélange d'eau, de savon et de technologie.

Si on choisit le programme d'une heure, le numéro 60 s'affiche sur l'écran, puis descend à 59, 58, 57, et on voit le temps s'écouler, un temps actif, un temps utile : ce ne sont pas des minutes qui s'égrènent de manière stérile et mélancolique, elles ont une finalité, un but.

Comme s'il y avait un point d'intersection entre un astronaute et un lave-linge, telle est cette machine.

Qui fabrique les lave-linge ? Qui les a inventés ? Comment est-il possible qu'ils fonctionnent ? Comment est-il possible que les gens ne se rendent pas compte de ces prodiges ? Si Jésus-Christ ou Lénine revenaient et voyaient combien il est facile de laver sa tunique de messie ou sa veste de révolutionnaire en velours côtelé, ils en resteraient sans voix.

Une machine à laver est un miracle chrétien et une révolution communiste.

Je suppose que Montserrat en a une elle aussi, peut-être moins bien que la mienne et ça m'attriste. J'aimerais que la sienne soit bien plus performante.

Je regarde la télé. Tous les chefs de gouvernement du monde disent ce qu'il faut faire en invoquant la science. Tous ont du linge de corps propre, mais je doute que ce soit eux qui mettent leurs chaussettes, leurs slips et leurs chemises dans la machine à laver.

Je doute qu'ils sachent faire tourner une machine, qui propose en général de nombreux programmes. Il n'est pas facile d'en maîtriser les multiples possibilités ; des ingénieurs et des techniciens, des designers et des électriciens qualifiés se sont pourtant échinés toute leur vie professionnelle à concevoir davantage de programmes de lavage pour des rendements optimaux. Ils ont résolu de grandes difficultés avant d'en arriver aux derniers modèles de lave-linge, mais la plupart des usagers ne s'en rendent pas compte, car tout le monde possède une machine à laver.

On ne voit jamais le président du gouvernement espagnol sur les chaînes de télévision étrangères, et dans de nombreux pays on ne connaît ni son nom ni son physique. Il ne passe qu'en Espagne. En cela il est moins célèbre que Cervantès, il faut signaler ce détail, par ailleurs inquiétant.

Est-il conscient de ce détail ?

Dans le monde, le président du gouvernement espagnol est en seconde division. Cette position perpétuelle en seconde division m'attriste. Sait-il qu'il ne joue qu'un petit rôle insignifiant ? À quoi attribue-t-il son inconsistance internationale ? La vit-il avec dignité ? Est-il en colère quand il se réveille le matin et constate qu'il n'a aucun appel en absence du président des États-Unis, de la reine d'Angleterre ou du pape, du tsar de toutes les Russies, etc., etc. ?

Bah. Penser aux chefs de gouvernement est idiot. Je ne veux penser qu'à elle. À Montserrat. À sa beauté démesurée mais plus encore à sa bonté, car c'est cette qualité qu'ont soulignée les deux policiers. Je fais valoir sa bonté parce que j'ai peur de l'amour. Une bonne personne est incapable de te meurtrir, me dis-je.

Je m'accroche à l'image de Montserrat alors que je ne l'ai vue que cinq minutes, peut-être sept, mais elle m'a illuminé de l'intérieur. Quelle finalité peut avoir un être humain si ce n'est d'en illuminer un autre ?

La grande création de la réalité par la télévision, voilà ce que nous sommes, mais je viens brusquement de me trouver une autre priorité qui tient en un prénom : Montserrat.

On dirait que l'Histoire se dévoile, que nous sommes confrontés à un événement important et universel. Les faits de grande ampleur nous émeuvent, et le virus en est un, car au fond nous nous plaisons à croire qu'il y a une volonté quelque part, et que le hasard ne saurait produire à lui seul des faits d'envergure. C'est touchant, c'est la preuve que nous sommes toujours une espèce en mal d'amour, une espèce fragile.

Nous avons besoin d'un sens, car dans l'espèce humaine,

sens et intelligence s'apparentent. L'intelligence est la célébration d'un sens.

Un iguane, un élan, un loup, un tigre, un caméléon, un chimpanzé, un dauphin, une cigogne n'éprouvent pas la nécessité de raconter l'histoire de leur vie, ils n'ont aucun fait à raconter. Ils sont un long silence imperturbable, demeurent dans l'indifférencié, l'indistinct, privés d'identité. Notre civilisation est née le jour où un humain s'est mis à raconter son histoire et s'est inventé une identité.

Le prénom de Montserrat sera peut-être le point de départ d'une narration, je l'espère ou le souhaite.

Et d'un amour.

J'ai tellement envie d'aimer et d'être aimé.

À mon âge.

À n'importe quel âge.

À tout âge.

J'ai cinquante-huit ans et j'ai envie d'aimer.

Mais ce serait pareil si j'en avais soixante-dix-huit.

Et si j'étais un nonagénaire à l'agonie dans un hôpital, j'aurais également envie de faire l'amour avec n'importe qui, et il faut qu'il en soit ainsi car là est notre salut : nous nous enflammons lorsque quelqu'un nous touche, lorsque quelqu'un nous embrasse.

9

Si le coup de foudre n'existait pas, la vie n'aurait aucun sens. Elle a malmené ceux qui n'en ont jamais eu. L'amour immédiat, sans une seconde d'hésitation, c'est à cet amour-là que je pensais, un amour foudroyant qui devrait être un droit démocratique. Une conquête politique. J'aimerais immédiatement délivrer tous les humains qui n'y ont pas succombé jusque dans leur chair.

C'est une injustice.

Le coup de foudre est la manière dont la vie propulse les pauvres et les misérables vers le pouvoir, la plénitude, la majesté, la gloire, la fureur, l'audace, la passion, la maîtrise du monde et de l'Histoire.

Peuplez le monde de personnes ayant eu un coup de foudre, ai-je envie de dire aux forces politiques progressistes de la planète Terre, et je dirais la même chose aux forces conservatrices.

Je le dirais aussi aux fascistes et aux communistes. Peuplez le monde d'amoureux. Mais ils me fusilleraient.

10

J'ouvre la porte du frigo dès que je me lève et regarde à l'intérieur comme si je regardais des océans, des villes, des cathédrales, des forêts, des foules d'hommes et de femmes faisant l'amour.

Le frigo contient la stupéfiante beauté du monde.

Le monde est plongé dans le silence.

Des millions d'humains contemplent l'intérieur de leurs frigos. Pendant le confinement, les seules vues panoramiques sont celles que proposent nos réfrigérateurs, métonymies de la beauté du monde : des bananes suggèrent des arbres, un poisson la mer, un filet de viande des prairies.

Je n'ai plus rien à manger.

Je monte dans la voiture.

Avant de tourner la clé de contact, je l'observe. Cette automobile est vraiment trop vieille. Une ancienne Golf, un modèle rouge de 1997 à quatre portes, mais elle me plaît, elle a déjà une petite touche vintage.

Il fait huit degrés dans la sierra madrilène, qui résiste encore à l'arrivée du printemps. Je m'engage sur le chemin qui mène à la route, et de là je prends la direction de Sotopeña. Tout est désert. Tout est comme il y a trois mille ans. Je pénètre dans le village et me gare devant l'épicerie de Montserrat.

Alors ils t'ont fichu la paix ? me demande-t-elle en me voyant.

Je lui adresse un sourire en guise de réponse.

Tu peux m'appeler Montse, propose-t-elle à mon grand étonnement. Et elle retire son masque.

Je prends des fruits, des tomates, des légumes.

Elle me demande où je vis. Je lui réponds que je suis seul

dans une cabane confortable et agréable en pleine montagne. Il n'y a aucun client, nous pouvons donc bavarder tranquillement. Elle m'apprend qu'elle ne travaille que le matin, qu'un autre vendeur vient l'après-midi. Le propriétaire du magasin habite Madrid. Elle ajoute qu'avant la pandémie, ce village était déjà d'un ennui mortel, sauf l'été et pendant les vacances. C'est tout juste si elle ne le préfère pas confiné. Elle rit. Cela fait des jours que je n'ai pas entendu quelqu'un rire.

Tu n'as pas froid là-haut, en pleine forêt ? Elle me pose des questions pour que je m'attarde un peu.

J'ai de très bons radiateurs électriques. C'est vrai. À présent, en les nommant, je me rends compte qu'ils sont ultraperformants.

Tu n'as pas de cheminée ?

Si, si, bien sûr.

J'adore les feux de cheminée.

Eh bien il faut que tu viennes.

Nous nous regardons un instant et un silence s'installe, que ni elle ni moi n'osons briser, comme pendant une trêve.

J'essaie de partir, baisse les yeux sur mes emplettes, une manière de lui signifier que j'ai fait mes courses et que je dois y aller.

Je n'ai pas acheté grand-chose parce que j'ai l'intention de revenir bientôt. Je veux voir Montserrat. Avant de sortir je lui demande le numéro de l'épicerie au cas où j'aurais besoin de lui passer une commande. À la télévision, on conseille de faire ses courses en ligne et d'aller les récupérer via le *click and collect*, sans voir ni toucher qui que ce soit. Montserrat me regarde droit dans les yeux.

Donne-moi ton numéro, je vais te biper, comme ça tu auras le mien.

À cet instant, une femme s'avance vers nous en poussant un caddie.

Elle m'appelle, j'entends sonner mon portable.

Je gare la Golf juste devant chez moi.

Assis dans le canapé, je pense à elle. Je me lève et allume le téléviseur. Il y a des hommes politiques, des ministres, des journalistes, des publicités, des concours, des cuisiniers. Rien d'intéressant. Pourtant je ne me résous pas à éteindre car le son qui s'élève m'évite de penser, de penser à elle. J'ai retenu notre conversation par cœur et je danse sur les mots que nous avons échangés. Je m'aperçois que je n'ai pas enregistré le numéro de Montse dans mon répertoire. Je l'appelle Montse sans me soucier des conseils des policiers, mais elle m'a autorisé à le faire, d'emblée et avec insistance ; c'est le signe évident qui me permet d'espérer être quelqu'un de spécial à ses yeux. Je me berce de cet espoir comme si j'étais sur un petit nuage. Je lis son numéro et l'ajoute à mes contacts. J'écris son prénom en majuscules. Je ne veux pas connaître son nom. Les patronymes font peur, ils contiennent trop de réalité. Je la cherche sur WhatsApp. Elle a l'application. J'observe sa photo, un gros plan d'elle souriante, son visage encadré par ses longs cheveux. C'est un cliché récent. Son sourire n'est pas figé mais spontané, plein de vérité.

Qui était derrière l'objectif ? A-t-elle été heureuse le jour où on a pris cette photo d'elle ? Était-ce un homme ? Je l'agrandis et me concentre sur ses yeux, puis sur sa chevelure. Cette photo, ce n'est pas elle. C'est juste une photo, me dis-je.

Je suis amoureux comme un adolescent de quinze ans et ne conçois pas de plus grand miracle. Mais plus qu'un miracle, c'est probablement une chimère. Les miracles n'existent pas, les chimères non plus, qui sont plus modestes.

Je mets les courses au frigo.

Il n'y a pas beaucoup de choses et cependant je n'arrive pas à les disposer comme il faut. Ma maladresse m'effraie.

Il faut savoir se débrouiller en tout, or je ne suis même pas capable de ranger correctement de la nourriture dans un frigo. Je change les bananes de place, puis les tomates, la boîte de thon, les œufs sans arriver à aucun résultat. Pas moyen que ce soit ordonné ; j'ai bien peur qu'il en aille de même avec ma vie. Quelqu'un qui ne sait pas ordonner son frigo est tout aussi incapable d'organiser ses journées.

Qui peut bien être cette femme ? me dis-je, les yeux toujours rivés sur le carrousel d'informations, le nombre de morts, le tollé politique. Il y a un fait vertigineux : l'Espagne est le premier pays du monde à avoir autant de morts et de personnes contaminées.

Serons-nous le peuple élu par Dieu pour subir la colère de la nature ? Sommes-nous les héros d'un événement où il est préférable de ne pas occuper la vedette ?

Que signifie ce fait extraordinaire qui veut qu'entre tous les pays de la terre, le Covid-19 ait choisi l'Espagne pour exercer sa force, son pouvoir, sa domination ?

Cette situation n'aurait-elle pas dû se dérouler en Israël, qui a toujours été le peuple élu par la main de Dieu en matière de sainteté et de destinée ?

Cela nous arrive-t-il parce que nous sommes les gardiens du catholicisme ?

Il n'y a pas de hasard.

Quelqu'un nous envoie-t-il un message ?

Le Covid-19 a sans doute choisi l'Espagne parce que j'y vis. Nous autres, les paranoïaques, nous sommes les rois de la philosophie.

Le soleil pénètre dans la maison.

Je vois les arbres.

Je peux me promener autour de ma cabane comme un prisonnier dans une cour.

Les policiers m'ont déconseillé (gentiment, il faut le préciser) de m'aventurer dans la forêt ou le long des sentiers proches de la rivière Eresma. En m'y risquant je m'expose à des problèmes avec la justice. Partout on nous menace.

Mais j'en reviens à ma question : qui peut bien être cette femme ? Car en la voyant j'ai eu le sentiment qu'elle m'attendait, qu'elle m'attendait depuis des décennies ou des siècles. Comment ai-je pu m'éprendre d'elle de manière aussi dévastatrice ? Pourquoi est-elle la cause de l'anxiété, de la douleur que j'éprouve maintenant ? De cette soif ? Parce que c'est de la soif. Mais une soif qui ne s'étanche ni en elle ni en moi.

Je crois à l'érotisme, une force non issue du hasard mais de la façon choisie par la nature ou son insatiabilité pour se manifester à nous. Parce que nous ferions bien d'appeler "Obscurité" la part de la nature qui nous échappe.

Contempler le visage d'un humain qu'on voit a priori pour la première fois et songer qu'il nous a toujours attendu, cela ressemble à une loi de l'Obscurité.

C'est merveilleux. Tomber amoureux, c'est ça : voir le visage d'un autre et se mettre à espérer profondément en pensant qu'il laisse présager une vie ensemble, un grand amour.

Nous sommes venus au monde pour ça, tomber amoureux à en devenir fous, à en mourir, même si la réalité est différente : nous mourons d'autre chose, pas d'amour.

11

Je viens d'envoyer un message WhatsApp à Montse. J'écris : "J'ai oublié de prendre du café." C'est faux, j'en ai une bonne réserve, mais j'avais besoin de lui écrire. Je devais le faire. Si elle répond, mon angoisse mais aussi mon espoir s'en trouveront prolongés. D'un côté j'ai envie qu'elle me réponde, de l'autre non, et ces deux éventualités impliquent du découragement et une forme d'effroi.

J'ai une sorte de révélation : Dieu a déserté le monde, ou plutôt il s'est immobilisé. Pour les humains, la vie c'est le mouvement. L'invention de l'idée de Dieu est consubstantielle au mouvement.

Sans mouvement Dieu s'éteint.

Les journalistes qui passent à la télévision ignorent comment expliquer l'arrêt du monde parce qu'il paralyse la vie.

La planète cesse de tourner, les astres sont pétrifiés, les choses se vident de leur substance et ensuite, cent mille ans plus tard, tout recommence dans une inconsistance aussi gigantesque que minuscule où rien n'évoque l'immobilisation et le renouveau. Les théologiens y voient la présence de Dieu alors que moi, je n'y décèle que ma propre présence et celle de mon intelligence insignifiante.

Ma peur panique de la réponse ou du silence de Montserrat ne sera gravée nulle part dans le temps et l'espace. Seulement dans ma mémoire, qui est devenue en un instant le plus grand abîme de l'univers.

En chassant Dieu de l'Histoire (nous l'avons plus ou moins mis au rencart dès le XVIIIe siècle), nous nous sommes débarrassés de toute une philosophie et ça a été un moment de libération. Aujourd'hui nous avons foi dans la science, qui est un Non-Dieu. Les gens se tournent vers elle comme ils allaient autrefois à la messe. Cela ressemble vraiment à une comédie. Tous les mystères de la vie sont intacts, la science n'ayant pu en expliquer aucun. Pas un seul. Grâce à la science nous mourons plus tard, c'est vrai, mais nous mourons quand même. Il faut se montrer reconnaissant pour ces dix minutes supplémentaires que nous offrent la médecine, la science et la technologie appliquée à la santé, et j'espère que bientôt on gagnera non pas dix minutes, mais une heure de plus dans notre existence.

Peut-être que tout est érotisme. Si nous voulons vivre plus longtemps, c'est forcément par érotisme. Respirer et ouvrir les yeux est de l'érotisme.

Montse ne répond pas à mon WhatsApp qu'elle a pourtant lu. C'était à prévoir. Mais dans ce cas pourquoi m'a-t-elle donné son numéro ?

Dieu s'est immobilisé.

Et le monde nous offre de nouveau sa face sombre.

Je viens de recevoir un message d'elle.

Incroyable.

Je tremble. J'ai peur. Je suis plein d'espoir.

Je ne le consulte pas.

Pas encore.

Je le laisse là, sur l'écran, de crainte d'être déçu. Tant que je ne le lis pas, tout est possible et mon optimisme reste entier.

Je peux me dire que tout est un rêve, que la pandémie est une divagation générale, une illusion politique. Une illusion quichottesque ?

Je suis tombé amoureux du livre de Cervantès, j'en lis un peu tous les jours. C'est comme s'éprendre d'un monstre. Il y a dans *Don Quichotte* quelque chose qui s'apparente à la pandémie et s'appelle l'irréalité.

Rire en parcourant ces pages, le livre de Cervantès ?

C'est comme rire de la vie après avoir constaté qu'elle n'a

aucun sens, une ironie derrière laquelle se cache le désespoir bâillonné et ligoté. Mais un élément au moins a du sens et s'impose toujours avec une force incontestable : la volonté de survie.

Je vois à la télévision les chefs de gouvernement des nations les plus puissantes de la planète et leurs visages pâlissent, proches de l'évanouissement.

L'intelligence politique fait naufrage, et avec elle la vanité des politiciens, qui ne satisfont pas leur appétit de pouvoir et de privilèges parce qu'ils se sentent humiliés. La politique est l'espace du privilège. Pour y accéder et le légitimer – afin de garantir sa survie et celle de la renommée –, on a inventé les idéologies et les programmes électoraux, mais tout ça est mensonger. On aspire aux privilèges, qui naissent en même temps que la civilisation. Le désir de privilèges a entraîné la création de la civilisation, autrement dit une manière honorable et artificielle de décrocher des passe-droits.

Sans renommée la vie ne vaut pas la peine d'être vécue, et pour y parvenir certains hommes politiques choisissent d'être de gauche, d'autres de droite, mais ils sont tous tournés vers un même objectif : la notoriété à laquelle aspirait aussi don Quichotte de la Manche.

La volonté de survivre que nous avons tous en nous ne vient pas des grandes passions qui nous ébranlent, mais de notre habitude de vivre. Nous voulons continuer à vivre parce que c'est une bonne habitude.

Ma foi dans la vie s'appelle Montserrat.

Elle n'est même pas au courant.

Elle n'en a pas la moindre idée.

Le lui dire n'aurait aucun sens.

C'est ça l'idéalisme.

Et voilà que j'entends le moteur d'une voiture, c'est bizarre. Je sursaute. La nuit tombe, il est presque vingt et une heures. La voiture se gare à côté de ma Golf, j'observe le modèle, une Opel Astra. Je n'ai jamais aimé les Opel Astra. Je trouve incroyable qu'on puisse ne pas apprécier un modèle de voiture, mais c'est comme ça.

Je crois que j'ai vu dans l'Opel Astra le degré zéro de l'imagination automobile. Toute l'Espagne des années quatre-vingt-dix se résumait à une Opel Astra. Tout le monde s'en achetait une, elle représente le degré zéro de l'imagination.

Une femme sort de la voiture. On dirait Montserrat.

Oui, c'est bien elle.

Elle ouvre le coffre pour récupérer des sacs.

Je lis rapidement son WhatsApp : "Je passe te voir, j'espère que ça ne te dérange pas. J'arrive dans un quart d'heure."

12

Comme j'ai compris que tu étais seul, je me suis dit que ça ne t'embêterait pas que je passe t'apporter des courses. Tu vis seul, n'est-ce pas ? C'est ce que tu avais l'air de dire dans ton WhatsApp. En général, un homme qui attend qu'une femme vienne lui rendre visite ne ment pas. Je t'ai pris du café, plein de bouteilles de lait et de l'eau. Ah, et aussi une boîte de biscuits Campurrianas, des gâteaux de la région et un pack de bières, dit Montserrat.

Je regarde la marque de la bière, conditionnée dans des petites bouteilles et non dans des canettes en fer-blanc, comme je les aime, à croire qu'elle a lu dans mes pensées.

Je lui propose d'entrer et m'excuse du désordre. Je suis content et ému, sur le point de sauter de joie à la suite de cette apparition, mais hésitant dans mes gestes et mes mots. Je ne sais pas trop à quoi sont dues ma chance ou cette destinée que je pense avoir favorisées inconsciemment, et à présent, pendant qu'elle range les courses dans la cuisine, je relis le message que je lui ai envoyé et constate qu'en effet j'ai écrit que je passais "ce confinement seul, et j'ignore pourquoi, mais j'ai l'impression que toi aussi".

Et les policiers ? lui demandé-je.

Ils ne m'ont pas vue et quand bien même, j'ai confiance en eux, ce sont des amis. C'est pour ça que je me suis énervée contre eux l'autre jour, j'ai bien vu que tu n'étais pas rassuré. En fait, je ne me rappelais plus que je t'avais déjà vu et je ne savais pas qu'il y avait une maison dans le coin. Si tu ne m'avais pas indiqué le chemin sur Google Maps, je ne l'aurais jamais trouvée. Tu me fais visiter ? Ça a l'air bien !

C'est vrai, dans mon deuxième message j'avais inclus la géolocalisation de ma cabane et je prends maintenant conscience que j'avais vraiment envie qu'elle vienne, mais je comprends aussi que j'avais occulté ce désir comme si j'en avais honte.

Honte ? Honte d'éprouver du désir à un âge mûr, alors que j'ai la porte de la vieillesse sous les yeux, honte de vouloir des baisers et des caresses. Ces pensées désordonnées se bousculent dans ma tête tandis que je tâche de lui renvoyer l'image d'un homme tranquille.

La maison est petite mais elle a beaucoup de charme, on peut faire du feu. J'ai la flemme quand je suis seul, mais quand il y a du monde, c'est chouette, dis-je à Montserrat, dont la chevelure a pris possession de l'espace.

J'observe ses cheveux qui semblent perforer l'air. J'ai beau vouloir concentrer mon regard ailleurs, je suis ébloui par ses cheveux. Leur noirceur me paraît un événement planétaire, comme le virus. Pourquoi les femmes ont-elles de telles crinières, contrairement aux hommes, sauf exception ?

D'accord. Figure-toi que je sais très bien faire du feu, et je vois que tu as des bûches. Si j'avais su je t'en aurais apporté du magasin, on en a beaucoup, on les stocke pour la semaine sainte, quand les gens arrivent de Madrid, mais là, personne ne va venir.

Je lui montre la maison, qui prend tout son sens en sa présence et sous son regard. Je suis fasciné par cette situation que je trouve surnaturelle. La maison est maintenant une autre maison. Elle ne me semble plus menaçante. Je songe à l'interroger à ce propos, à lui demander pourquoi sa simple présence suffit à transformer ce repaire, cette tombe, ce chaos en une véritable maison, mais je n'ose pas. Ces lieux n'avaient aucun sens jusqu'à ce qu'elle arrive. J'étais incapable de lui en donner un. Un seul humain ne suffit pas à donner un sens à la vie, à faire en sorte que les maisons soient des maisons, les arbres des arbres et les montagnes des montagnes.

Dis-moi, tu n'as pas peur qu'on se refile le virus ? Tu es venue sans masque, lui dis-je en essayant de m'exprimer avec calme et cordialité, tout ce à quoi ont recours les humains pour dissiper l'incertitude que leurs semblables sont susceptibles de leur inspirer.

Le virus n'existe pas, répond-elle. C'est une invention des méchants, des gentils ou de je ne sais qui d'autre.

J'éclate de rire, elle est drôle.

Enfin si, il existe, évidemment ! Je rigole. Ne t'inquiète pas, je ne suis pas une cinglée et il faut faire attention, c'est sûr, mais la vie continue, tu ne crois pas ?

J'ose la regarder dans les yeux.

Regarder dans les yeux, un acte magnifique car on dit tout avec les yeux. Et les miens étaient éblouis. Il y avait dans les siens une évaluation de mes prétentions. Oui, c'est le mot juste, "prétentions".

Les yeux sont tout, tout tient dans le fait de regarder quelqu'un dans les yeux. Tout y est déclaré. C'est une douane où personne ne ment.

Oui. Sa présence transforme ma vie en une attente pleine d'émotions. Sa présence rend les objets ardents et tout se met à parler : la maison parle, les meubles parlent ainsi que les fenêtres, le sol, les appareils électroménagers. Tout s'embrase. Tout renonce à la solitude. Tout dépose les armes contre moi. Tout est armistice.

Les codes primitifs entre un homme et une femme, qui pourrait les démolir ? Je pense à cela, les nerfs toujours à fleur de peau.

Elle est super, ta cuisine ! Oh, un grille-pain ! J'adore les grille-pain ! C'est la première chose qu'il faut avoir dans une cuisine. Un grille-pain. Il suffit d'en poser un dans une cuisine pour y mettre de la vie. Parce que tout est là : il faut qu'il y ait de la vie. Une cuisine avec une fenêtre ! Regarde, c'est génial : il y a un arbre devant ! J'adore les arbres ! S'il y a un arbre près de chez toi, il ne peut rien t'arriver de mal.

Nous ouvrons la fenêtre et comme il fait nuit son tronc a

l'air d'un fantôme. Une odeur de forêt, de printemps récent qui nous frappe tous les deux s'engouffre dans la pièce. Elle et moi sommes fous de l'odeur pénétrante des bois.

Ça sent quoi, une forêt ? demande-t-elle en ponctuant sa phrase par l'ébauche d'un sourire minuscule, un signe indiquant qu'elle veut bien continuer cette relation, elle verra bien où ça nous mène.

J'ai conscience de la profondeur du printemps, affirme-t-elle dans une phrase qui semble tirée d'un livre.

La voix de Montserrat est d'une perfection rare. Elle aurait fait une excellente présentatrice de radio car elle a un timbre modulé et accueillant, distingué, qui transmet une sensation ludique. Sa voix invite au jeu et à l'hédonisme et contient aussi des intonations ironiques, comme si elle mettait une pointe de cynisme dans la prononciation de ses syllabes.

Je comptais faire une salade, ça te dit ? lui demandé-je.

Un autre fois. Là je vais y aller.

Je suis admiratif de la rapidité à laquelle se déroulent ces instants, empreints par ailleurs d'une spontanéité qui ne me laisse pas le temps de l'inviter à rester. Il m'est en revanche permis d'apprécier la grande beauté de ce départ hâtif, et tout à ce bel adieu je garde le silence et observe Montserrat, qui sort de chez moi avec élégance, à la vitesse du vent. Je suis bien entendu frustré, mais également séduit par sa manière innocente et magistrale de quitter ma maison, autrement dit de disparaître.

Par la fenêtre je la vois allumer les phares de son Opel Astra.

Mon Dieu que je déteste cette voiture de m'as-tu-vu !

Je n'ai pas le temps d'être triste ou déçu parce qu'elle est partie avec panache. Mais après dix minutes de solitude, je maudis mon sort et son absence. Un quart d'heure plus tard j'ouvre le roman de Cervantès.

Au bout de vingt minutes je lui envoie un WhatsApp.

13

J'ai ouvert un des paquets de biscuits qu'elle m'a apportés hier. J'ai fait du café. La lumière entrait à flots par la fenêtre de la salle de séjour. J'ai allumé la télé et l'image de Donald Trump, le président des États-Unis, s'est infiltrée dans la maison.

Trump est ce qui nous reste de plus proche d'un empereur de la Rome antique. Une sorte de Néron du XXIe siècle. La lumière de la sierra madrilène éclairait sa décrépitude.

J'ouvre maintenant la boîte de gâteaux de la région. Les biscuits Campurrianas ne m'ont pas convaincu, mais les spécialités locales sont délicieuses.

Hier soir, après son départ, j'ai lu des pages de la seconde partie de *Don Quichotte*. J'ai vu une corrélation entre la vie rude et simplette de Sancho Pança et celle de la classe moyenne espagnole.

Était-ce l'intention de Cervantès ?

Je trempe un des gâteaux de la région dans mon café au lait, puis j'ai un doute et me demande s'il convient de le faire. C'est peut-être du gâchis. Tout dépend du prix. Je cherche l'étiquette et constate que quelqu'un l'a grattée, forcément Montserrat.

Elle a donc prévu ma réaction.

Elle a envisagé mon rapport futur avec cette boîte de gâteaux. C'est ce qu'on fait quand on retire le prix d'un cadeau : on voit l'avenir comme un magicien.

Tout est important, me dis-je.

Tout est d'une extrême importance, comme le moment où Montserrat, alors que des milliers de personnes meurent du Covid, décide de gratter l'étiquette d'une boîte de gâteaux du coin pour que je n'en connaisse pas le prix.

Ce genre d'acte démontre l'invisibilité de la volonté.

Mes trous de mémoire m'effraient. Ce ne sont que de petits oublis, m'a dit le neurologue. Rien de plus, vous n'avez pas d'inquiétude à avoir. C'est plus de la crainte et de l'angoisse que de véritables oublis.

Je me rappelle quelques conversations qui ont précipité ma mise à la retraite. Le médecin du travail m'avait expliqué qu'au lieu de m'arrêter un an, il était préférable de choisir la retraite anticipée, il trouvait cela plus raisonnable.

Je me rappelle que j'entrais dans la salle et marchais lentement jusqu'au bureau du professeur, que je m'asseyais, faisais l'appel, prononçais le nom de mes élèves à haute voix en tâchant de dire leurs prénoms avec délicatesse, voire avec tendresse, et qu'en les regardant j'étais ensuite pétrifié par un silence insurmontable. J'essayais d'expliquer la leçon au programme mais il m'était impossible d'articuler le moindre mot, après quoi je distinguais quelque chose d'étrange sur le visage de mes élèves. Je me rendais compte qu'ils étaient confrontés à un avenir hostile.

À croire que cet avenir négatif auquel ils étaient confrontés me privait de mots ou plutôt me terrassait, me foudroyait.

J'avais encore deux ans à attendre avant d'être à la retraite, mais on m'a proposé de la prendre et j'ai accepté.

L'avenir hostile a pour ainsi dire remporté la bataille.

Ces trous de mémoire me préoccupent. Je crois que l'Obscurité vient me chercher.

J'ai envie de revoir Montserrat. Je ne peux pas attendre. Je vais tout de suite lui envoyer un WhatsApp pour l'inviter à dîner.

Je n'ose pas le faire.

14

Je passe te voir parce que tu m'intrigues énormément et que je te trouve sympa. Tu es tellement discret, tellement bien élevé, tellement démuni… m'avoue Montserrat avec sa franchise naturelle.

Tu es là parce que tu en as marre de ce village et du virus, plaisanté-je. Et qu'une confiance commence à s'installer entre nous. Elle a quelque chose d'aérien, c'est difficile à expliquer.

Elle m'a apporté un plat de cannellonis et une bouteille de vin. C'est elle qui a cuisiné les pâtes.

Nous nous asseyons pour manger.

Je l'interroge encore sur les policiers. Elle rit. Le soleil éclaire de nouveau son visage. Je me concentre davantage sur elle. Avec tendresse, elle esquisse lentement un large sourire. Elle a trop bu et n'a mangé qu'un cannelloni et demi, laissant la même quantité dans son assiette. À elle seule elle a liquidé plus d'une demi-bouteille. Ses couverts et les miens sont enduits de béchamel.

Un verre de vin à la main, elle se lance dans un long et beau monologue.

Tu as remarqué que la nature est profondément réactionnaire ? Qu'est-ce qu'elle en a à faire, des allées et venues des humains ? Elle se fout qu'on s'aime ou qu'on se déteste, qu'on se rassemble par millions ou qu'on se carapate seul sous un rocher, comme les araignées, ou plutôt comme les scorpions, pardon, ou toute autre bestiole qui se planque sous les pierres. Et la revoilà, la nature, dans toute sa simplicité, avec le Covid-19 ou quel que soit le putain de nom de la nouvelle version du côté réac et puant de cette saleté de nature. Qu'est-ce qu'elle en a à foutre qu'on aime aller au restaurant, au théâtre, dans des boutiques, qu'on assiste en masse à des concerts où on est des milliers à célébrer cette vie de merde ?

Elle arrive et elle nous bousille.

Je la hais.

Tu remarqueras aussi qu'elle n'est pas seulement réac, mais néolibérale, ultracapitaliste. Parce que depuis quelques jours je m'amuse à imaginer comment peut être le confinement des grandes fortunes de la terre.

Les multimillionnaires.

Ces gens qui ont d'immenses maisons avec des jardins, des terres, des plages privées. Je ne vois pas trop encore ce qu'ils pourraient posséder d'autre. Mon imagination s'arrête à la plage privée, parce que, avoir un avion et un yacht, ça n'est pas très original. Je suis un peu à court d'idées pour concevoir tous les délires que permet l'argent.

Je crois que c'est un mystère, qu'on ne sait pas ce qu'il est possible de posséder dans la mesure où les riches n'osent rien dire, rien montrer, alors on ne connaît que la face émergée de l'iceberg.

Ils s'achètent peut-être des îles ou des pays pauvres du tiers-monde, des planètes ou des vaisseaux spatiaux. Moi je me demande ce que je pourrais m'offrir. Acheter des gouvernements sans qu'ils le sachent. Ça, ça me brancherait carrément. Ou alors des humains, mais il ne faut pas qu'ils le sachent, sinon ça signifierait que tu es un mauvais acheteur, que tu ne sais pas t'y prendre.

Ces gens ont des piscines couvertes, des gymnases, des saunas aussi grands que des terrains de foot, des chambres à coucher de cinq cents mètres carrés avec des lampes grosses comme les coupoles des églises romaines baroques. Mais ça, c'est de notoriété publique. On connaît tous cette richesse-là. Moi j'aimerais voir ce qu'on ne connaît pas.

Tu sais, je n'ai pas l'air, comme ça, mais je suis cultivée. J'ai fait des études d'architecture. Un an. Bon, d'accord, un trimestre, enfin… un mois d'histoire de l'art dans une académie… en fait non… c'était sur le Net.

Oui, tous ces gens ont sûrement assez d'imagination et d'argent pour faire du confinement un des moments les plus merveilleux de leur vie.

De l'imagination et de l'argent. Pas l'un ou l'autre, mais les deux.

Et une troisième chose : le sexe.

Une question me revient tout à coup. Je la lui pose : Tu crois que pendant le confinement l'argent circule encore comme avant ? Par exemple… si quelqu'un a un caprice irrépressible, comment fait-il pour le satisfaire ? J'y pense depuis quelques jours.

Elle rit.

Oui, je vois. Imagine une femme de soixante-dix ans, très riche, qui a envie de se faire bouffer la chatte par un mec de vingt ans. Elle appelle qui ? Et le mec en question, comment il fait pour aller la voir sans qu'on lui colle une amende ou qu'on l'oblige à faire demi-tour ?

Eh bien, peut-être que là où elle est on verbalise moins qu'en Espagne.

Apparemment c'est en Espagne qu'on récolte le plus d'amendes. La garde civile, l'armée et la police nationale nous ont toujours bien chauffés. On nous parle toujours de l'autorité en uniforme, et que tu sois de droite ou de gauche, ça ne fait pas de différence, ce qui me ravit.

Imagine un confinement dans un palais.

Mais… les domestiques ?

Purée ! Aujourd'hui la nature n'est plus ultracapitaliste mais une communiste à la masse. Parce que les domestiques ont disparu de la surface de la terre : tu as beau avoir des millions de dollars ou d'euros, tu vas devoir faire ton lit, préparer ton café et tes œufs au bacon. Il est donc évident que c'est la nature et pas les riches qui nous envoie ce virus.

Tout le monde a dû renoncer à ses employés de maison.

Même si tu es richissime, personne ne viendra faire ton lit en ce moment.

Mais si. Bien sûr que si, je suis bête ! Je n'arrête pas de me contredire, et toi tu me laisses déblatérer. Je crois que le vin m'est monté à la tête.

Aïe, la nature est vraiment bizarre et elle a le cœur toxique, cette chienne. Pourquoi est-ce que je la considère comme une femme ? Et si elle avait des cornes ? "Nature" est un mot féminin, "virus" masculin.

Être enfermée me rend folle, insolente, violente, insensible. L'humanité est en train de me tuer en mettant des mots idiots dans mon cœur d'or.

On vit dans un pays étrange : on n'a jamais été les premiers en quoi que ce soit. Le nom de ce pays a enfin une renommée planétaire. L'Espagne est aujourd'hui le premier pays du monde.

On y est arrivés.

Moi aussi j'ai l'impression d'avoir décroché une médaille.

Je me sens médaille d'or.

Ah, au fait, ils sont bons, mes cannellonis ?

Elle semble se souvenir que j'existe quand je lui réponds qu'ils sont excellents. Elle se laisse tomber sur le canapé, devant le téléviseur. On garde un instant le silence. J'ai mangé deux cannellonis et demi. Un de plus qu'elle, je viens de le constater.

Ceux qui sont en prison doivent bien se foutre de nous, reprend-elle en se levant. Bon. Il faut que je parte. Je t'appelle. Prends soin de toi.

Nous sommes médaille d'or : l'Espagne est le pays qui a le plus de morts au monde. C'est dingue.

Elle me quitte sur ces mots. En entendant tourner le

moteur de son Opel Astra pourrie, je songe que sa tirade était dictée par l'érotisme. Elle s'est comportée comme une actrice de théâtre, c'est pour ça que je l'ai laissée parler. Ce n'était pas une conversation mais un spectacle. Ça m'a plu, et surtout ça ne m'a pas ennuyé. Quand on ne s'ennuie pas, c'est qu'on est ébloui.

Et puis son visage, son teint mat, l'intensité de son regard acéré comme une pierre taillée me fascinent. Je me suis aperçu que l'amour a besoin d'être actualisé dans de nouveaux visages, qui annulent ou désintègrent ceux des amours passés. C'est donc ça, l'oubli ?

Je dois demander à Montserrat si elle a la même impression que moi, mais pour ça il faut que je me sente beaucoup plus en confiance.

15

Je débarrasse la table après son départ, mets son cannelloni et demi à côté de la moitié du mien dans un tupperware. Il ne reste plus de vin, Montse a tout bu. Je m'ouvre une bière et m'assieds devant la télé.

Je regarde des journaux télévisés et des films jusqu'au petit matin. Un peu d'un long-métrage sur une chaîne, quelques questions d'un jeu-concours sur une autre, l'interview d'un épidémiologiste.

Le jour se lève sur ma maison et sur l'Espagne tout entière. Il y a de la beauté dans cette aube qui survient lentement.

Dans le monde d'aujourd'hui, les épidémiologistes sont rois. On leur pose des questions auxquelles seul Dieu en personne serait à même de répondre s'Il existait. Je vois la vanité de ces hommes, leur triomphe médiatique. Ils n'ont pas beaucoup d'informations à propos du virus, mais savourent leur heure de gloire, car au bout du compte, le peu qu'ils savent est déjà quelque chose. Si chaque profession n'accédait pas au succès à un moment donné, la vie serait bien morne.

Sur le coup de quatre heures, les émissions de télévision pénètrent en zone inconnue, frappées d'abattement lorsque commence la diffusion de reprises et de grosses daubes. Je m'achemine vers le petit matin, poussé par des programmes qui plongent dans le néant profond, celui de l'intelligence et des émotions humaines changées en détritus, en excréments, en virus.

L'infection vient de là.

Il me semble distinguer cette putréfaction morale d'où émergent la saleté, les décombres, la viscosité de la chauve-souris, son cousinage avec le rat et le vampire.

Le signal de l'antenne de mon téléviseur caracole dans l'air nocturne et je pense que dans les bois avoisinants vivent des chauves-souris. Cet animal est un rat volant. Avec lui revient le monde classique du démon. Le virus est une actualisation du diable, de la pourriture, de la décomposition qui s'étale sous forme de puanteur, de vision répugnante.

Si bien que ce monde qui paraissait nouveau, où la science et l'asepsie rationaliste avaient édifié un boulevard infini de progrès et d'indétermination politique, décline une fois encore vers la putréfaction biblique.

Cela ne manque pas d'ironie.

Il est quatre heures quinze et mon esprit vole jusqu'au souvenir de Montse. Je crois que je suis en train de tomber amoureux. Je crois que je suis amoureux. Bon. Le terme "amoureux" est peut-être excessif, disons qu'elle m'attire, qu'elle me plaît, qu'elle m'aimante et se glisse dans mes pensées. Quand on sort de soi-même pour aller à la rencontre de l'autre, on est pris d'une joie et d'un enthousiasme qui justifient la vie, le sens de la vie. Quand je pense à elle, ma vie s'élève et s'envole. Il se peut que je ne sois pour elle qu'un type sympathique, original, une compagnie passagère au milieu du désert de la pandémie, un ami de circonstance.

Et dire qu'on s'échine à trouver des sens à la vie qui ne sont pas liés aux transports de l'amour, du baiser, de l'érotisme.

Comme s'il y avait quelque chose au-delà d'un baiser.

Il n'y a rien.

Le virus l'a dit : il n'y a rien.

Je me lève du canapé et éteins le téléviseur.

Un silence merveilleux s'installe.

Je me couche.

Je me souviens que ce matin j'ai soigneusement fait mon lit en tendant bien les draps pour qu'il n'y ait plus un pli, pensant peut-être qu'elle, Montserrat, allait rester dormir.

Je l'ai pensé, bien sûr. Tous les hommes pensent à ça. Les femmes aussi.

Déjà cinq heures, comme il est tard ! Je songe aux gens qui ont vécu la Première Guerre mondiale. Que ressentaient-ils ? Ils ne pouvaient pas connaître l'ampleur des faits car les médias audiovisuels n'existaient pas à l'époque. Ils subissaient dans l'ombre la férocité de l'Histoire. Nous, nous la subissons en pleine lumière.

Je songe encore aux chauves-souris.

Et maintenant, en essayant de m'assoupir, je songe à l'eau baptismale et aux vieux films de vampires des années soixante-dix, où ceux qui luttaient contre eux avaient de petits flacons d'eau bénite.

L'eau bénite était le gel hydroalcoolique médiéval. Mais cette idée ne me permet pas de dormir, alors je repense à Montserrat sans parvenir non plus à fermer l'œil.

Curieusement, les restes de cannellonis montant la garde dans un tupperware au frigo me procurent une sensation de sécurité et d'abondance qui me plonge dans le sommeil.

16

Le seul événement collectif qui rappelle très vaguement ce qui se passe en ce mois de mars 2020 est le coup d'État survenu en Espagne le 23 février 1981, quand le lieutenant-colonel Antonio Tejero a fait irruption au Congrès des députés un pistolet à la main, en hurlant : “Que personne ne bouge !”

Ce fait n'était pas universel, seulement espagnol. Et comparé au virus il semble bien modeste.

Le coup d'État de 1981 m'a surpris en cours de grec ancien dans une salle de l'université Complutense de Madrid. C'était une matière optionnelle. Nous traduisions Homère. Traduire Homère me paraît aujourd'hui, en ce printemps 2020, un acte profondément vieillot, d'une désuétude incommensurable.

Je pense que rien n'est plus révolutionnaire, antisystème et anticapitaliste que passer cinq heures par jour à traduire Homère, à apprendre une langue que personne ne parle en y mettant tant de ferveur qu'on imagine qu'il a un jour existé des humains qui la parlaient. D'entrée de jeu, il faut préciser que peu de gens savent qui était Homère.

Il n'a même pas la force iconographique des dinosaures, eux aussi disparus, pourtant tout le monde les connaît et les enfants adorent leurs figurines.

Il paraît qu'Homère était aveugle.

Mais le plus fascinant à son propos, c'est que les spécialistes de littérature grecque classique (qui remonte à plus de deux mille ans) doutent de son existence. Il n'est pas évident qu'Homère ait été un être de chair et d'os. On croit qu'il est une légende, que de nombreuses personnes ont écrit les œuvres qu'on lui attribue, des hommes et des femmes dont les noms ont sombré dans l'oubli. Un homme et une femme sont égaux dans l'acte biologique suprême de la disparition.

Quoi qu'il en soit, ce jour-là, le professeur a interrompu son explication d'un extrait de *L'Odyssée* et nous a annoncé que le cours était terminé. C'était un bon prof, appliqué et dévoué. Il portait un costume et une cravate. Il a rassemblé ses livres et ses notes avant de partir. J'ai pris le bus pour regagner l'Académie, le centre universitaire où je vivais, où j'ai retrouvé tous mes camarades en état d'excitation.

Moi j'avais l'impression qu'Homère était à l'origine de la création du monde tel que nous le connaissons, comme si les mots grecs qui composent *L'Iliade* et *L'Odyssée* étaient un mortier, des murs et des toits permettant de soutenir ce qui s'étend aujourd'hui sous mes yeux et qu'on appelle la civilisation occidentale.

Le 23 février 1981, je suis donc rentré à l'Académie après la suspension des cours pour découvrir tous les étudiants ébranlés par la nouvelle du coup d'État. Mes camarades n'avaient pas une grande culture politique. Nous étions issus du sous-développement moral et culturel du franquisme. Nous ne savions rien, nous étions un groupe de sauvageons. J'avais dix-huit ans, j'allais sur mes dix-neuf et j'étais orphelin de père. Je trouve incroyable de penser que j'ai eu un jour dix-huit ans et qu'à l'époque, cette autre période, celle de la pandémie et de la mélancolie, était déjà planifiée. Je me souciais davantage de bien traduire Homère que de ce qui se passait alors en Espagne, non par décision propre, mais pour la bonne et simple raison que mes études primaient sur le reste, que c'était ma façon de me responsabiliser par rapport au monde et même à la mort de mon père, et que je devais me réjouir d'avoir la chance de pouvoir faire des études, la chance d'avoir devant moi la Grèce antique, le berceau de tout.

Je considérais la Grèce comme la main corpulente qui était à l'origine de la civilisation et avait par conséquent projeté notre présent, la pandémie ayant déjà existé chez Homère, dans un jeu circulaire de dieux et d'hommes, circulaire et ténébreux, dont la seule échappatoire est l'amour d'un humain pour un autre. L'amour pour une femme. L'amour pour un homme. Telle est la porte de sortie de la circularité.

Ma responsabilité s'appelait Homère. Et maintenant que je m'en souviens j'ai presque envie de pleurer, car je n'étais qu'un benêt, un pauvre malheureux, un abruti, un béat, un garçon clément.

Aujourd'hui encore je suis clément. Mes parents auraient d'ailleurs dû m'appeler ainsi, Clément, le plus beau prénom du monde. Pourtant ils m'en ont donné un autre, tout aussi joli puisqu'ils m'ont baptisé Salvador, qui a fini par devenir Salva.

Aucune personne saine d'esprit ne choisirait de nos jours de suivre un cursus incluant l'étude d'Homère. Les gens préfèrent s'orienter vers des disciplines à même de les porter au pinacle, comme si ce lieu existait. On met davantage de foi dans la croyance des cimes que dans celle de la résurrection de la chair du christianisme.

Mon amitié avec Rafael Puig a commencé à cette époque. Il était en troisième année de médecine. Je me suis assis à côté de lui pour regarder les images du coup d'État à la télévision et, presque avec familiarité, comme pour aborder un sujet anodin, il m'a avoué être parfois capable de lire l'avenir, et a ajouté que cet événement, ce coup d'État, serait un feu de paille. Il m'avait jusqu'alors semblé aimable, poli et sensible, mais ce jour-là il m'a effrayé, et sa certitude de pouvoir prédire le futur m'a semblé menaçante. Il me suffisait néanmoins de discuter avec lui pour que cette aptitude saugrenue (car il était sérieux, toujours sérieux dans ses conversations) cesse d'être une imbécillité inquiétante et pittoresque, et devienne un fait banal et simple. Je trouvais cela paradoxal, à croire que rien n'était stable, que tout adoptait une apparence inconstante, insaisissable, comme dans la physique quantique, comme si rien n'était réel au-delà des mots. C'est lui, Rafael Puig, qui m'a appris que la matière et les humains peuvent éventuellement être plusieurs choses à la fois. Sa personnalité de médium me choquait et m'inspirait une répulsion intellectuelle, mais ce n'était pas un illuminé, ce qui me paraissait aussi troublant que révélateur. Je voyais en lui le côté énigmatique des humains, qui sont des générateurs de mystères.

Toutes les vies sont mystérieuses dans la mesure où leur sens nous échappe, et quand elles n'en ont aucun, ce non-sens est également un don.

Même les morts s'entourent de mystère, m'a-t-il affirmé quelques semaines plus tard.

Un étudiant de l'Académie qui avait des affinités avec l'extrême droite est un jour arrivé dans la salle commune en agitant le drapeau espagnol alors que nous étions tous concentrés sur le téléviseur, un de ces postes gigantesques des années quatre-vingt, dont la partie arrière était incroyablement complexe et proéminente, contrairement à ceux de maintenant, qui sont plats et dénoncent en se prévalant de leur manque d'épaisseur l'incompétence des téléviseurs de jadis. Le présent donne toujours des leçons au passé en le traitant d'incapable.

Où avait-il pu se le procurer ? L'avait-il préparé ? Qu'est-ce qu'un drapeau ? Ce n'était rien de plus qu'un pan de tissu coloré. Ces couleurs revêtaient cependant à nos yeux un sens profond. Tous les humains saluent un pacte qui se résume à une association de couleurs sur un drap flottant dans le vent. J'aurais volontiers gardé le vent et rejeté les couleurs, me dis-je à présent, mais il me semble qu'à l'époque j'ai eu une réaction d'angoisse et de surprise face à cet événement.

J'ai donc vécu deux drames historiques factuels, indiscutables et réels. J'ai traversé celui de 1981 en tant qu'Espagnol. Quant à celui d'aujourd'hui, à la fin du mois de mars 2020, il est universel.

Je pourrais y adjoindre l'assaut contre les tours jumelles à New York, le 11 septembre 2001, mais je ne l'ai pas vécu aussi intensément que le coup d'État du 23 février. Et puis les attentats de 2001 ont été perpétrés aux États-Unis, autrement dit sur le petit écran, où étaient diffusées les informations concernant les USA. Dans ma mémoire ces faits deviennent flous, se confondent avec les images d'un film hollywoodien ou s'y assimilent. Je pourrais également mentionner les attentats du 11 mars 2004 à Madrid. Tout un pays était représenté dans cette catastrophe qui s'apparentait à un miroir sanglant. Seuls les événements historiques survenus dans de grandes puissances résistent au passage du temps, si bien que les attentats du 11 mars 2004 à Madrid ont fini par être insignifiants dans l'histoire générale, l'histoire universelle.

Le souvenir de faits lointains dans le temps et l'oubli des plus récents s'inscrivent dans le début d'amnésie qui me frappe – le neurologue qui a permis mon départ à la retraite m'avait prévenu –, et il se peut que cela soit lié à une fulgurance de mon intelligence, un carrousel de la maturité, plus qu'à une détérioration cognitive.

Il est dur d'affirmer ce genre de choses, mais la renommée des victimes des actions terroristes n'est pas toujours identique, alors qu'elle devrait l'être d'un point de vue moral. Il y a des morts anonymes pleins de grisaille et des morts mythiques dont on se souvient, qui passent au cinéma et deviennent des personnages de romans. Eux, les morts, ils s'en moquent, mais pas leurs familles ni leurs compatriotes.

Ma mémoire collective s'enraye en 1981 et se remet en route en mars 2020, voilà ce qui m'arrive sans que je sache si c'est dû à la baisse prématurée de mes capacités mémorielles ou à une sorte de proportion harmonieuse de mes souvenirs.

Mais je pense que l'humanité ne s'intéresse plus au passé ni à l'Histoire, à croire que seul le présent existe, ce qui me console de mes propres oublis.

Le futur connaît le même sort : lui non plus n'a pas d'importance.

Le présent est un gladiateur qui a coupé la tête du passé et planté son épée dans le cœur du futur. Le passé n'a plus de tête et le futur plus de cœur.

Le passé est un recueil d'anecdotes contenant des histoires curieuses et truculentes qui reviennent parfois dans le présent. Avant le passé avait du prestige et inspirait des digressions philosophiques, des interprétations et des études. Aujourd'hui il fait figure de lieu ridicule, indésirable, sans Internet ni technologies, sans smartphones ni trains à grande vitesse. Un endroit où les gens ne peuvent voyager qu'à cheval. Le passé est peuplé de pauvres hères qui ont circulé pendant plus de deux mille ans à dos d'animaux : chameaux, éléphants, chevaux. De nos jours, tout mendiant a déjà eu l'occasion de monter dans un bus ou dans un train, et de voyager mille fois plus vite que Jules César ou Napoléon.

Se déplacer à cheval et croire en Dieu sont selon moi deux phénomènes liés. L'apparition du train et du moteur à combustion ont donné un fondement matériel à l'athéisme.

En 1981, on pouvait fuir l'Espagne de crainte que le coup d'État fomenté par un homme aujourd'hui totalement oublié – mais qui s'appelait le lieutenant-colonel Tejero – triomphe et que la dictature militaire se réinstalle. À présent on ne peut fuir nulle part car l'espace aérien est fermé. Il n'y a pas de trains. Pas de bateaux. Pas d'autocars. Je pourrais monter dans ma voiture et parcourir avec un peu de chance trente ou quarante kilomètres tout au plus avant de tomber sur un barrage de police et de me faire arrêter pour non-respect du confinement.

Par ailleurs, savoir qu'il m'est impossible de partir me rassure. Cela m'évite de perdre mon temps et de songer aux préparatifs du voyage, au choix d'une destination, à l'achat des billets.

Cela m'évite de faire ma valise.

À quoi peut bien ressembler la valise de Montserrat ?

On peut découvrir quelqu'un à travers sa valise, les bagages étant aussi les miroirs des humains.

Une valise indique qui tu es, proclame ton identité au reste des passagers.

Sa couleur, ses poignées, sa taille, l'usure de ses roulettes, son manche, ses compartiments, ses éraflures, sa matière (toile ou cuir), qu'elle soit compacte, dure, rigide ou molle, semi-rigide, décorée, qu'elle comporte des boucles, une serrure, des poches, un cadenas, que sa couleur soit passée, qu'elle ait un petit défaut quelque part, que sa teinte ait été un choix déterminant car tout n'est qu'une question de choix, tout tient à des photographies qu'on prend de son âme.

Si je pouvais voir la valise de Montserrat, je saurais qui elle est.

Je serais capable de tomber amoureux de sa valise comme je le suis de sa personne.

Une valise, c'est la foi en l'avenir.

17

1981.

Je marche dans le couloir de l'Académie, fais quelques pas sous l'escalier et me retrouve devant la porte de sa chambre. De la lumière filtre par les rainures. Il est quatre heures du matin.

Je frappe.

Entre, me dit Rafael Puig.

Il est assis à sa table de travail, une lampe de bureau éclaire un manuel d'anatomie. Il fume. Hormis son bureau la pièce est plongée dans la pénombre. Il me sourit.

Une pluie timide tombe sur Madrid, on est déjà à la mi-mars, l'amorce du printemps.

Il me propose d'aller regarder la pluie sur sa jolie terrasse. Sa chambre est la seule à en posséder une. Nous sortons et contemplons ce Madrid pluvieux. Nous faisons des commentaires sur la bruine, cette pluie fine dont nous parlons avec tristesse, comme si le manque de puissance et de densité des gouttes avait une implication dans notre propre inconsistance.

Je sais quelle question tu es venu me poser, me dit-il. Tu vas m'interroger sur le sens du monde et en profiter au passage pour savoir si j'ai des pouvoirs. Tu as été surpris que je te dise que le coup d'État ne durerait pas plus d'une nuit parce que je te l'ai dit à vingt heures, le 23 février, alors que personne ne s'en doutait. Ceux qui se souviennent de ma prédiction pensent que je suis tombé juste par hasard, comme quand on gagne à la loterie, mais ils se trompent. Je l'ai vu, c'est tout. Je l'ai tout simplement vu comme je te vois en ce moment. Mes pouvoirs n'ont rien d'extraordinaire, tout vient de ma curiosité. Je ne sais pas quel sens a notre monde mais je vois de l'énergie qui va et vient d'un point de l'espace à un autre. C'est bien de croire en Dieu, ça préserve de la folie, comme si on prenait un cachet d'aspirine. Il est fort possible qu'on ait appelé une porte Jésus-Christ et qu'on l'ait fait depuis l'Antiquité parce qu'on n'avait pas d'autre terme. Si tu veux le désigner sous le nom de porte, tu peux. D'autres parlent de mystère, d'autres encore de mathématiques, de physique ou de chimie. Il y a toujours un mot pour le nommer.

Je me suis fumé une Ducados avec Rafael.

Il m'a dit autre chose, une chose belle et terrifiante qui s'est volatilisée dans ma mémoire aride. Peut-être m'a-t-il vu dans ce présent, peut-être possédait-il la clé pour ouvrir les portes dont il parlait, ouvrir en grand les portes de tous les mystères, car tout ce qu'on a fait dans le passé, ce qu'on nous a dit autrefois est désormais inscrit dans l'instant miraculeux où le temps fait volte-face.

Je me rappelle seulement que son ombre s'étendait sur Madrid et qu'il a pris congé avec tendresse : Va te coucher, je protégerai ton sommeil depuis ma chambre.

18

L'horreur s'est installée.

À Madrid et dans toutes les villes d'Espagne, la situation reste inchangée. Nous sommes le 27 mars, le nombre de morts augmente. C'est la seule chose qui augmente : les morts.

Mais on les oubliera. Très vite on les aura oubliés.

Serons-nous les derniers hommes et les dernières femmes ?

Il n'y a pas de héros. La démocratie et les héros sont incompatibles

À ses débuts la démocratie a cependant eu des héros et elle était romantique. Maintenant elle s'est enlisée comme une victime supplémentaire de l'entropie.

La décadence occidentale : l'absence de héros est remplacée par un sentimentalisme qui met des chansons futiles à la mode.

Il n'y a pas de certitudes.

Il n'y a ni pierres ni terre, simplement de l'eau et du vent. Ce qui était solide devient aérien.

Nous sommes à l'âge de l'eau, qui est sans saveur ni consistance, et du vent, qui n'a ni visage ni rides.

Montserrat, elle, en a quelques-unes, pas beaucoup, et toutes d'une beauté héroïque. Je vois dans cette femme le seul héroïsme possible.

Mon espoir se prénomme Montserrat.

Je dois cesser de penser à la société, aux informations, à l'Histoire et à ce monde pour ne m'intéresser qu'à elle, même si je ne fais qu'élever une île dans le vide.

19

Je me réveille tôt. Le printemps et la forêt sont à ma porte. Je ne suis pas encore allé dans la forêt. Là il n'y a pas d'agents de police, c'est impossible. Et si je me trompais ? Si un policier attendait que je m'aventure sur un des sentiers de cette forêt pour me coller une amende, m'arrêter ?

J'allume la télévision pendant que le café coule.

Les hiérarchies professionnelles, au sein des entreprises, au travail, les hiérarchies économiques et même politiques telles qu'elles existaient avant la pandémie vacillent.

Sommes-nous témoins des adieux aux chefs de ce monde ?

Pour moi une seule chose est claire et elle porte un nom : Montserrat.

Le degré de réalité de ce que nous vivons est discutable, mon amour pour Montserrat ne l'est pas, là est ma foi.

Hier un écrivain interviewé à la télé conseillait des lectures pendant le confinement, et je l'ai entendu dire qu'on pouvait lire *Don Quichotte* en commençant par la deuxième partie, qu'il trouvait meilleure que la première.

C'est ce que je vais faire.

Je pense à ma vie et à celle de Montserrat : la deuxième partie de nos vies est peut-être mieux que la première.

J'ignore pour quelle étrange raison ce livre est si célèbre, si important, si universel, si transcendantal. On en entame la lecture en se demandant sans cesse ce qui fait sa grandeur.

Il en va pourtant de même avec la vie.

On sait que c'est quelque chose de merveilleux et d'essentiel, mais quand il s'agit d'expliquer pourquoi, on se perd dans des lieux communs ou de vagues argumentations, comme les écrivains et les lecteurs qui glosent sur la grandeur du roman de Cervantès.

Cervantès est un sourire, une tranchée espiègle qui peut me protéger de la disparition imminente des libertés politiques, qui risquent toutes de tomber, fauchées ou infectées par la peur, la dégradation de la vie et l'obscurité morale.

Je pense à Montserrat, dont le nihilisme simple sera un rocher auquel m'accrocher lorsque cela surviendra.

Je pense à son corps : hanches, seins, cuisses, mains, yeux, cheveux.

L'Espagne existe-t-elle aujourd'hui comme existe le corps de Montserrat ?

Il n'y en a qu'un pâle reflet sur le petit écran. Si on supprime la vie sociale, un pays cesse d'exister.

Si on supprime le sexe quotidien, l'amour cesse d'exister.

Tous les pays de la terre cessent à présent d'exister puisqu'ils nient la corporalité sociale. Sans magasins, sans restaurants, sans bars, sans rues pleines de monde, sans usines, un pays devient un territoire. Il perd son sens politique et se transforme en terres vides, en nature, en cours d'eau, en collines, en rochers, en rats, en lapins, en sangliers, en cerfs, en chiens et en poules évoluant librement.

Certains animaux ont une charge symbolique.

Ils préviennent des catastrophes.

Dans la soirée je m'aventure enfin dans la forêt voisine. J'ai peur qu'un garde civil soit posté derrière le premier arbre dont je m'approcherais et me passe les menottes.

Je découvre un petit sentier. En vérité ce n'est pas vraiment le soir mais la nuit. Il est une heure et mon souffle se change en buée. Le plaisir d'être ici, entouré d'arbres, est interdit à des millions d'humains coincés dans leurs villes, leurs lits, leurs appartements, leurs boîtes. Une ville est une boîte, un appartement est une boîte, une chambre est une boîte, un lit est une boîte. Tous préfigurent la dernière boîte dans laquelle on nous mettra.

Je touche l'arbre.

Manuel Vilas

C'est du bois.
Du bois dont on fait les cercueils.
Je ne crois pas qu'on utilise un bon bois pour fabriquer les cercueils, plutôt des succédanés.
J'obéirai mais je n'aime pas l'obéissance.
J'enlace les arbres que je croise. Ils contiennent tout : le vent, l'eau, la terre, l'être.
Les arbres sont la plus grande marque de beauté de la vie.
Je me demande bien comment je peux aimer les arbres.
Je suis un homme amoureux d'une femme et des arbres.

20

Ma mémoire me ramène en 1981.

J'avais pris l'habitude de descendre dans la chambre de Rafael Puig les nuits où je n'arrivais pas à dormir. Sa chambre était pour moi un phare dans le petit matin. Il ne se couchait jamais avant six heures ou sept heures, parfois sept heures trente ou huit heures, lorsque les rayons du soleil entraient par la terrasse, ce qui me semblait atroce. Quand je n'avais pas fermé l'œil, j'associais la lumière du jour à la mort. Rafael, lui, s'assoupissait jusqu'à l'heure du déjeuner.

Cet horaire me fascinait. De ma vie rien ne m'avait paru plus moderne ni plus subversif, plus dangereux, plus neuf ni plus original. Vivre la nuit et sauter le petit-déjeuner pour attaquer directement son déjeuner. C'était insolite et chaotique, une image qui ne cadrait guère avec un individu très sérieux en tout, sauf dans ses activités médiumniques, même si, peu à peu, j'avais pris conscience que cette dérive extralucide s'exerçait de manière simple et bénigne et n'avait aucune incidence sur notre relation. Je trouvais même sympathique et émouvant qu'il ait compris avant tout le monde l'insignifiance du coup d'État du 23 février avec pour seules armes celles du voyant, du mystique et du devin, et non en se fondant sur une interprétation sociologique et politique.

Savoir que la vie se poursuivait à l'étage du dessous me laissait présager la fin de ma solitude et de mes insomnies. Ma porte est toujours ouverte pour toi, m'avait-il dit en accentuant ces derniers mots.

Parfois je frappais à sa porte à deux heures, ou à quatre heures quand ça allait vraiment mal, et nous bavardions un moment. Je me suis alors rendu compte qu'une de nos plus grandes habiletés sociales consiste à savoir quand une conversation est terminée, quand il convient de ne plus ajouter un mot au risque de devenir redondant ou impertinent.

C'est exactement là que je voulais en venir.

L'immense qualité de Rafael Puig est qu'il n'était ni redondant ni impertinent. Ses histoires étaient concrètes, visuelles. Elles s'inscrivaient dans le monde avec les mots justes. C'est sans doute pour cette raison que son extravagance ne ressortait pas dans les récits extraordinaires qu'il me relatait la nuit. Ils possédaient une prodigieuse harmonie vitale qui résonnait encore dans ma tête lorsque je sortais de sa chambre et me mettais au lit en essayant de m'assoupir.

On ne connaît pas l'origine de la vie, m'avait-il dit à l'aube, en mars 1981. Il y a des formes de vie perverses comme les virus, aussi vieux et ancestraux que l'apparition de l'univers. Ce sont des fantômes d'anciennes civilisations, des restes d'hommes et de femmes qui existaient avant la création de notre univers, des souvenirs fossiles, des souffles de bêtes millénaires. Il m'arrive de les voir dans l'air, dans les rues, sur les pavés, la porte d'un ascenseur ou le volant d'une voiture, dans une tasse de café d'un bar quelconque, un caniveau, sur le dos d'un chat ou dans un tuyau, sous un auvent, sur une table, dans la lumière verte d'un taxi.

Quand il ne voulait plus parler, il allumait une cigarette d'un geste parcimonieux et cessait de me regarder pour se concentrer sur le plafond.

Il allumait ses cigarettes dans un esprit de justice. J'entends par là qu'il approchait la flamme du briquet en visant le bout de la cigarette au milieu, et la laissait brûler jusqu'à ce qu'il soit entièrement allumé, pas seulement un côté, comme le font la plupart des gens en attendant que la braise se propage. Il ne négligeait rien quand il allumait une cigarette, procédait lentement, sans s'en remettre au hasard. À croire qu'il accomplissait un acte liturgique de répartition justicière du feu brûlant.

L'insomnie me consumait de l'intérieur de la même manière.

Lorsqu'il s'en apercevait, il me disait : Va te coucher, je me charge des ombres.

Je protégerai ton sommeil, tels étaient les mots qu'il employait, comme s'il savait que j'avais besoin que quelqu'un veille sur moi, qu'il donne le feu vert à mon âme dans l'embarras.

Je remontais dans ma chambre en état d'illumination.

J'y entrais et constatais qu'il n'y avait là aucune ombre, aucune méchanceté, aucun abîme. Seulement de la sérénité. Je me mettais au lit et m'endormais. Je me suis ainsi rendu compte que les pouvoirs occultes de Rafael Puig débouchaient sur une forme erratique et originale de bonté. J'ai alors cessé de le craindre pour voir en lui un frère aîné, peut-être un substitut de mon père, dont je n'avais pratiquement aucun souvenir.

21

J'ai un souvenir d'enfance persistant, m'a dit Rafael une autre nuit, au printemps 1981. Très souvent ma mère me faisait du foie poêlé au dîner. Comme tu le sais, je l'ai perdue à quinze ans.

C'était vrai. Tout le monde le savait à l'Académie parce qu'il le mentionnait dans la plupart des conversations, mais de manière très naturelle.

Et dans cette mort je voyais un autre motif qui expliquait notre amitié : il n'avait plus sa mère et j'étais orphelin de père. Nous n'avons jamais abordé ce sujet, pourtant cette réalité était présente. Nous n'avons jamais mis de mots sur ce parallélisme. Je n'y songe que maintenant. C'est la première fois.

Bien, a-t-il poursuivi. Cette image remonte à ma petite enfance. Ma mère me préparait du foie parce qu'elle était persuadée que cet aliment avait des qualités nutritionnelles très puissantes. C'était sa conviction. Sa façon de m'aimer.

Je la vois encore cuisiner ces foies frais, parfois de porc, parfois d'agneau. Je ne les aimais que très cuits. Elle voulait me faire plaisir. L'autre jour, le jour du coup d'État, quand le lieutenant-colonel Tejero a braqué son arme sur les députés et que l'incertitude et la peur ont ébranlé toute l'Espagne, cette image m'est revenue avec une force terrible.

Il m'a fallu attendre des années, bien après la mort de ma mère, avant de savoir ce qu'est un foie d'animal. À compter de cet instant, tous les foies de porc et d'agneau que j'avais mangés dans ma vie m'ont dégoûté.

Tu ne me verras jamais manger du foie.

Si je te raconte ça, c'est pour te faire comprendre que l'amour peut s'enjoliver d'éléments équivoques, extravagants, ou qu'il peut se manifester de façon très inattendue.

Je sais qu'il y a encore des mangeurs de foie dans le monde.

Ici, à l'Académie, doña Matilde en sert parfois avec des oignons. Je vous ai tous vus en manger. Dans ces cas-là, je me dis que la vie est fréquemment un mélange de dégoût et d'amour.

Oui, c'est ce que je crois.

Et je crois que sans ce mélange la vie n'existe pas. Si tout n'est qu'amour, la vie n'est pas possible. Si tout est sueur ou détritus, elle n'est pas possible non plus. Elle naît du mélange, du mariage entre la puanteur et la beauté, qui apporte soit la santé, soit la maladie.

Une nuit, à la fin du mois de mars, trente-neuf ans plus tard, l'affirmation de Rafael domine la terre. Amour et maladie.

Le premier nourrit l'autre, et inversement.

Nous aurions dû respecter davantage le foie des animaux, il a quelque chose de maternel. Un foie est sans défense, vulnérable. C'est l'âme des bêtes. Nous ne devrions pas en manger.

Avant que je m'en aille, Rafael m'a encore dit ceci : Ma mère me communiquait son amour à travers le foie d'un animal mort, mais une métamorphose s'opérait et le foie devenait un lien entre elle et moi. Je pense que cela perdurera pendant des millénaires. C'est un souvenir indestructible, crypté dans un foie de porc, une énigme encore plus grande que celle du temps.

Les histoires de Rafael m'apaisaient et je remontais dans ma chambre le cœur débordant de tendresse et de beauté.

Qui était doña Matilde ?

Bonne question.

C'était la cuisinière, une ombre de plus dans ma mémoire.

22

Je vois de la grandeur dans le fait de mourir seul chez soi, sans appeler personne.

On ne signale pas cette grandeur sur les téléviseurs du monde.

De la grandeur ?

Non, ce n'est pas le mot.

Quel est le mot qui convient ?

Liberté, rébellion, beauté, volonté ?

Aucun mot de l'univers poétique, ce serait déplacé.

Je rêve d'un octogénaire pour lequel mourir dans une complète solitude se traduit par une illumination, et qui finit par mieux comprendre la nature de la vie et de la mort.

Sur la planète, des milliers d'octogénaires disent adieu à la vie dans leurs petits appartements.

Je pense aux vieillards qui meurent, à leur dernière prière, lente et jaune, à leurs poumons rongés par la pneumonie interstitielle, une maladie qui dévore la vieille chair sur l'autel de la vie.

Je vois tout ça.

Personne n'oserait s'exprimer ainsi sur aucune chaîne de télévision au monde.

La beauté est immorale et peut détruire la politique.

Je vois aussi une chose spectaculaire, un des plus grands événements qu'il est donné de voir à un contemplateur magique, ce que je suis cette nuit, aidé par Rafael Puig, le voyant confiné dans ma mémoire : l'instant où un ou une octogénaire refuse d'appeler.

D'appeler qui que ce soit.

Il décide de ne pas le faire.

De ne pas appeler d'ambulance.

De médecin.
De voisin.
De fils.
De frère.

Il décide de ne pas appeler parce qu'il veut voir la mort là, dans la douceur de l'air du 31 mars, quand la nuit tombe, qu'un souffle d'air tiède envahit sa chambre et que ses souvenirs remontent.

Ils arrivent tous.

Les mystères de la vie demeurent inaltérables.

N'altère pas les mystères de la vie, me disent les murs de cette maison à la campagne que je suis incapable de décrire.

L'octogénaire à l'agonie voit sa vie défiler pour la dernière fois. Nul ne le distrait de cette contemplation car ses proches ne sont pas à ses côtés, de sorte que personne ne le perturbe. S'il a été un père ou une mère, il est très probable qu'il se remémore alors l'enfance de sa progéniture. Mais comme elle n'est pas là, à lui prendre la main, il peut la voir différemment, sous une forme plus pure qui ne s'attarde pas sur l'apparence physique de ceux qui sont ses enfants, sur le contact de leur peau, leurs voix, le mouvement de leurs corps, leur présence corporelle, mais s'élève jusqu'à un lieu plus profond où la matière et le corps ne sont pas nécessaires.

J'ignorais que cet endroit existait, pense l'octogénaire.

La tendre jeunesse de ses enfants, puis des petits-enfants qui s'y substituent sera son dernier souvenir, j'en suis persuadé.

Quand ils meurent, les pères et les mères pensent à leurs enfants.

Ils pensent à la beauté et nous qualifions cela de beauté.

Mourir seul à l'hôpital, sans ta famille, procure une connaissance de l'intensité de l'existence pleine de terreur, de compassion et même de tendresse.

Vous êtes enfin seuls, la vérité et toi.

Alors l'Obscurité se révèle comme une région ardente, au-delà de toute configuration humaine de la compréhension. L'Obscurité, oui, où l'amour a changé d'état et n'est plus spirituel mais transformé en glace.

Il n'y a que l'Obscurité et toi.

Sans le bruit des affections, pour que tu saches enfin qui tu as été, parce que l'Obscurité te le dira si tu la laisses parler, et il se peut qu'elle s'adresse à toi d'une voix empreinte d'un amour insupportable.

Mourir peut être un acte de rébellion et de beauté suprêmes, tout dépend de toi.

Ça fait très peur.

L'Obscurité est toujours entourée d'effroi.

Il faut mépriser le désespoir et la peur, les conventions sociales de la mort, admettre qu'il y a aussi de l'humanité dans le fait de mourir totalement seul. Mais on ne nous laisse pas choisir cette fin. On dit qu'ainsi on meurt “comme un chien”, comme si la mort des chiens n'avait rien de beau.

23

J'occupe une maison de vacances qui appartient au syndicat de l'enseignement auquel je suis affilié depuis près de vingt ans. Quand on m'a accordé ma retraite anticipée, le syndicat m'a proposé de la louer quelque temps à un prix presque symbolique et j'ai accepté. Ils en ont d'autres comme celle-ci, des bungalows d'été dans la sierra madrilène.

Mais la mienne est particulière pour son emplacement privilégié juste à côté de la forêt, dans un endroit isolé, et pour les matériaux de bonne qualité dont elle se compose.

Je me rappelle la matinée de novembre de l'an passé où Mauricio Rozas, le chef coordinateur de mon syndicat, m'a dit : C'est toi qui vas l'étrenner et je suis fier que ce soit un retraité comme toi qui l'occupe le premier. C'est un vrai rêve. Elle est au milieu des bois et tu pourras lire, te reposer, méditer et aller à la pêche parce qu'il y a une rivière pas très loin. Si tu ne sais pas pêcher, tu n'auras qu'à apprendre.

Une semaine plus tard, quand je suis allé chercher les clés au siège du syndicat, une secrétaire m'a raconté que les gens qui avaient séjourné avant moi dans ce bungalow l'avaient trouvé très agréable.

Mon syndicat a donc continué de me mentir jusque dans ma situation de retraité.

J'ai fini par en rire tout seul.

Mais la maison est belle, perdue dans la forêt, un vrai rêve. Sur ce point Mauricio m'a dit la vérité.

Dans la cuisine, la première chose que je remarque est le mitigeur à monocommande. Je m'arrange pour que l'évier soit toujours propre, sans restes de nourriture dans la grille ; je les redoute, persuadé qu'ils sont liés au coronavirus. Je souris en voyant le micro-ondes d'une bonne marque.

Toutes les cuisines du monde en ont un, et depuis le confinement ils jouent un rôle central dans de nombreux foyers. Le micro-ondes détient le secret de la chaleur sans feu, c'est à lui seul un personnage.

Il y a également un lave-vaisselle neuf et silencieux dont émane tout le mystère maintenant qu'il fait nuit noire. Une petite fenêtre surmonte l'évier, avec un pot sans fleurs sur le rebord extérieur. Le réfrigérateur n'est pas très grand, mais le congélateur, puissant, fonctionne bien. Je trouve sa couleur argentée très décorative. La table est en pin, et le matin les rayons du soleil illuminent son bois et la ramènent à la condition d'arbre qu'elle a connue autrefois. Dans la matière tout tend à revenir à son état premier.

Il y a trois poêles : une petite, une moyenne et une grande, toutes les trois en bon état et antiadhésives, ce qui m'a aussitôt immensément rassuré quand je suis arrivé dans cette maison. Avec une poêle antiadhésive en bon état, on est capable d'affronter l'adversité, j'en suis persuadé. Je ne les mets pas au lave-vaisselle, c'est hors de question, je ne le ferai jamais parce que j'essaie de préserver cette couche antiadhésive qui fait toute la fierté et la noblesse de ces ustensiles. Je crois qu'elles le savent et qu'elles m'en sont reconnaissantes.

C'est peut-être là un fait aussi universel que l'amour et la pandémie : des millions d'humains évitent de passer leurs poêles au lave-vaisselle pour faire durer leur revêtement antiadhésif, un bien précieux de l'industrie mondiale des batteries de cuisine et du capitalisme du foyer. Car quand une poêle perd ce revêtement invisible, cela signifie qu'elle est fichue, vouée à disparaître en tant qu'objet matériel important à nos yeux, qui nous a permis de nous alimenter d'œufs sur le plat, de viande, de pommes de terre et de poissons grillés, par exemple une darne de saumon ou de loup à la peau bien dorée.

Il n'y a pas plus désastreux ni plus criminel qu'un œuf sur le plat ou une omelette collés à une poêle qui a perdu son revêtement antiadhésif. Et comment faire pour se débarrasser de sa poêle ? On la met directement à la poubelle, avec ses restes d'omelette collés, dans un acte de désespoir domestique ?

Les humains sont devenus les protecteurs non de la planète Terre, mais de la couche antiadhésive des poêles de nos cuisines.

Nous sauvons des poêles et non l'amour ou la planète. Le monde est bourré de poêles. Chaque maison en possède trois ou quatre. Même les célibataires en ont de nombreuses. Certains foyers en comptent dix. Si on rassemblait toutes les poêles existantes, on construirait une autoroute allant jusqu'au Soleil. Qu'est-ce qu'un être humain sinon un individu qui, tôt ou tard, devra s'acheter une poêle ?

Nous nous intéressons davantage à nos poêles qu'à l'environnement, et là le virus s'embrase et se moque de nous, si tant est qu'il puisse se moquer. Les gens pensent que oui.

Les couverts, par contre, passent au lave-vaisselle, et je trouve parfois un peu triste d'y mettre une petite cuillère qui n'a servi qu'à remuer du sucre dans ma tasse de café. Cet usage justifie-t-il un séjour d'une heure et demie dans un caisson rempli d'eau chaude et de détergent pour recevoir une douche terrifiante ? Il suffirait d'un filet d'eau pour la nettoyer, mais dans ce cas, quel serait le but du lave-vaisselle ? Laver les assiettes grasses est sans doute la mission et la plénitude existentielle de cet appareil électroménager.

Il y a un ordre cosmique dans cette cuisine.

Là encore l'Obscurité se manifeste.

Quiconque chercherait à détruire cet ordre aurait affaire à moi, qui protège cet univers, ce cosmos dont je suis la conscience vigilante. Je suis le dieu des petits riens, à l'image de l'autre Dieu, plus grand, qui protège la vie sur terre.

En pensant au congélateur je me suis rappelé qu'il ne

contient qu'un sachet de petits pois. Cet argument imparable illumine mon espoir et j'écris un WhatsApp à Montse : "Mon congélateur est triste à pleurer, il ne contient qu'un sachet de petits pois." Je fais une photo et la lui envoie.

Je regarde les étagères du séjour, dans le même espace que la cuisine, une cuisine américaine, comme on dit, assez peu convaincante, sans aucune trouvaille architecturale qui supposerait un pas en avant pour l'humanité. Le canapé est charmant et robuste ; il est accueillant mais on ne peut pas en dire grand-chose de plus, si ce n'est que sans lui la vie dans ce bungalow n'aurait pas de cadre. Avec le lit il représente une capitale, un axe gravitationnel. Les étagères sont un de mes meubles préférés. J'y ai rangé les livres que j'ai apportés. Le roman de Cervantès ne s'y trouve plus, il est sur la table de nuit. Le canapé est bleu foncé, une couleur standard, je dois le préciser. Il est en tissu, en bon tissu à mon avis. Celui qui l'a acheté ne s'est pas trompé. Car un jour quelqu'un l'a acheté. Il a deux places, presque trois. Il y a ici une ambiguïté, une délicieuse tergiversation des proportions corporelles.

Une table basse en verre aux pieds en bois massif est disposée devant le canapé. Elle est sale parce que j'ai la flemme de la frotter et que je ne sais pas trop quel chiffon utiliser. En fait elle n'est pas si sale, mais il faudrait y appliquer un produit de nettoyage : entre la poussière naturelle qui se pose sur les objets au fil des jours ou les produits chimiques et leurs agents toxiques dégradants pour les poumons, la trachée, la peau, le foie, on se demande ce qui est pire pour la santé. Le foie est le plus bel organe logé dans l'obscurité profonde de notre sang, raison pour laquelle Rafael Puig détestait manger ceux des autres êtres vivants.

Cette présence cachée de Rafael ! La mémoire est sacrément irrationnelle.

La grande baie de la salle de séjour est garnie de rideaux agréables car ils sont orange et confèrent à la maison une ambiance pleine d'agrumes – oranges, mandarines –, et d'arbres fruitiers.

Un humain pourrait en arriver à adorer un rideau. C'est très joli, les rideaux, une des plus belles inventions du genre humain. Une maison avec des rideaux devient vite un foyer, même si elle ne comporte rien d'autre. La demeure d'hommes et de femmes qui sont morts en regardant des rideaux.

Ils sont également difficiles à laver, or les rideaux sales sont déprimants, ils reflètent l'abandon.

À l'idée que les rideaux contribuent à créer un foyer, je songe que je n'en ai fondé aucun, en cela je n'ai aucune amnésie. Mais les créateurs de foyers meurent comme les autres, ceux qui n'en ont pas créé.

La porte d'entrée est belle, simple, pas très épaisse.

Les portes des maisons seront encore debout quand tout sera fini. Les gens ferment leurs portes en espérant que le virus restera à l'extérieur, dans les rues, sur les routes, dans les champs et le corps d'autrui.

Personne ne sait à vrai dire où il se trouve. Tout le monde le déteste, mais le virus est lui aussi un fils de la vie, un autre fils du miracle et du mystère, un de nos frères. L'amour est lui aussi invisible, comme semblent l'être toutes les choses importantes, filles de l'Obscurité, mais je n'ai pas envie de parler d'elle parce qu'elle m'effraie.

Le virus acquiert une existence à travers la télévision, l'autel vers lequel nous autres, la totalité des Espagnols et des citoyens du monde, nous dirigeons au quotidien pour voir le virus aux informations comme nous allions auparavant à la messe. C'est pareil.

J'allume la télé.

Elle est posée sur un meuble bas appelé meuble TV. Il n'y a pas d'autre mot pour le désigner. Qu'aucun autre vocable n'existe est bien triste. Il est muni de roulettes, petites, qui ont dû parcourir tout au plus une dizaine de mètres en dix années de vie. Elles sont presque rigides, se bloquent très vite. Je m'accroupis pour les étudier. Elles sont couvertes de poussière et de moutons d'une matière indéterminée. J'en prends un gros et l'examine, constate que la saleté se délite au bout de mes doigts.

Que contient ce mouton ?

Un cheveu humain.

Est-il à Montserrat ?

Oui.

Le virus est toujours là, sur le petit écran. On continue de parler de lui comme on parlait auparavant de Dieu ou de son fils Jésus, ou encore des extraterrestres, dans ces émissions d'autrefois qui traitaient d'histoires énigmatiques. Il en existe encore une aujourd'hui. Des analyses journalistiques consacrées à des phénomènes présumés paranormaux.

Cette entité extraterrestre venue nous rendre visite fait l'actualité de toutes les télévisions de la terre.

Dans une sorte d'illumination, je comprends que de nombreux ratés vont se sentir mieux, car le virus est en train d'achever les hiérarchies sociales. Où se situe le succès maintenant ?

Pourrait-on parler de destruction du capitalisme ?

Dans ce cas le virus est un ange exterminateur, un ange marxiste.

Ça, c'est une blague.

Je regarde la lumière de la lampe.

Je n'ai rien dit au sujet de cette lampe dont le faisceau en forme de cône s'étend dans la pièce, et cette chute de lumière électrique sur le plateau en verre ou en plexiglas est miraculeuse.

C'est une ampoule de soixante-quinze watts.

Toute une révolution à l'époque, car celles de soixante watts étaient un peu trop faibles et celles de cent excessives, si bien que les ampoules de soixante-quinze watts ont connu un succès qui, contrairement à la cuisine américaine, signifiait un pas en avant pour l'humanité. De longues recherches ont été nécessaires avant de concevoir l'ampoule de soixante-quinze watts, de même qu'aujourd'hui beaucoup de monde travaille à l'élaboration du vaccin. Tous ces individus qui cherchent au cours de journées exténuantes de douze, quatorze ou seize heures, qui sont-ils ?

Des anges de l'humanité.

Ces premiers jours, sur une bonne moitié de la planète, les gens se demandent pourquoi l'Espagne est le pays qui compte le plus de morts et le plus de personnes contaminées.

Nous sommes au pinacle car aujourd'hui, le succès c'est la mort.

Cela explique sans doute le mystère de l'Espagne, y compris sa légende noire, qui repose sur le fait que, dans ce pays, la politique et l'Histoire se soient toujours constituées de colère et d'ordures, deux anciennes dénominations de l'Obscurité.

C'est pourquoi le virus est heureux ici, au pays de la haine. Le Covid-19 s'est promené de par le monde et il s'est dit : “Je reste en Espagne. Ici, tous les quarante ou cinquante ans, les gens s'entretuent, se brûlent vifs, se fusillent, s'exécutent au garrot, violent la femme de la maison d'à côté, après quoi le frère de la femme de la maison d'à côté tue le fils du violeur et mange son foie, alors moi je reste ici, c'est le paradis.”

Le foie, manger le foie d'autrui.

Mais l'Espagne est aussi le paradis de la beauté et de l'amour.

Ou peut-être le pays de la moquerie, de la tromperie.

Bienvenue au pays de la moquerie, de la tromperie ; ici j'ai essayé d'être heureux et je n'y suis pas arrivé, mais j'ai écrit l'histoire de don Quichotte, l'histoire d'un homme bon qui sauve et rachète la méchanceté de tout un peuple, affirme Cervantès dans son roman.

24

J'entends le moteur d'une voiture.

C'est l'Opel Astra de Montserrat, et tout à coup le bruit d'une voiture que je n'ai jamais aimée embrase mon âme.

C'est elle.

Elle est déjà devant ma porte.

Je n'ai pas de sonnette.

J'ouvre avant que ses doigts ne frappent le bois.

Je t'ai apporté des surgelés : des boîtes de cannellonis, des filets de loup et même des *churros*, pour que ton congélo ne soit pas aussi seul ni aussi triste, m'annonce-t-elle dès qu'elle est devant moi, avant de me dire bonjour.

Qu'elle ne me salue pas et ne s'embarrasse pas de politesses me plaît, comme si nous nous connaissions depuis toujours. Presque comme si nous étions mari et femme, avec toutes les variantes qu'on voudra y mettre.

Il est vingt et une heures.

J'ouvre une bouteille de vin.

Je sais qu'elle a envie de parler, je le vois.

Mon ex m'a appelée, il voulait savoir comment j'allais, débite-t-elle en éclusant son deuxième verre.

Je ne savais pas que tu avais été mariée, lui dis-je sans savoir quoi lui répondre d'autre.

Il est allemand, on s'entend très bien et c'est tant mieux parce qu'on a un fils. Il vit avec lui, je ne le vois pas souvent.

Ça ce n'est pas normal, dis-je.

Et automatiquement, j'en déduis qu'ils ne doivent pas s'entendre si bien que ça, au contraire. Je ne pense pas qu'elle m'ait menti, elle s'est tout simplement protégée de l'Obscurité.

Non, ce n'est pas normal. C'est une longue histoire, ajoute-t-elle.

Un silence gênant s'installe entre nous. Je ne parle pas, j'ai le sentiment qu'elle a besoin de délibérer sans pression pour décider de m'apporter ou non des précisions quant à ce qu'elle vient de me confier.

Je trouve fascinant l'instant où un humain n'arrive pas à savoir s'il doit raconter ou non un aspect de sa vie qu'il juge important. Il finit toujours par se livrer, car s'il ne se raconte pas, il n'existe pas.

Au téléphone j'ai aussi eu Marc, mon fils, mais il est petit, il n'a que six ans. C'est mon ex qui l'a élevé. Il a quelqu'un, je crois qu'ils vont se marier, ou alors c'est déjà fait, et moi j'ai disparu. J'ai démarré cette histoire en étant folle d'amour et j'en suis sortie, je dirais fracassée, démolie. Mon mari et son avocat m'ont retiré la garde de Marc. Ils ont montré au juge une vidéo où je buvais des coups avec des copines espagnoles, qui se sont défilées ensuite. On vivait en Allemagne, dans une petite ville pas très loin de Francfort, et Marc est resté avec lui. Il m'a dit que notre fils serait mieux en Allemagne, il n'a peut-être pas tort sur ce point. Tous les soirs, je regarde le nombre de morts qu'il y a en Espagne, alors qu'en Allemagne les chiffres sont très bas. Quand je vois l'hécatombe qu'on a ici, je me dis que sur ce point au moins, il avait raison.

Elle marque une nouvelle pause.

Je me contente de regarder son visage. Savoir qu'elle est là, avec moi, me suffit. En se confiant ainsi à moi, elle ne m'a pas seulement fait le récit de sa vie, elle m'a laissé entendre qu'elle m'avait choisi.

Elle m'a choisi. Pourquoi ?

Il paraît évident que c'est elle qui m'a choisi. J'étais prêt, évidemment. Nous, hommes et femmes, exécutons une danse, nous dansons depuis cinq mille ans dans l'attente de l'amour.

Son visage est brusquement devenu vulnérable. Tout humain qui raconte sa vie espère une approbation. Notre civilisation existe depuis deux mille ans et cette réalité n'a pas changé, elle est toujours présente, ancienne, puissamment primitive.

Je contemple cela comme si j'admirais un fossile.

Je suis retournée à Madrid, chez une cousine, poursuit-elle. J'ai cherché du travail mais je n'arrivais pas à m'ôter mon fils de la tête. J'ai refait le voyage en Allemagne pour passer une semaine avec lui, comme le stipulait le jugement de divorce.

Même si Montserrat est une mère anéantie, je trouve qu'une force séductrice et érotique émane de son corps. L'âme anéantie, le corps flamboyant. Sa vulnérabilité est à présent un fleuve sorti de son lit, un fleuve désespéré. Je suis en train de tomber amoureux, je me coule en elle, j'ai envie d'être elle.

Elle m'a choisi pour que nous devenions des amants, des fiancés, des amis, mais elle m'a aussi choisi sans raison, uniquement parce que j'étais là, que mon congélateur était vide et que je lui avais envoyé un message pour le lui signifier, lui dire qu'il était dans un triste état.

Elle continue : Je n'avais pas d'argent pour me payer une chambre d'hôtel, alors j'ai passé cette semaine avec mon fils dans un vieil appartement prêté par quelqu'un que je connaissais à Butzbach, la petite ville où on vivait, très jolie, très agréable. Il n'y avait pas de chauffage, il était en panne, c'est vraiment mal tombé. Mon fils a attrapé un gros rhume. Gustav, mon ex, a contacté son avocat et m'a accusée de maltraitance et traitée d'irresponsable. Manque de bol, le médecin qui a examiné Marc était un de ses cousins au deuxième degré. Tu y crois, toi, à une poisse pareille ? Il a témoigné contre moi, il a menti et dit que j'avais amené Marc trop tard à son cabinet.

En repartant à Madrid j'étais désespérée. Ma cousine en avait assez de moi, alors je me suis installée chez le premier type qui a bien voulu m'accueillir. J'ai eu de la chance, c'était un homme gentil. Il s'appelait Cristóbal et dirigeait une petite salle de sport à Arganzuela. Il m'a demandé de l'aider et m'a conseillé d'en profiter pour me remettre en forme. Il s'était rendu compte que j'étais au fond du trou.

Montserrat se tait de nouveau, elle resplendit, comme toute personne qui s'approche de la vérité. Je suis jaloux de Cristóbal et effrayé par le passé de cette femme. Tous ses anciens amours prennent les armes contre moi.

Cristóbal insistait. Il insistait pour que je fasse de l'exercice, il me disait que ça me sauverait. Il savait que j'étais super déprimée. J'ai commencé à faire un peu de tapis de course et des étirements. J'y ai pris goût et au bout de six mois j'étais remise d'aplomb. J'ai découvert mon corps. Quand je soulevais des poids, je me disais que je soulevais mon fils jusqu'au ciel.

Une larme obstinée veut se frayer un passage le long de sa joue, mais Montse s'y oppose et la larme s'entête, revient à la charge et grossit.

J'ai échangé le poids de mon fils contre ceux de la salle.

Et ça a marché.

Bon, allez. Je te laisse avec tes surgelés.

Ils sont de bonne qualité.

Tu me dois 50 euros.

Mais ne me rembourse pas tout de suite.

Ça me donnera l'occasion de revenir.

25

La vie sans passions n'est que survie, et la passion la plus importante est celle qu'on a pour un autre, mettre sa vie entre ses mains.

J'enfourne les cannellonis et les regarde dorer peu à peu. Ils sont longs à décongeler.

Nous sommes aujourd'hui le 23 avril, la journée du Livre. En Espagne on pense que l'écrivain Miguel de Cervantès est mort le 22 ou le 23 avril 1616. Il y a un doute. Je suis sûr qu'aucune de ces dates n'est la bonne.

En 1616, la mort survenait sans précisions ni calendrier. On s'en remettait à la grâce de Dieu et peu importait le jour du décès. Même le fait de mourir n'importait guère.

Pour moi, la lecture du roman de Cervantès et la propagation du virus dans le monde sont deux faits au parallélisme inquiétant, deux triomphes de l'irréalité et de la subjectivité, deux comédies humaines.

Les cannellonis surgelés que Montserrat m'a apportés il y a deux jours, la propagation du virus, la journée du Livre sont trois événements que je perçois à l'unisson, comme des sons, trois mouvements orchestraux du temps et de l'espace.

Tout est bizarre, d'une étrangeté orange qui rend l'air oxydé. Le virus est orange car tout a une couleur. La mort est noire, la mémoire jaune, le néant blanc, la vie rouge, la beauté bleue.

Mais c'est le monde qui est devenu bizarre en premier. Des gens qui lisent *Don Quichotte* passent à la télévision. Ils sont nombreux à louer le roman de Cervantès, ce qui me semble curieux. Parce que je suis en train de le lire. Il ne me reste d'ailleurs que quelques pages avant de l'avoir terminé. Un sombre écart sépare les acclamations publiques faites à ce livre et ce qu'il contient. C'est en tout cas mon impression.

C'est un livre extraordinaire, mais selon moi pas pour les raisons qu'on avance à la télévision et qui se contentent de mettre l'accent sur les qualités iconographiques de ses deux héros.

Sur les chaînes de télévision espagnoles on encense ce roman comme si Cervantès était prix Nobel de la paix alors qu'il est prix Nobel de la guerre.

La vie de l'homme appelé don Quichotte est empreinte de beauté. Même sa folie est sans gravité. Elle n'est pas du genre à pousser au crime. Don Quichotte n'est pas un Hannibal Lecter qui se mettrait à dévorer le foie de Sancho Pança, la cervelle du curé ou les reins d'Aldonza Lorenzo[01]. Il y a eu beaucoup de fous en Espagne, des fous illustres. Récemment est mort dans un asile psychiatrique le poète Leopoldo María Panero, qui a passé son existence à condamner et à maudire la vie, raison pour laquelle on l'évoque de moins en moins. On ne laisse guère de souvenirs quand on n'a pas aimé la vie.

Don Quichotte est un fou qui accrédite la vie. Moi aussi je l'accrédite ici même, au milieu de ce cauchemar. Je l'accrédite. Mais la vie se moque de don Quichotte. Que pensait Cervantès de la vie ? Je crois qu'il n'en pensait rien, comme moi maintenant. Qu'est-ce qu'on peut bien penser de la vie ? La vie, tout ce qu'on peut en faire, c'est la vivre.

Si Cervantès se relevait de sa tombe et voyait une future reine d'Espagne blonde, grande, bien proportionnée, intelligente, éduquée, polyglotte, lire son roman, lire “Dans un village de la Manche, dont je ne veux pas me rappeler le nom”, que se dirait-il ? Mais selon toute vraisemblance il ne peut plus se relever. Nous autres, vivants, faisons des

01 — Véritable nom de la robuste paysanne que don Quichotte a rebaptisée Dulcinée du Toboso. *(Toutes les notes sont de la traductrice.)*

conjectures, échafaudons des hypothèses oiseuses en nous demandant ce qu'il adviendrait si "Untel ou Untel se relevait de sa tombe", etc.

Mais nul ne se relève de sa tombe.

Et il n'y a aucun rapport entre le Miguel de Cervantès mort le 22 ou le 23 avril 1616 et celui que nous célébrons aujourd'hui, le 23 avril de l'année 2020, à l'heure où une chauve-souris orientale est la grande héroïne de l'histoire universelle.

Prétendre qu'il s'agit du même individu est une de nos arrogances maladroites, une de nos superstitions les plus formidables. Imaginer qu'il existe un rapport entre le Cervantès qui meurt en 1616 et celui que nous fêtons à présent est une terrible insulte, une insulte démolisseuse de vie.

L'insulte la plus dévastatrice qui soit car elle implique d'être aveuglé par le Mystère, par l'Obscurité.

C'est une de nos plus grandes erreurs dans la mesure où la mémoire historique est une superstition parmi d'autres, elle exige de la foi et se traduit par des actes de foi.

Montserrat n'est pas un acte de foi, elle est réelle, elle a un corps, des yeux, des mains, des bras, une âme, elle est jolie et cependant m'effraie. Pourquoi ? Car en finissant par nous aimer, nous créons un lien, or les liens étranglent. Pourtant le désir d'un autre corps est la seule chose réelle de ce monde.

La seule certitude.

J'aimerais être amoureux parce que l'amoureux pénètre dans l'amour drogué, sans instinct de protection, mais cela n'arrive que lorsqu'on est jeune.

Vraiment ?

Il ne devrait pas en être ainsi.

Tomber amoureux sans avoir peur de rien devrait être possible à tout âge.

Montserrat est le seul prénom permettant à la vie d'exister. Il en a toujours été ainsi. Je suis amoureux d'elle et c'est suffisant. Le monde a un sens parce qu'elle y est.

26

Elle vient d'arriver dans son Opel Astra.

Je suis devant la porte.

Rasé de près.

J'ai mis un bon parfum et c'est une bénédiction, moi qui pensais que ça n'aurait plus aucun sens d'en mettre de ma vie. Un grand parfum, c'est la vie car il est destiné à plaire aux autres.

Elle m'a apporté des gâteaux faits par des religieuses dans un couvent qui s'appelle la Abadía.

Je prépare du café.

Nous sortons devant la maison.

Je vois dans les grands yeux en amande de Montserrat le flux du sang de ses ancêtres, comme si je pouvais déterminer leur origine génétique. Je deviens mystique. Dans ses doigts je vois ceux de ses parents, de ses grands-parents, et aussi la multiplication de ces doigts dans ceux de son fils Marc. Le regard de Montserrat remonte au XXe siècle, au milieu du XXe siècle, quand ses parents sont nés, à la fin du XIXe siècle aussi et jusqu'à des âmes obscures du XVIIIe siècle et leurs arrière-arrière-arrière-petits-enfants, des individus du XVIIe siècle, jusqu'au Moyen-Âge, et voilà qu'au XIVe siècle je vois une femme qui pense à ma Montserrat. C'est son portrait vivant.

Aime-la, me dit-elle, *aime-la et tu me feras ainsi revenir à la vie. Seul l'amour peut nous faire revenir. Aime-la, aime notre Montserrat, je te le dis depuis le lieu où je perdure, en l'an 1379. Je suis sa mère des plus lointaines, la ligne asiatique de ses yeux lui vient de moi, elle s'est formée en moi et je l'ai propulsée au travers des âges pour qu'elle te rende amoureux, que tu puisses vivre et être heureux grâce à elle. Baise ce regard asiatique, car des marchands m'ont amenée de Cipango alors que je n'étais qu'une petite fille. J'ai épousé ensuite un honnête homme de Castille et laissé dans ma descendance le sang de l'Orient dont tu t'éprends maintenant. Le mystère que tu décèles dans les yeux de Montserrat, c'est moi.*

Comment se peut-il que nous soyons ici ? me demandé-je.

Des millions de morts nous ont amenés là et nous y ont laissés pour repartir aussitôt, sans nous dire quoi faire.

Ton parfum est merveilleux, dit Montserrat.

Je l'ai mis pour toi, pour qui d'autre sinon ?

Je suis contente de cette attention toute particulière.

De petites gerçures fendillent ses lèvres, on dirait des formes mystérieuses en or ou d'une matière brillante, craquelée et profondément belle.

Je peux prendre ta main ?

Je n'ose pas prononcer ces cinq mots : je peux prendre ta main ? J'y pense comme on pense à l'abîme.

Parce que si c'était possible, si elle m'y autorisait, toute forme de souffrance se volatiliserait, éradiquée de mon corps et de mon âme.

Je refuse de lui poser cette terrible question. Si je le lui demande, je lui apparaîtrai comme un homme.

Or je veux seulement être l'ange salvateur, l'ange Salvador.

27

Le passé profond est de retour : les longues matinées dominicales de la fin mars 1981 dans un Madrid où s'étendaient encore de grands espaces vierges, des terrains vagues sous le soleil, une terre inculte attendant l'arrivée d'une nouvelle urbanisation qui s'est déployée tout au long des années quatre-vingt. Et le franquisme traînait encore par là, tournait en rond comme un moustique immortel. Le franquisme ? Était-ce bien ça ? Une survivance de Franco au-delà de sa vie biologique, voilà ce que c'était. Quasiment une forme de christianisme. Franco avait inventé l'Espagne ; en inventer une autre n'était donc pas si simple et c'est pourquoi il perdurait à tous les coins de rue dans toutes les villes espagnoles.

Ce n'était pas si simple.

Le dimanche matin, vers midi trente, nous allions tous au Triana, un bar situé près de l'Académie tenu par un couple de Sévillans qui nous servaient comme si nous étions des amis de longue date.

Nous y buvions des bières en mangeant des portions de jambon serrano, des *patatas bravas* ou des *banderillas* d'anchois et d'olives, parfois des calamars.

À l'époque personne n'aurait imaginé que quelques décennies plus tard ces tapas connaîtraient une renommée internationale.

Dans ce café nous parlions foot, rigolions et fumions, car en ce temps-là on fumait dans les bars et partout ailleurs. À l'université nos professeurs fumaient pendant les cours.

C'est à cette période que je me suis aperçu d'une chose terrifiante : il ne pouvait exister de cohésion au sein de notre groupe sans qu'un des membres en soit exclu et traité en bouc émissaire. Tous mes efforts tendaient donc à ne pas devenir la victime.

Je m'étais rendu compte qu'en étant présent à tous les actes essentiels du groupe, il y avait peu de chances d'être le bouc émissaire. Être là suffisait à ne pas faire l'objet de moqueries. Par conséquent, je ne ratais jamais l'occasion de me rendre au Triana, de peur qu'en mon absence, on parle de moi en mal.

Et dire qu'aujourd'hui, toute l'Espagne et le monde entier ont renoncé aux activités sociales.

L'Espagne est dépouillée d'habitants.

Désormais on peut enfin être solitaire sans s'exposer à la critique. Personne ne vous condamnera à la mort civile.

Quelle effroyable ironie !

Le dimanche, au Triana, la promiscuité était si naturelle qu'elle n'avait pas de nom. Dans les années quatre-vingt, l'idée du bar en Espagne impliquait des corps serrés les uns contre les autres, des discussions accompagnées de postillons projetés par des bouches passionnées. Mais nous avions une qualité de nature transcendantale : nous étions tous jeunes et aucun de nous ne vivait dans la méfiance ou le vide. Or c'est ce qui règne à présent sur le monde : la méfiance et le vide.

De quoi parlions-nous au fil de ces après-midi dominicaux ?

De foot, de certains films américains qui venaient de sortir, comme *Shining*, de politique, de filles, de boîtes de nuit, de la boîte où on était allés la veille.

Les discothèques et le sous-développement vont de pair.

Médiocrité et sous-développement.

Rafael Puig avait adoré *Shining*. Il m'a dit qu'il connaissait une maison hantée pleine de fantômes, dans un village de la sierra madrilène appelé Cabeza de Vaca. J'ai cherché un moment sur Internet sans trouver aucun village, hameau ou lieu-dit portant ce nom.

Il m'a raconté qu'il avait passé une nuit dans cette maison de Cabeza de Vaca et que deux spectres l'avaient réveillé – un couple, homme et femme –, qui avaient vécu au milieu du XIXe siècle et étaient pleins de lumière, mais ne savaient pas ou n'avaient pas la certitude absolue qu'ils étaient morts.

Nous non plus, nous n'avons pas la certitude absolue d'être vivants, dis-je aujourd'hui.

J'ai l'impression qu'au travers de son vieillissement mon corps est connecté à deux époques, les années quatre-vingt et 2020.

Je vais me coucher avec le roman de Cervantès.

Pauvre Cervantès ! J'essaie de caresser son ombre, son ombre ironique, sa tristesse infinie. Pauvre don Quichotte ! En vérité il fuyait l'Espagne de son époque, qui manquait de beauté.

Je crois que personne n'a souligné cela : don Quichotte fuyait l'Espagne et non la réalité.

Je crois que dans mon premier sommeil, le Quichotte m'a adressé ce message : "Embrasse cette femme, cette Montserrat. Elle est la réponse. Elle seule peut t'aider à être libre, car tu recherches la vraie liberté que tu ne trouveras jamais."

Je me réveille.

Tout homme sensible désire que le monde soit différent, avec davantage de plénitude et moins d'insatisfaction. J'envoie un WhatsApp à Montserrat pour lui souhaiter bonne nuit, bien qu'il soit quatre heures. J'attends de voir si elle le lit, mais non.

Comme si elle devait être suspendue à mes faits et gestes. Comme si nous étions fiancés, comme si nous étions amoureux. J'essaie de dormir en pensant qu'elle et moi sommes fiancés, amants, mari et femme, unis par un amour profond, et je sais parfaitement que c'est une aspiration inutile et vaine, car je sais que l'amour n'existe pas ou qu'il est réservé à la jeunesse et non aux personnes d'âge mûr, ce qui est mon cas. Rien n'est plus humain que la tentative de s'expliquer, donc de se justifier ; on ne le fait pas pour soi-même mais pour les autres.

Je sombre de nouveau dans le sommeil et don Quichotte me dit : "Il faut que tu modifies son prénom. Appelle-la Altisidore."

28

Aujourd'hui Altisidore est venue à la tombée du soir avec une bolognaise qu'elle a cuisinée elle-même, si bien que je n'ai eu qu'à faire bouillir des spaghettis.

Je te dois 50 euros, lui dis-je.

Elle ignore qu'en secret je l'appelle Altisidore, que j'ai décidé de changer son prénom. Je vais devoir lui dire un jour ou l'autre, ou jamais.

Bien sûr, je n'ai pas oublié, me répond-elle.

Comment ça va ?

À l'épicerie tout va bien, mais je ne supporte plus le confinement. Je déteste qu'on me dise ce que j'ai à faire, je déteste que les cafés soient fermés et je regrette de ne pas pouvoir aller librement à Madrid pour y passer le week-end.

Tu as des amis là-bas ?

Euh... Cristóbal et ma cousine, je t'ai déjà parlé d'eux, mais je ne vais jamais les voir. J'aime la solitude, alors quand je suis à Madrid je reste seule, je me balade dans le Barrio de las Letras, je vais au ciné ou au théâtre, je déjeune seule, dans des restaurants pas trop chers, je me perds dans le métro et je rentre à l'hôtel sur les rotules, crevée. Quand je regarde le podomètre de mon portable, il indique parfois quarante mille pas, autrement dit presque trente kilomètres. Ça me donne une impression de satiété physique, d'épuisement. Marcher dans Madrid est la seule chose qui me permet d'oublier la douleur de ne pas voir mon fils, voilà. Ça fait chier, mais c'est comme ça, et je ne sais pas pourquoi je t'en parle, je suppose que j'ai besoin de me défouler. Pas sur toi, hein, rien à voir ! Toi tu es adorable. Il m'arrive de sauter dans un taxi, quand je me sens paumée au milieu d'avenues à n'en plus finir, que je n'ai plus la force de prendre le métro et que je n'ai envie que d'une chose, rentrer à l'hôtel et me coller au lit, allumer la télé et regarder un film ou n'importe quoi d'autre, et dormir. J'adore les télés des hôtels. Je me demande comment ils font pour les visser aux murs et qu'elles tiennent aussi bien. J'adore les draps d'hôtel aussi, parfaitement lisses... sans un pli. Ils les repassent comme des chefs, chapeau ! Bon. Je n'ai aucune raison de raconter tout ça à un inconnu. En même temps, je ne peux discuter qu'avec des inconnus. Ne le prends pas mal, hein, tu es un très bel inconnu. Le problème, c'est qu'à cause de ce putain de confinement, je suis privée de mes cures de santé stupides à Madrid.

Elle se tait, me regarde droit dans les yeux, de manière franche et directe, comme si elle voulait que je pénètre dans son esprit par ses pupilles, et qu'ainsi je cesse peut-être une bonne fois pour toutes d'être un inconnu.

On me prive de mes anxiolytiques, qui consistent à me balader dans Madrid, et c'est pour ça que j'ai horreur de cette situation, ajoute-t-elle.

Moi je trouve merveilleux que tu viennes me retrouver quand tu en as envie. Merci de me raconter ton histoire. Ta confiance est un cadeau. Je ne sais pas pourquoi tu es aussi sincère avec moi et ça m'est égal, je ne veux plus me poser de questions, parce que très souvent les questions reflètent les doutes et les peurs, alors tout ce que tu peux m'apprendre te concernant est un vrai cadeau ou, mieux, un acte d'amour. Ce que tu me dis sur Madrid est fascinant.

Elle observe un moment de silence, puis me prend la main.

C'est venu d'elle, pas de moi. Même si je ne sais pas trop comment l'interpréter, il m'importe que ce ne soit pas moi. Des siècles et des siècles d'hommes attrapant la main des femmes sont alors abolis, et tout ce que je sais, c'est que sa main est tiède, que je la regarde dans la mienne en redoutant que ma main ne soit pas à la hauteur de la sienne, qu'elle la déçoive.

Tu vas souvent à Madrid ?

Tous les week-ends. Je pars le samedi matin et je reviens le lundi après-midi, vu que je ne travaille pas ce jour-là. Je passe deux nuits à Madrid, il y a une réduction sur la nuitée du dimanche, tu sais.

Tu descends à quel hôtel ?

Je change, je regarde les annonces sur le Net. Mon ex refuse que j'envoie de l'argent à Marc. Je n'ai pas le droit de lui faire de cadeaux non plus, alors j'ai beaucoup moins de scrupules quand la chambre coûte plus cher, mais en général je ne vais pas au-delà de 50 ou 60 euros la nuit. Si on compare les prix en Espagne et en Allemagne, on peut dire qu'on a de la chance, pourtant cette différence de prix explique aussi quelque chose de sordide : le fait que Gustav ait eu la garde de Marc parce qu'il est plus riche que moi et que je ne pourrai jamais lui donner la même éducation. Mon drame, ma douleur découlent donc en quelque sorte de l'écart entre les prix des hôtels en Espagne et en Allemagne. J'ai beaucoup réfléchi à ce sujet, et pour finir je dois reconnaître que le juge n'a pas eu tort de se prononcer en faveur de mon ex. Par contre, je ne peux pas saquer les hypocrites, tous ces hommes politiques qui nous parlent de solidarité et nous serinent que l'argent n'a pas d'importance. Tout ça c'est faux. L'argent n'est pas aussi sale qu'on veut bien le croire, il est réel, et grâce à l'argent allemand, mon fils aura une meilleure éducation et grandira dans un pays plus riche, ça c'est certain. Tu sais que Marc parle couramment allemand et espagnol, il se débrouille aussi très bien en anglais et il va bientôt apprendre le français. Mon ex le fait bosser. Moi j'aurais bien aimé parler plein de langues, pour voyager et pouvoir dire dans toutes les langues du monde des mots compliqués et originaux. N'avoir besoin de personne. Ne pas avoir besoin des autres. Si seulement c'était possible...

Elle se tait, me demande une bière. Elle n'a plus envie de

vin. Je vais jusqu'au frigo, prends une bouteille, l'ouvre et la lui tends. Elle ne veut pas de verre, écluse au goulot une bonne moitié de la bouteille.

Elle continue : Le samedi, à dix heures, je suis à Madrid. Je laisse ma valise à l'hôtel et je vais marcher. Je connais toutes les rues, tous les quartiers, toute la ville, mais en fait non. En fait je me suis rendu compte qu'on ne peut pas connaître Madrid. Qui peut bien connaître les milliers d'immeubles, de rues, de routes, de réverbères, de caves, de ruelles d'une ville comme Madrid ? Les grandes villes sont presque infinies, je le pense souvent quand je marche. Je m'assois sur un banc et réfléchis aux dimensions spatiales de Madrid en kilomètres carrés. Et là mon esprit se calme. Madrid ou n'importe quelle autre ville, ça m'est égal. Cette accumulation d'immeubles et de rues, d'endroits perdus m'apaise. Il y a des millions d'appartements, de pièces où des morts ont dormi, des studios de vingt mètres carrés avec des salles de bains qui sont une insulte au corps humain, des parcs minuscules avec une seule balançoire, entourés des immeubles les plus moches du monde, des places de parking au quatrième sous-sol, des boutiques ridicules, et tout ça me calme. Je ne comprends pas pourquoi mais c'est comme ça. Il y a tellement de misère là-dedans que la mienne disparaît. Je note les noms des rues qui m'impressionnent, je tiens une sorte d'inventaire, je ne sais pas trop comment appeler ça. Certaines rues me séduisent ou m'ensorcellent, d'autres me mettent en rogne, comme celle du Doctor Piga ou de la Fe. Tu peux croire qu'il existe une rue de la Foi ? Ou encore la rue du Salitre[01], la rue Mártires de Alcalá, la rue Volver a Empezar[02], la rue Salsipuedes[03] ?

01 — Littéralement "salpêtre".
02 — "Recommencer".
03 — "Sors si tu le peux".

Elle marque une pause pour porter la bouteille à sa bouche. À cet instant ses lèvres sont encore plus belles, elles ressemblent aux arceaux d'une voûte abritant la tendresse, la douleur et le courage.

Elle a lâché ma main qui erre à présent dans l'obscurité, attendant qu'elle la reprenne, même si maintenant elle aurait le droit de saisir celle de Montserrat dans un acte réciproque, pourtant je m'y refuse, et si je m'obstine elle risque de penser que je ne l'aime pas. Que faire ?

J'adore plus que tout regarder les appartements depuis la rue, enchaîne-t-elle en posant la bouteille sur la table. Alors j'ai le vertige, je me vois vivre là, avec mon fils et mon ex, qui par magie redevient mon mari. Je leur prépare une bolognaise comme celle que je t'ai apportée. L'appartement est ensoleillé, avec une grande chambre pour nous deux et une autre, bleue, pour Marc, une salle de séjour blanche et une cuisine rouge, grande et coquette, avec des carreaux de couleur gaie, des appareils électroménagers de folie, une friteuse supercool pour faire des *churros* le dimanche matin. Je choisis l'étage : si l'immeuble en a huit, nous sommes au septième ; s'il en a cinq, nous sommes au quatrième, et au treizième s'il en a quatorze. J'adore la tour de Valence, tu connais sûrement cet immeuble, à côté du parc du Retiro. J'y vais souvent. Je reste là, devant, à compter les étages, et je m'imagine vivre dans ce gratte-ciel, avec mon mari qui n'est plus mon ex, et mon fils. Combien peut coûter un appartement dans cette tour ? Plus d'un million d'euros, je suppose, peut-être deux millions. Ce sont sûrement des deux cents mètres carrés avec de nombreuses pièces. L'expression me rend folle : "de nombreuses pièces". Et j'adore aussi le concierge, qui porte une casquette et un uniforme à boutons dorés, et qui a une belle loge luxueuse. Ne pas être capable d'évaluer le prix des appartements me plaît, ça me détend autant que le reste, ça rend la vie pleine d'imprécisions, des imprécisions qui atténuent ma culpabilité, qui m'absolvent. Si on ignore le prix d'un appartement dans la tour de Valence, comment on saurait si je suis ou si j'ai été une bonne épouse ou une bonne mère ? Parce que pour tout le monde, surtout pour les Madrilènes, il est plus important de connaître précisément la valeur d'un appart dans la tour de Valence que de savoir si j'ai été ou non une bonne mère. Tu vois ce que je veux dire ?

Oui, je te comprends, Montserrat, bien sûr que oui. Moi j'habite rue Gabriel Lobo, tu la connais ?

Oui ! s'exclame-t-elle. Le nom m'a intriguée, et aussi que ce soit une rue en pente, étrange. Elle est près de la rue Príncipe de Vergara.

J'éclate de rire, elle rit à son tour.

Tu l'aimes encore, ton ex-mari ? lui demandé-je dans un accès d'audace, pour différer ma grande décision de lui prendre la main ou non.

J'ai de bonnes raisons de le détester ou d'avoir peur de lui. Je ne sais pas trop comment dire, parce qu'il est difficile de dissocier la haine de la peur, mais il est ma seule famille. J'ai souvent pensé que Gustav est ma seule famille, Marc étant encore très jeune. Je ne me souviens plus de mon père, qui est mort dans un accident du travail quand j'avais deux ans. Quant à ma mère, elle vit seule avec mon frère et on ne s'entend pas bien du tout. Elle est devenue sénile, mon frère s'occupe d'elle et estime que ce serait à moi de le faire, alors on peut dire que ma seule famille, c'est mon ex.

Ça ne devrait pas être le cas. Si ta mère et ton frère sont encore en vie, ils font partie de ta famille.

Je sais bien, mais on a eu beaucoup de problèmes, et au final on a tous pris nos distances et on ne se recontacte plus.

Ce n'est pas normal, tu devrais arranger ça.

Pourquoi ?

Je la regarde. Je ne suis pas sûr de devoir lui révéler le fond de ma pensée, je risquerais de la blesser ; je reste songeur, mais elle attend que je m'explique, elle sent que j'ai un avis sur la question et croit devoir m'écouter.

Parce que si tu n'appelles pas ta mère pour régler la situation, Marc ne t'appellera jamais. C'est une sorte d'harmonie secrète entre les choses. Enfin, je dis ça, mais tu n'es pas obligée de m'écouter.

J'ai à peine terminé ma phrase qu'elle fond en larmes.

Je lui tends un kleenex.

Elle me regarde dans les yeux. Elle veut que je l'embrasse ou alors c'est moi qui imagine cette requête qui se présente comme un palais lumineux.

Elle me demande de l'embrasser par la pensée, mais ça me suffit, car il se peut que toute cette scène ne soit qu'une illusion, alors je reste là, à l'observer.

Elle prend les devants : Tu peux m'embrasser, dit-elle.

Enfin.

C'est un moment de nervosité, d'anxiété, mais je lui suis reconnaissant d'avoir formulé cette demande, de l'avoir verbalisée. J'avais envie de le faire, pourtant je n'osais pas de crainte de l'incommoder, de l'effrayer, de la déranger, de l'offenser, de l'irriter, de lui faire violence, de la maltraiter, de la blesser, de la mettre en colère. Je n'ai même pas été fichu de lui prendre la main alors qu'elle avait déjà pris la mienne. Je pourrais appliquer à mon cas tous les verbes existants, à même de désigner la solitude de l'érotisme, la solitude tout court, ou de contenir la honte et la peur de l'inconnu.

Nous nous embrassons, nous nous prenons la main, je caresse ses cheveux mais mes doigts tremblent, je me sens comme un mauvais acteur de théâtre. J'aimerais vraiment l'aider car je devine que l'aider elle, c'est m'aider moi.

Celui qui aide quelqu'un, ne serait-ce qu'en portant son

sac de courses, sauve le monde, sauve la beauté, sauve le sens de la vie.

J'écarte ses lèvres des miennes. C'est moi qui décide parce qu'il en a toujours été ainsi, et cet ordre biologique, cette loi qui remonte à la nuit des temps me déplaît.

Quelle est la durée d'un baiser susceptible d'écarter toute déception ou doute raisonnable quant à la sincérité de la passion ?

Nul ne sait le temps que doit durer un baiser afin que ni l'un ni l'autre ne croie sa passion ignorée.

Dans les premiers baisers entre deux humains, la durée est l'énigme, qui encourage la mort. Rien n'est éternel. Les baisers non plus.

Tu sais quoi ? me demande Montserrat. Je fantasme aussi sur les hôtels, je regarde les palaces de la place d'Espagne, l'hôtel Riu, par exemple, et je rêve que je vis toute seule dans une suite, qu'on me fait un prix et que j'occupe le vingt-sixième étage. Je ne sais pas quel hôtel choisir, le Riu, le Barceló ou un autre, qu'on vient de construire et dont j'ai oublié le nom. Un cinq étoiles en tout cas. Je rêve d'habiter à l'hôtel comme une actrice de cinéma ou une autre personnalité, je rêve que je contemple Madrid depuis ma suite à un étage élevé, près du ciel, je rêve que je me réveille à six heures et que je vois les premières lueurs de l'aube par les grandes baies qui vont du sol au plafond, au verre si épais qu'on n'entend rien de ce qui se passe à l'extérieur, juste la musique d'ambiance. Je regarde la lumière pénétrer dans toute la chambre. Je rêve de ça et je suis heureuse comme une reine, alors dans ce plaisir et ce bonheur, je m'aperçois que je n'ai personne avec qui le partager, mais nous, les femmes, on a des atouts que vous, les hommes, n'avez pas, mais je ne vais pas te faire un dessin. Je ne vais rien te dire de plus, mais vous, vous souffrez beaucoup à cause de cette chose que je n'ai pas l'intention de te révéler maintenant.

Elle se tait de nouveau.
Je l'embrasse longuement.
Nous nous éloignons l'un de l'autre.
Elle me regarde en ayant l'air de se demander ce que je vais bien pouvoir lui raconter.

29

Quand j'ai quitté Cristóbal, poursuit Montse, j'ai été embauchée comme vendeuse dans cette chaîne de magasins d'alimentation. Mon ex m'envoie parfois de l'argent, il le fait parce qu'il pense que c'est son devoir, pourtant je lui dis que je n'en ai pas besoin, que ce que je veux c'est que Marc passe un peu de temps avec moi. Il a une bonne situation, il est prof d'espagnol dans un lycée de Butzbach et vient d'une famille riche. Sa mère possède des domaines et des immeubles dans la région, son père est ingénieur. Ce sont des gens bien. Ils ont deux Mercedes dans leur garage. Ils ne sont pas méchants mais ils ne comprennent pas les gens comme moi. Je ne me plains pas. Je parle très mal l'allemand. Gustav m'a promis qu'il apprendrait l'espagnol à Marc et il l'a fait : notre fils le parle couramment, c'est du moins mon impression. En tout cas il le comprend. Chez moi l'allemand ne rentrait pas, il n'y avait rien à faire et ça mettait mon ex en boule, il me disait que j'étais une attardée, il s'exprimait dans un espagnol parfait, alors que de mon côté je n'arrivais pas à baragouiner le moindre mot en allemand ni à formuler une phrase parce que je ne savais pas où coller le verbe, et puis ces sonorités... ça me rendait dingue. C'était de la maltraitance psychologique, mais d'autre part, être aussi peu douée me désespérait, comme si je vivais dans une confusion permanente. Je considérais les mots allemands comme des couteaux qui se plantaient dans mon esprit. J'avais l'impression d'être la plus grosse débile de la terre.

Moi non plus je ne parle aucune langue à part celle dans laquelle on est en train de communiquer, lui dis-je, et nous éclatons de rire en même temps.

Je suis comme toi.

On n'est certainement pas les seuls abrutis de la planète, il y doit y avoir des millions d'attardés qui ne sont pas fichus d'apprendre une langue étrangère. Moi, parfois, je ne sais même plus parler ma langue, et si je m'exprime correctement, c'est un pur hasard. Nous sommes des millions, Montse. Ce qui est normal, c'est d'être comme nous, alors tu n'as aucun de souci à te faire, toute l'humanité te soutient. On n'a pas d'oreille et on n'a pas eu de veine, on est des gens ordinaires, normaux. On ne parle qu'une seule langue et on la parle par hasard. Notre langue, c'est le silence de l'amour.

Mon discours semble la rassurer.

Le “silence de l'amour” ! C'est trop marrant ! s'esclaffe-t-elle. Ce n'est pas une langue de gens normaux en tout cas !

Nous nous apercevons que nous n'avons pas touché à notre dîner, qui est devant nous. Nous sommes main dans la main, nous avons signé un pacte qui consiste à nous prendre la main dès qu'on en aura envie. Être main dans la main symbolise la naissance d'une relation. Si j'observe nos mains j'y vois l'embryon de l'amour à venir. La singularité de sa peau gagne mon cerveau, qui lance une alerte générale de danger, de perte des frontières, de contact avec un autre pays. Je lâche sa main pour m'emparer de ma fourchette, désireux de reprendre une routine dont j'ai peut-être besoin, de retourner dans la normalité d'un dîner, de revenir au calme.

Ta bolognaise est un délice.

Et toi ? Ta vie ? Tu parais tranquille et gentil.

Je ne sais pas trop quoi dire, je suis indécis. J'ai en tête une pensée que je ne formule pas : J'aspire à être ton amoureux transi. Avant de te rencontrer, ma vie était un désert sans fleurs, sans arbres, sans fleuves, sans ciel ni lumière, sans pluie.

Je n'ai pas envie de parler de ma vie, lui dis-je. J'ai

l'impression que c'est une illusion, alors te la raconter ne m'intéresse pas, lui dis-je. Je préfère que tu me racontes la tienne. Elle me bouleverse, me fait sortir de moi-même et installe dans mon cœur de la bénignité, un mot rare, mais qui existe.

Elle rit, prend sans doute mon refus de m'étendre sur ma vie comme un trait d'esprit philosophique teinté d'humour. Le mot "bénignité" l'a éberluée. Je suis ravi de l'avoir sortie de sa tragédie avec ça. Le vin est toujours devant nous, à côté de la bouteille de bière vide.

Bon. Le plus urgent, ce que je tiens à te dire, c'est que je ne me suis jamais marié, que je n'ai jamais eu de relation stable ni d'enfants. Je crois que c'est suffisant pour qu'on continue. Je prononce ces mots le sourire aux lèvres, me semble-t-il, un verre de vin à la main.

Nous buvons.

Nous mangeons les spaghettis.

Des silences s'installent toujours entre nous, dans lesquels s'aventurent la densité de la vie et les horribles questions, comme de se demander jusqu'où nous pourrons aller, si nous sommes susceptibles de nous meurtrir avec indifférence, si nous nous aiderons l'un l'autre en cas de besoin, autant d'interrogations contenues dans ces silences, elle et moi en avons conscience car nous sommes des adultes, nous savons que le temps de l'ignorance de ces questions est celui de la jeunesse, l'époque dorée de l'amour puisque ces doutes en sont absents.

Maudit soit l'âge mûr, celui des précautions incessantes qui effraient l'amour.

L'âge d'un million de garde-fous.

30

Et nous continuons à boire du vin, qui perfore l'obscurité de nos cœurs. L'air y pénètre aussi, de même que la lumière, un air et une lumière fantaisistes, mais nous ne le savons pas encore. Nous redoutons qu'ils partent vite, alors je me lève pour aller jusqu'au frigo, où j'avais mis du blanc au frais.

Nous entamons notre deuxième bouteille.

Je la ressers et choisis sur l'ordinateur une chanson de Franco Battiato, dont je suis sûr qu'elle nous aidera. *La estación de los amores.*

Tu vis où à Sotopeña ?

La chaîne pour laquelle je travaille m'a trouvé un appartement. Il est petit et agréable, pas cher. Cinquante mètres carrés, mais il est parfait. Il faut dire que je me suis défoncée pour en faire quelque chose de bien. Il est vraiment chouette maintenant. Il y a du parquet, un bon parquet, une douche hydromassante et du soleil, beaucoup de soleil.

Il faudra que tu me le fasses visiter un de ces jours.

Ça, ce n'est pas pour demain, parce que tu n'es pas le grand pote des policiers municipaux, et s'ils se rendent compte que tu n'as pas respecté le confinement pour venir me voir, ils te colleront 600 euros d'amende. Si tu protestes, ils te boucleront. Aujourd'hui ils m'ont arrêtée sur la route. Je leur ai dit que j'allais livrer un plat à domicile. Je n'avais que de la sauce bolognaise à leur montrer, mais ils ne m'ont pas demandé d'ouvrir mon coffre. Toi, ils t'ont dans le collimateur, ils croient que tu es un touriste qui a fui Madrid, que tu vas peut-être devenir mon petit ami. Ils se prennent un peu pour mes grands frères.

Nous rions.

Je lui fais une confidence qui m'effraie moi-même : Je me

sens vraiment bien avec toi, au calme, j'en ai presque oublié toute l'horreur du virus. Je voudrais qu'une chose soit claire pour toi : je n'attends rien de ta part, juste de l'amitié, un peu de conversation, de compagnie. J'ai vraiment trop peur de tomber amoureux. Le problème, c'est que j'ai l'impression d'être déjà amoureux de toi.

Le silence revient, mais un beau sourire se dessine sur les lèvres de Montse, ses lèvres se courbent en signe d'approbation, de compréhension, voire de bonheur.

Pour moi c'est pareil, souffle-t-elle au bout d'un moment.

Allons dans la forêt, la lune est merveilleuse, propose-t-elle.

Couvre-toi, me lance-t-elle en ayant vraiment l'air de se soucier de moi.

Nous nous dirigeons vers les bois comme deux enfants s'apprêtant à partir à l'aventure, marchons sur le sentier bordé de pins. Une odeur forte de printemps envahit les lieux, mais il fait très froid, au point qu'il pourrait commencer à neiger.

Et s'il neigeait, tu imagines ? lui demandé-je.

Nous faisons une longue promenade, la lumière de mon portable braquée sur le sol.

La rivière est tout près.

Je regarde le ciel.

L'Eresma. Tu ne l'entends pas ?

J'aimerais la voir au lieu de l'entendre. Tu m'y conduis ?

Pourquoi tu regardes tout le temps en l'air ?

J'ai vu à la télé que la police utilisait des drones pour traquer les gens qui sortent malgré le confinement.

Ici, dans cette forêt, il n'y a que toi et moi. Personne d'autre ne va débarquer.

Elle n'a pas fini sa phrase qu'un gros animal blanc passe devant nous en soufflant et en gémissant. Il est passé à toute vitesse, nous avons à peine eu le temps de voir cette bête de la taille d'un grand chien, sauf que ce n'était pas un chien.

C'est un sanglier blanc, m'explique-t-elle.
L'âme du monde.
Je la prends dans mes bras, elle m'enlace et nous nous embrassons sans voir notre baiser dans la nuit noire. On ne peut pas voir les baisers. Je prends conscience qu'ils sont invisibles.
L'animal blanc repasse devant nous plus lentement.
Il s'arrête à quelques mètres de nous.
Il est revenu pour nous, me dit Montserrat. Il voulait nous observer, c'est incroyable.

31

Je me réveille en sursaut à cinq heures après avoir fait un rêve impétueux. Je cours jusqu'à la table où j'ai posé mon ordinateur et l'écris afin qu'il ne sombre pas dans l'oubli. J'ai vu don Quichotte de la Manche et son écuyer Sancho Pança déambuler dans les villes du monde.

Ils ne faisaient rien.

Ils se contentaient de se déplacer sur leurs montures.

Ils chevauchaient dans la Gan Vía de Madrid et regardaient les derniers étages des immeubles. "Ce grand vide de petites gens et de gentilshommes est sans doute l'œuvre de Merlin en personne, qui a mis en œuvre un enchantement original", disait don Quichotte à Sancho.

Ils se rendaient ensuite sur la Piazza Venezia, à Rome. Elle était vide, saturée d'un air orange. Tous les palais, les maisons, le monument à Victor Emmanuel II étaient teintés d'orange.

La lune était orange, la nuit aussi.

Don Quichotte prenait le monument à Victor Emmanuel pour un géant à terrasser dans la plus grande aventure jamais vue depuis des siècles et des siècles. Il tremblait de joie en voyant ce géant, le plus colossal que son imagination et son esprit avaient pu célébrer et concevoir jusqu'alors. Il lui tardait de lutter. Il aspirait à mourir au combat. Fort de la joie des anges, de l'ambition des seigneurs, de la légende des empereurs et de la folie des Espagnols, il se lançait contre le géant.

La folie des Espagnols ? Je ne vois pas ce qu'il entend par là.

Tout s'arrête un instant, comme si le narrateur de cette histoire qui survient en rêve entrait dans un rêve encore plus profond, plus gravitationnel tout en étant plus élémentaire.

"Une forme de vide s'est abattue sur ce monde, et cependant tout le monde n'est pas capable de le voir." Mais ce n'est plus don Quichotte qui parle. Je regarde derrière le chevalier errant et vois un homme qui marche derrière Rossinante et le grison de Sancho.

Il a la tête baissée, serre un rosaire dans une main.

Est-ce Cervantès lui-même ?

Quand je m'approche pour lui demander qui il est, comment il s'appelle, le rêve se dissipe et je me réveille.

Il est cinq heures trente.

Je consulte ma boîte mail.

Je n'ai reçu qu'un courrier, de mon syndicat, qui souhaite bon courage à tous, nous vaincrons le virus, les cours en présentiel reprendront bientôt, les salles des collèges et des lycées rouvriront.

De mon lit je sens le jour se lever, l'aube, cet impressionnant moment de beauté.

On dirait que tous les pays de la terre célèbrent au travers de la vacuité de leurs rues le triomphe hégémonique de la folie de don Quichotte, à croire qu'un enchantement global, planétaire frappe le monde.

Je réfléchis à cette idée.

Et je décide d'aller voir l'aurore.

Je pense à Montserrat, mon cœur s'anime, m'aide à envisager l'avenir, mais le désir me consume, je meurs d'envie de toucher son corps, de le lécher, l'adorer, l'obtenir. Obtenir son corps. Je veux qu'elle me donne son corps car il renferme son âme.

Montserrat a elle aussi été victime d'un enchantement. Quelle grande invention que celle de Cervantès ! Le monde est une succession d'irréalités, une illusion de magiciens enchanteurs.

Le virus semble être le fils d'un des sorciers du roman de Cervantès, le fils de Freston, par exemple. Le savant

Freston est un personnage de *Don Quichotte*, un charlatan, une sorte de filou qui nous berne.

On pourrait également appeler le vaccin “baume de Fierabras”, ce serait joli.

J’ai brusquement cessé de voir la beauté du monde et suis devenu muet, c’est ce qui a motivé ma mise à la retraite anticipée. Je ne veux plus évoquer cette époque. Je regardais mes élèves en me disant qu’ils n’étaient pas réels, qu’il s’agissait d’êtres imaginaires, virtuels, de créatures du futur.

Il est six heures, je retourne au lit. Je ne verrai pas le jour se lever, les premières lueurs n’apparaîtront que dans une heure. J’y renonce. Combien de vendredis ou de samedis ai-je vu l’aube se lever quand j’étais jeune et sortais avec des amis. Le corps supportait tout. Nous n’avions ni remords, ni sentiment de culpabilité, nous ne savions rien de l’Obscurité, nous rentrions à sept heures des discothèques ou des fêtes d’étudiants pour nous coucher, nous endormir et nous réveiller à l’heure du déjeuner.

Qu’est-ce que nous avions à passer autant de temps dans ces boîtes horribles ou ces fêtes universitaires de la banlieue de Madrid ?

Celles de la faculté de médecine vétérinaire étaient célèbres. Elles se déroulaient dans un des immeubles pourris de l’université Complutense, près du palais de la Moncloa, où vivait et vit toujours le président du gouvernement. C’était le début de la movida madrilène, et les premiers groupes de musique de cette époque donnaient des concerts à ces fêtes. C’était un univers nouveau, plein d’énergie, les garçons et les filles avaient des coupes punk et des tenues agressives ainsi qu’un immense appétit de vie. Vivre était le verbe, le nouveau verbe espagnol.

Nous parlions, buvions, fumions et dansions, voilà ce que nous faisions. Maintenant Freston nous impose de faire tout ça chez soi.

Il se peut même que Freston ait divisé le monde. Avant le virus, c'était l'Âge d'Or. Après, l'Âge des Ténèbres, de la Distanciation, de la Peur, de sorte que les enfants d'aujourd'hui hériteront des ombres et des histoires que leur raconteront leurs parents et leurs grands-parents sur l'Âge d'Or, antérieur à mars 2020, un âge où il était encore permis de se toucher.

Je me mets au lit dans l'attente d'une absolution. J'imagine que je conduis Montserrat à l'autel, que je vais l'épouser, je vois déjà le prêtre, au fond de l'église, et je ferme les yeux.

L'Obscurité.

32

Tu ne peux pas continuer à exercer, m'a dit le médecin de la direction générale du personnel du département d'éducation de la Communauté de Madrid. Il m'a tutoyé d'emblée pour instaurer une relation de confiance, de sincérité, d'humanité. Il avait une quarantaine d'années, peut-être un peu plus, de l'embonpoint, des lunettes originales aux branches rouges, une barbe noire, des mains très blanches.

Il notait des choses sur son ordinateur.

Que notait-il ?

Nous avons parlé de l'enseignement. De mon mutisme en cours. De la cause de ce mutisme. Je lui ai dit que c'était une base pédagogique. Je voulais faire parler mes élèves. Il a rétorqué que ça n'avait aucun sens, qu'il pouvait comprendre mes raisons philosophiques, mais que j'avais pour obligation d'enseigner et que pour cela il était indispensable de parler.

Pendant des années tu as fait ton travail avec beaucoup de persévérance et de ténacité, tu es un grand professeur, mais maintenant tu dois te reposer. C'est simple, tu prends ta retraite deux ans avant la date légale, sur prescription médicale, a-t-il conclu en continuant de taper sur son clavier.

Il notait de nombreux détails tandis que j'observais ses mains soignées.

Son bureau était situé au cinquième étage d'un immeuble, le jour sombre et automnal entrait par la fenêtre.

Repose-toi.

J'ai regardé la marque de l'ordinateur portable sur lequel il tapait. J'ai longtemps travaillé dans l'enseignement public, mais on ne m'a jamais fourni d'ordinateur pour préparer mes cours. Désormais ça m'était bien égal.

33

Nous sommes aujourd'hui le 30 avril 2020 et le savant Freston est toujours là. Mais aujourd'hui est une journée particulière, car en pleine crise sanitaire, une nouvelle étrange et extravagante parcourt le monde : cela fait soixante-quinze ans qu'Adolf Hitler est mort.

Toute la presse nationale et internationale, sans oublier les réseaux sociaux, naturellement, mentionne cette date anniversaire.

Confrontée à l'évocation du nazisme, qui vient s'associer à ce soixante-quinzième anniversaire, la presse dénigre la figure de Hitler. Je suis intrigué par le fait que les journalistes et les présentateurs ne parviennent pas à le dénigrer de manière concluante, écrasante. Ils ne savent pas comment se moquer de lui. Personne n'arrive à trouver une disqualification radicale, l'argument massue. Car il subsiste autour du nazisme un mystère qui a trait à la fidélité témoignée par de très nombreuses personnes à un seul homme. On cherche à l'expliquer depuis des années. On a essayé sous tous les angles possibles, mais quelque chose finit toujours par dérailler et l'explication échoue.

Pourquoi donc me mets-je à penser à Hitler si ce n'est pour calmer, apaiser, voire oublier le désir que je ressens pour Montserrat, mon Altisidore, qui m'occupe tout entier ? Tout est bon pour étouffer cet amour naissant.

L'humiliation de l'Allemagne après la Première Guerre mondiale, la crise économique internationale, la crise politique de la République de Weimar, le succès de la propagande, le manque de stratégie des partis démocratiques qui auraient pu freiner l'ascension du nazisme, tout cela est une explication possible de l'arrivée au pouvoir de Hitler, mais ne révèle pas les causes pour lesquelles le peuple lui a été fidèle.

Je connais bien les causes rationnelles, je les traitais en cours avant de me murer dans le silence.

En revanche, je ne m'expliquais pas la fidélité de l'armée et des juges, des travailleurs, des chefs d'entreprise, des gens – vieillards, femmes et enfants –, qui est une des énigmes les plus grandes et les plus sinistres du XXe siècle.

Surtout la fidélité qu'on jurait encore à Hitler dans ses dernières semaines de vie, quand il s'est cloîtré dans son fameux bunker. Il en ressort que peu importait de mourir à ces hommes, que c'était le cadet de leurs soucis, et tous étaient prêts à se suicider avec leur chef. Goebbels et sa femme n'ont pas une seule fois songé à l'abandonner en essayant de prendre la fuite. Ils me rappellent les martyrs du christianisme. On retrouve cette inébranlable conviction dans l'URSS de Staline.

Soixante-quinze ans plus tard, nul ne sait encore que faire d'Adolf Hitler. Le paradoxe est très simple : on ne peut pas lutter contre sa renommée. On le méprise, et l'étalage d'un fort degré de mépris est important, mais parler de lui est inévitable. Il est avec Jésus-Christ l'homme le plus célèbre de l'Histoire. Ce mépris finit donc par perdre en légitimité.

C'est une sorte de piège ou de sarcasme de la condition humaine.

Tout le monde déteste Hitler, mais tout le monde parle de lui. À l'instant présent, Hitler est un *trending topic* sur Internet.

Qu'est-ce que ça signifie, qu'il soit un "sujet tendance" sur tous les réseaux sociaux de la planète ?

Cela veut dire qu'il est aussi célèbre que le virus.

Cela veut dire que le mal est plus célèbre que le bien, voilà.

La popularité du mal est indestructible.

Il perdure à travers les siècles de manière grotesque, humiliante et coriace.

Nul ne peut expliquer l'histoire du XXe siècle sans placer Hitler au centre, telle est sa stupéfiante victoire. Le même phénomène survient avec Franco : on ne peut expliquer l'histoire de l'Espagne sans Francisco Franco, de sorte qu'en Espagne on parle tout le temps de lui.

La renommée est la seule chose qui finit par compter. Elle est essentielle dans notre système de connaissances de la réalité. Plus forte que l'éthique. Elle est la seule catégorie philosophique qui importe.

Le Covid-19 s'effacera de la mémoire des hommes et des femmes alors que Hitler sera toujours évoqué.

La dualité immémoriale : le Christ et Hitler.

Le système binaire ancestral, nécessaire à l'existence de tout.

Ma modeste dualité se compose de moi-même et de Montserrat, des individus anonymes et par conséquent irréels, sans histoire possible.

Mon histoire avec Montserrat, qui est simple et bonne, sombrera dans l'oubli en cinq minutes, tandis que celle de Hitler durera des siècles.

C'est terrible, horrifiant, et nous sommes incapables de sortir de ce trou moral où la renommée est le seul élément susceptible de devenir une réalité. Ce trou moral est plus mystérieux que les trous noirs de la physique et de l'astronomie.

Hitler est célèbre, et tant qu'il le sera, tant qu'il fera couler de l'encre sur des milliers de pages dans la presse internationale, il sera gagnant. Si nous l'oublions, si nous cessons de parler de lui – ce serait une grande victoire sur le Mal –, notre passé s'évanouit et nous renonçons à ce qui caractérise notre espèce, à savoir le souvenir fidèle du passé. Si nous l'évoquons il gagne, son souvenir le fait triompher. Si nous ne l'évoquons pas, comment avoir conscience d'exister au fil du temps ? L'Histoire est l'une des grandes énigmes du passage de l'homme sur terre.

Il est donc légitime de penser que Dieu, la nature ou les virus passent leur vie à se moquer de nous. Le silence de l'univers est brisé par le rire, sans doute est-ce un message de l'Obscurité.

Mon amour pour Montserrat, mon Altisidore, est pur silence.

Il n'a aucun renom.

Il n'existe pas aux yeux de l'Histoire.

Il n'existe que pour moi, qui ne suis personne.

Heureusement le soleil brille dans la forêt, près de ma maison. J'ouvre la porte et sens l'odeur des arbres, qui ne saurait accéder à la célébrité ni être rapportée dans les journaux.

Je m'enfonce dans les bois, regarde le ciel, constate qu'il n'y a pas de drones. Pourquoi cette obsession des drones ? Parce qu'on en parle sans cesse dans la presse. J'ignore si je lève les yeux vers le ciel pour y chercher des drones ou bien des anges qui me soulèveraient du sol pour m'emmener du côté du soleil.

Que serions-nous sans la police ?

Bien qu'elle soit un pays qui connaît une lente décomposition politique, harcelé par les populismes de gauche ou de droite, par l'indépendantisme, l'oxydation de la monarchie, la polarisation idéologique, la crise économique, la corruption des politiciens et le chômage, l'Espagne a encore des forces de police terrassantes, décisives. Un de ces jours, elle explosera en mille morceaux, fatiguée d'elle-même, et la police essaiera tout au plus de les ramasser. J'espère qu'elle le fera avec amour et non par la violence. Après tout, peu importe la manière dont elle s'y prendra.

La police espagnole laisse cependant entendre que nous

sommes peut-être plus forts que nous ne le paraissons. C'est une police qui fait peur. Elle inflige d'effroyables contraventions, peut te ruiner à coups d'amendes. Et elle agit ainsi parce que les juges et les hommes politiques l'y obligent. Si bien que l'Espagne est un exemple de mécanique quantique : elle se décompose aussi vite qu'elle se manifeste en tant qu'État puissant et enragé, les deux à la fois ; elle occupe les deux terrains en vertu de l'ancien don d'ubiquité, dont la physique quantique affirme aujourd'hui qu'il est possible. Les mystiques le savent parfaitement.

Je m'éloigne de la maison, évite le sentier pour m'aventurer dans la forêt, au milieu des ronces, des branches cassées et sèches, l'une d'elles m'éraflant le visage. De ma vie future je pressens qu'aucun effondrement politique, social ou personnel survenant dans mon entourage ne m'affectera plus.

Tout cela par amour de la vie.

Je marche au hasard, je pourrais même me perdre.

Ces arbres, ces branches, ce sol humide sont le bien absolu.

Le mal absolu, c'est qu'aujourd'hui, le 30 avril 2020, on se sente obligé d'évoquer le 30 avril 1945.

La mort de Hitler il y a soixante-quinze ans et la naissance du virus il y a soixante-quinze jours se fondent dans la même impression d'irréalité.

Hitler est mort et le virus encore vivant.

Je trouve enfin la rivière Eresma et me réjouis de l'avoir découverte. L'odeur d'humidité est intense. Je m'approche de la berge, ce n'est pas une rivière très tumultueuse, ses eaux sont claires, elle coule entre les arbustes, mais je distingue un espace sans végétation, une sorte de petite plage.

J'enlève mes chaussures et mes chaussettes, retrousse les jambes de mon pantalon et pénètre dans l'eau. Elle est glacée. Je marche avec précaution sur les pierres, observe le ciel au cas où des drones ou des anges apparaîtraient, mais je ne vois que des oiseaux. J'entends le murmure du courant qui m'apaise et me soutient.

Cette rivière n'a elle non plus aucun renom, les pierres qui y sont immergées et que mes pieds nus viennent de fouler encore moins.

34

Aujourd'hui Montserrat est arrivée avec des *rosquillas* artisanales et une bouteille de vin blanc alors que je ne lui avais rien demandé. Elle ne cherche plus de prétextes et vient quand elle en a envie. Moi je n'ai rien d'autre à faire que l'attendre et lui ouvrir la porte de la maison de la forêt, elle le sait.

J'ai entendu le bruit de son Opel Astra et mon cœur a tremblé, comme si deux moteurs s'harmonisaient.

Quand j'ouvre en la sachant derrière la porte, le temps s'arrête, à croire que je pénètre dans un trou de ver au moment où ma main se pose sur la poignée et la pousse vers le bas pour activer le pêne. Je tire alors la porte vers moi, des griffes d'acier compriment mon cœur qui saigne, hurle et chante car je la sais de l'autre côté.

Elle est un mystère bien plus qu'un corps et un esprit, bien plus qu'une femme.

Elle est là, ma main tire la porte mais j'aimerais en vérité que cette porte ne s'ouvre jamais, j'aimerais rester seul dans l'attente, en sachant que je peux ouvrir, certes, tout en désirant que cet instant se prolonge en de vastes unités de temps, en mois, en années, en siècles ; nous sommes des siècles de part et d'autre du battant, sans nous voir parce que la porte nous sépare.

Trois mille ans l'un à côté de l'autre, avec entre nous une porte qui nous empêche de nous aimer.

Chacun vieillissant de son côté.

Et la porte devient une sainte.

La sainteté des portes.

Nous ne nous sommes embrassés qu'une fois, mais directement sur la bouche. Nous nous sommes aussi pris la main.

Directement sur la bouche, une décision mutuelle, comme dérivée d'un miracle, oui, mais lequel ?

J'ai laissé les beignets sur la table et mis la bouteille de blanc au frigo, bien rangée, pas n'importe comment, occupant une place centrale.

Je ne peux pas être plus heureux, plus complice de la vie. Je la vois et pense que le miracle se poursuit. Qu'un homme comme moi, si anodin, qui est si peu de chose, reçoive la visite d'une femme de cette beauté et débordante de vie tient forcément du miracle.

Nous gardons le silence tous les deux, les yeux tournés vers les derniers rayons du soleil, essayant de découvrir dans notre regard un chemin qui mène à la confiance, à l'amitié sincère, peut-être à l'amour.

J'ai fini par lui demander son âge.

Quarante-cinq ans, m'a-t-elle répondu.

Elle m'a demandé le mien.

Je me suis regardé dans le miroir, au-dessus de la table du séjour, et j'ai soupesé l'idée de lui mentir, mais aussitôt je me suis senti mal.

J'ai esquivé la question et mes yeux dans les siens je lui ai dit avec tendresse, comme si je parcourais un livre : Quarante-cinq ans, ce n'est pas n'importe quel âge : on sait déjà que le véritable amour entre un homme et une femme relève de l'impossible. Les gens devraient réfléchir davantage à l'impossibilité de l'amour absolu entre un homme et une femme, entre un homme et un homme ou entre une femme et une femme, pourtant on court toujours après. C'est la grande aventure de l'existence, la seule qui ait un sens. À la Renaissance, on croyait dans cet amour, on le divinisait, on l'idéalisait.

Après avoir prononcé ces mots j'ai effleuré les lèvres humides de Montserrat, qui s'est alors changée en Altisidore.

Je me suis tu pour l'observer. Elle acquiesçait des yeux, mais avait une expression de tristesse, comme si elle m'entendait sans être là.

Elle est tantôt Montserrat, tantôt Altisidore, tantôt les deux.

À un moment donné, les femmes commencent à se dire : "Je vais me satisfaire de cette relation et j'y mettrai toute ma confiance et ma fidélité", souffle Montserrat/Altisidore.

À un moment donné, les hommes se disent : "Je vais me satisfaire de cette relation et j'y mettrai toute mon intelligence et ma fidélité", réponds-je en écho.

Et nous avons éclaté de rire.

J'ai poursuivi : À cet âge-là, quarante-cinq ans, quand on pense : "Je vais me satisfaire de ça, ça n'est pas si mal, ça pourrait être pire, et cette relation m'apportera des moments où j'aurai l'impression d'être heureux, de nombreux moments de sérénité, de calme, tout simplement, un peu de paix, une sorte d'armistice dans la vie", c'est qu'on est fatigué après avoir longtemps cherché l'amour absolu. Les corps se fatiguent en cours de route, ils s'épuisent à force d'espérer rencontrer l'homme ou la femme de leurs rêves. Nous acceptons alors ce que le hasard place sur notre chemin. Ça ne signifie pas qu'on a déniché un trésor, mais plutôt que la fatigue a eu raison de nous. On nomme cette fatigue "tendresse", et ça, c'est important.

Montserrat/Altisidore a pris ma main pour la porter à ses lèvres.

Je continue : En ce moment, quand je me couche, je pense à toi et je me dis que tu pourrais être la femme de ma vie, mon grand amour. Tu es jolie, tu es même belle et j'ai vraiment besoin d'aimer.

Maintenant j'observe le silence et me concentre sur ses yeux. Il y a une larme dans son regard sombre.

Je la vois lever la main droite vers sa larme et voudrais

que cet instant dure jusqu'à la fin de mes jours, car l'élévation d'une main qui se dirige dans l'air du soir vers une larme brûlante, fraîchement produite par un corps en état d'émotion liquide, contient une vérité, une autre dimension de la vie, indépendante de notre société, de notre culture, de notre civilisation.

Nous finissons par nous embrasser avec une passion dévorante. Avec précipitation, avec nervosité, avec angoisse.

Dans un acte de fusion de nos désirs. Mon âme, mon esprit et ma volonté s'apaisent car ces baisers scellent un pacte.

Ce sont des baisers pactisés.

35

C'est en sentant son souffle et la chair généreuse de sa langue que j'ai accédé à la partie invisible de Montserrat/Altisidore, l'espace où elle converse avec elle-même.

Je le découvre.

Je la vois de l'intérieur.

Je vois un château, un lac, je vois sa mère et son père le jour de sa conception. Je les vois faire l'amour, je les vois en ce moment, je les vois l'engendrer, je vois leurs gémissements, leurs cris et l'orgasme qui est à l'origine de sa création.

Et j'ai également conscience d'embrasser des blessures. Baiser les blessures des autres nous terrifie. Ce ne sont pas les nôtres mais celles d'une tierce ou d'une quarte personne, d'un ex-mari ou d'un fils absent. Les blessures de tout être humain, non pas celles causées lors de grandes batailles légendaires, mais d'humbles blessures, filles de petites déceptions, d'échecs quotidiens, d'une maternité en suspens.

36

Aime-moi beaucoup, me dit Montserrat pendant que je l'embrasse en essayant de mettre dans chaque baiser la tendresse non issue de la fatigue. La tendresse primitive, ancestrale et non sociale. Nous allons faire l'amour, mais tout est pur et digne. Je fais en sorte qu'il en soit ainsi. La meilleure façon d'accéder à la dignité consiste sans doute à éviter l'image de l'un et de l'autre, comme si nous n'étions qu'un et non deux.

Sommes-nous dans l'amour ?

Est-ce donc ça, être libre ?

On n'entend plus le monde ni les informations, la télévision s'est tue. Il règne ici un silence sidéral.

Nous allons sortir de notre identité.

Nous allons le faire.

37

Nous nous sommes dénudés sans nous voir. Pourquoi ?
Laisser prédominer le silence, c'est ça.
Je ne veux pas regarder son sexe, qui n'a pas de visage. Ce qui est sans visage tend vers l'imperfection.

38

Ce que je veux, c'est l'honnêteté, la dignité, le baiser, la tendresse, la caresse, l'accompagnement, la confiance, l'amitié. Que les choses s'élèvent, voilà ce que je veux et que j'ai toujours voulu. Que les choses montent.

Tout se déroule en silence, il est essentiel de ne pas parler, de ne mettre de mots sur rien.

Que tout s'élève, qu'il n'y ait ni remords ni vanité.

Que nous soyons comme deux danseurs, qu'il n'y ait pas de pillage de corps, pas de volontés dominantes mais égales, un nivellement dans la conquête des corps, et que la solitude soit terrassée.

La solitude. La vaincrons-nous en faisant l'amour ?

Cette émissaire de l'Obscurité, la solitude ou l'impossibilité de cesser d'être un pour devenir deux.

39

J'aspirais au silence comme on cherche un refuge pour s'abriter d'une tempête de feu, telle est probablement la raison de mon mutisme en cours.

Soudain le silence est rompu.

Tu donnerais ta vie pour moi ? me demande Altisidore quand nous sommes nus sur le lit.

Pour être franc, tout dépendrait de la mort qu'on m'infligerait. Si je mourais sans souffrances, oui. Si je mourais après avoir atrocement souffert, mon corps s'y refuserait. C'est le corps et non l'esprit qui décide, mais je comprends bien que si j'étais capable de me sacrifier pour toi, ma vie serait pleine de sens et de beauté.

Je poursuis : Tu viens de me poser la grande question, inspirée par l'amour. Faire don de sa vie est la seule preuve d'amour mémorable, même s'il en existe une autre, supérieure, qui consisterait à accepter au nom de l'amour sa mort civile, sa mort sociale, l'insignifiance existentielle, économique et professionnelle. Dans mon cas, renoncer à mon travail et à mon salaire serait facile, c'est un des avantages de la maturité, à l'approche de la vieillesse. Mais la plus grande preuve que je pourrais t'apporter serait de m'accuser à ta place d'un crime que je n'aurais pas commis. En me déclarant coupable d'un meurtre dont je suis innocent, je te sauverais la vie. C'est plus fort que mourir pour toi. De nombreuses preuves d'amour transforment la vie en œuvre d'art. Sauf que pour l'amoureux ce ne sont pas des preuves, tout le mystère est là, mais des actes qu'on accomplit sans hésiter, car quand on est vraiment amoureux, on ne peut se permettre aucune hésitation. Si on doute, si on ne se croit pas capable de tout donner, c'est qu'il n'y a pas d'amour. Or l'amour est capital dans la vie.

Je me tais.

Altisidore garde elle aussi un silence sépulcral. Elle a peur que je lui retourne sa question, ce que je ne ferais jamais parce que je connais la réponse, je sais que son fils Marc compte plus que moi, et trouve prodigieux qu'elle aime son fils plus que tout homme qui a existé, existe ou existera à l'avenir. Les mystères ont tous une beauté profonde.

Je regarde son corps en songeant que c'est ça, l'intimité : les orteils, les jambes, les genoux, les dents, le cul, les yeux effrayés, le visage non maquillé, les mains aux ongles inégaux. L'intimité, c'est ça : un corps sans conditionnement, sans emballage, sans boîte, sans prix.

Je regarde son corps et je vois sa peau, ses épaules, ses taches de rousseur, ses tétons vulnérables, ses cheveux sur son visage, ses oreilles cachées en dessous, le galbe de ses jambes, ses pieds plus loin, son ventre, son duvet pubien, qui est en quelque sorte la capitale de l'intimité comme New York est celle du monde.

Il fait un peu froid, dis-je en mûrissant la question qui me terrifie.

Tu restes dormir ? finis-je par lui demander.

Dormir avec quelqu'un est un acte étrange, dans la mesure où les corps sont imparfaits. Mais il y a une récompense, c'est qu'on peut prendre le petit-déjeuner ensemble.

J'ai les beignets que tu m'as apportés, des oranges, un presse-agrumes, lui dis-je.

Je suis insomniaque, répond Montserrat/Altisidore.

Moi aussi, rétorqué-je en lui prenant la main.

L'égoïsme diffère de la méchanceté. C'est une faiblesse, une sorte de déficience semblable à une machine mal assemblée, dit Montserrat/Altisidore en s'habillant. Elle ajoute qu'elle préfère passer la nuit chez elle, où elle parviendra à dormir, ce qui ne sera peut-être pas le cas si elle partage mon lit.

Bien dormir, c'est important, conclus-je.
Oui. Surtout quand on a déjà quarante-cinq ans.
Je la regarde remonter son pantalon en songeant qu'elle le fait comme moi, comme un homme le ferait. Les hommes et les femmes font le même geste, ou peut-être pas, peut-être y décèle-t-on des différences, une femme a par exemple une autre manière de fermer son pantalon ou de le remonter en partant des chevilles. Tant mieux, car découvrir des comportements propres aux hommes chez une femme me rend mélancolique.
Il est probable que dans dix ans j'aurai perdu le sens de cet amour. Serons-nous encore en vie ? Elle oui, j'en suis sûr. Se souviendra-t-elle de moi ? Pourvu qu'elle m'oublie. Si elle m'oublie, ma mélancolie sera plus solide, plus complète.
En étudiant ses mains quand elle remontait sa braguette, j'ai eu une sensation de mystère, comme si j'avais déjà vécu cette scène dans un passé lointain, là-bas, dans mon enfance. J'ai pensé aux énigmes de l'Obscurité.

40

Montserrat/Altisidore est partie depuis une demi-heure et je reçois déjà des WhatsApp.

Certains sont des messages vocaux, d'autres dictés ou tapés. Toutes les possibilités de la technologie sont au service de son cœur.

Nous nous disons par WhatsApp ce que nous n'osons pas nous dire en face. Je sais qu'elle est sur son téléphone, qu'elle lit mes mots sur l'écran pendant que je lis les siens sur le mien.

Le choix des mots qu'elle m'envoie est presque plus important que les mots en soi. Elle les pèse en pensant à moi, les médite, si bien que je règne sur cette méditation.

Dans un de ses messages elle écrit : "J'en suis arrivée à croire que je pourrais supporter d'être séparée de mon fils si je m'imaginais et me persuadais que je n'ai pas eu de fils. Avoir ce genre d'idée me paraît inhumain, mais mourir de chagrin l'est tout autant. Qu'est-ce qui fait le plus mal ? Nier le fait d'avoir eu un enfant ou mourir de chagrin parce qu'on ne peut pas le voir ?"

"Réponds-moi."

Je ne lui réponds pas.

Mais je le fais quand même en mon for intérieur et lui dis que les deux possibilités ne sont pas dénuées de beauté, car inspirées par la détresse. Et je ne peux m'empêcher de songer que ce fils m'éloigne de Montserrat parce qu'il sera toujours le premier dans sa vie. Il est la preuve qu'elle a eu un passé, un passé tangible dont j'étais absent.

41

Je reçois un autre WhatsApp dicté. “Je pense souvent au jour où Marc sera grand et où il voudra voir sa mère, et je me prépare en vue de ce moment. Parfois je me dis qu’il serait préférable que ce jour n’arrive jamais, et parfois je pense que ma mort ne lui fera aucun effet, soit parce qu’il n’en aura pas été informé, soit parce que la petite amie de mon mari aura joué le rôle de mère ou que mon absence sera devenue une irrémédiable réalité. Mais si ma mort ne lui cause pas de chagrin, cette absence de peine sera pour moi une immense souffrance et me plongera dans une terrible solitude, un anonymat cruel. J’aurai traversé ce monde comme une ombre.”

Je ne lui réponds pas.

J’essaie de ne pas regarder mon portable pendant au moins deux minutes et j’allume la télévision.

Je tombe sur un reportage où des gens se lavent les mains.

J’éteins.

Je rallume le portable. Montserrat ne m’a pas envoyé de nouveaux messages. À cet instant je ne la perçois plus comme Altisidore. Ces hésitations quant à son prénom me dérangent.

Je me rappelle les mains de Montserrat en prenant de nouveau conscience que je dois mon histoire d’amour au virus. Pendant qu’il humiliait la vie dans le monde, il apportait beaucoup de joie dans la mienne.

Le monde est malade et moi je suis malade d’amour.

Ses grandes mains blanches, l’émotion, le trouble et même ce mélange de triomphe et de peur quand je la prends dans mes bras, le désespoir que j’éprouve à l’idée de ne pas connaître entièrement les tréfonds de son âme, car nul ne peut s’immiscer dans les pensées d’autrui.

On peut pénétrer un corps, pas une âme.
L'Obscurité, elle, en est capable.
L'âme n'existe pas, me dis-je. L'Obscurité non plus.
L'Obscurité se réfugie aujourd'hui dans les esprits des présidents du gouvernement, des commandants militaires, des juges, de la police. Dans l'ordre infernal des États, la grande agression de l'État contre la liberté individuelle, là est l'Obscurité.
L'obéissance est l'Obscurité.
Je consulte une nouvelle fois mon portable.
J'ai reçu un autre WhatsApp de Montserrat.
"Je t'aime", dit-elle à la fin.
"Moi aussi je t'aime", écris-je.
Il est cinq heures, je n'arrive pas à dormir, elle non plus, elle aurait aussi bien pu rester avec moi.
Je l'imagine dans son lit, sa longue chevelure colonisant l'oreiller, les draps. Je l'imagine taper sur le clavier de son mobile, le halo de sa lampe de chevet éclairant la chambre où elle est seule. Quand connaîtrai-je son petit appartement, sa cuisine, sa salle de bains, son lit ?
Nous ne trouvons pas le sommeil parce que nous sentons que la terre entière suit un processus de désintégration.
Je caresse d'une main la partie du lit qu'elle a occupée.
J'ouvre le *Quichotte*.
Alors que je ferme les yeux, prêt à m'endormir, j'entends la voix de Sancho Pança : "Les quarante-sept millions d'Espagnols, à l'exception d'un demi-million, ce qui nous fait quarante-six millions et demi, sont mes enfants et non ceux de mon cinglé de maître don Quichotte, ni ceux du cinglé infiniment plus dangereux que mon cinglé de maître qu'on appelle Miguel de Cervantès."

42

Je me réveille à huit heures et ma première pensée est celle de l'odeur d'Altisidore, son odeur corporelle qui se mêle aux rayons du soleil inondant la maison de la forêt. L'odeur d'un autre corps fait battre en retraite la solitude du tien. L'odeur est capitale. La vie se manifeste dans celle du corps d'Altisidore. Mais comment est-elle ? Elle existe, tout simplement.

Elle m'a remarqué parce qu'il n'y avait que nous, et ce grâce au virus. Il n'y avait guère de choix. Dans ce village il n'y a pas d'hommes intéressants, beaux, attirants, jeunes, athlétiques. Tous sont restés à Madrid ou sont mariés.

Personne n'a jamais fait attention à moi, personne. Je n'ai jamais eu de petite amie avec laquelle une relation ait duré plus d'un an. Cinquante-huit ans sans amour, à avoir des liaisons sporadiques, et encore, ça c'était dans ma jeunesse. Je me consacrais à mon travail, et du travail je me rendais directement chez moi, dînais parfois avec des collègues. Fils unique, j'ai bien reçu quelques marques de tendresse de ma mère et il me reste quelques souvenirs d'elle, morte il y a longtemps, mes parents m'ayant eu sur le tard, nous vivions à Getafe, mon père avait cinquante ans et ma mère trente-neuf, onze ans de différence, et mon père est mort à soixante ans d'une maladie ischémique du cœur, c'est ce qu'indiquait le certificat de décès. Je ne me souviens pratiquement plus de lui. Ma mère est morte quand j'avais vingt ans, à cinquante-neuf ans, renversée par un conducteur ivre qui a pris la fuite et que la police n'a jamais retrouvé. Ils m'ont laissé quelques économies, grâce auxquelles j'ai pu m'en sortir, terminer mes études, financer ma chambre à l'Académie, réussir un concours et mener une existence discrète sans être mauvaise, une vie effacée.

Une vie contemplative.

Une vie d'amoureux.

Une vie. Tout est dit.

Une vie à attendre l'amour, toujours, à attendre qu'il se manifeste et que son arrivée soit le soleil qui illumine les mers et les continents.

Mais il n'est pas venu.

Et je suis toujours vivant, à l'attendre.

Pour des millions d'humains, la vie en soi n'a besoin ni de finalité, ni d'histoire, ni de complétude, ni de début, ni de trame, ni de mémoire.

Elle n'a besoin que d'elle, tout simplement.

Et c'est une chance d'être vivant et d'attendre d'aimer.

Tout humain qui voit le jour a de la chance. Naître est une chance. Tout est dans le mot "chance".

J'ai eu de la chance.

Nous tous qui sommes vivants avons une chance immense. Le mot "chance" : il semblerait que l'Obscurité m'ait révélé l'intrigue complexe cachée derrière la chance, une machinerie conçue grâce à une technologie que nous comprendrons peut-être dans cinq cents ans.

43

En remplissant le filtre de la cafetière, je m'arrête un moment, la cuillère en l'air, pleine de café, éclairée par le soleil, un acte accompli en solitaire qui devrait permettre à ma vie de gagner en plénitude. Nous sommes des êtres sociaux : nous n'existons pas sans les yeux d'autrui.

Oui, je suis obsédé par le roman de Cervantès, qui semble contenir une clé, un code secret à chercher dans la vie de l'auteur : se sachant condamné, il a déversé son sens de l'existence et le sens de son identité dans un livre, car il n'avait rien trouvé d'autre pour se mettre à l'abri.

Moi je veux m'abriter dans le corps d'une femme.

Cervantès l'a fait dans un livre. Je n'ai pas ce talent, alors je me suis réfugié dans le silence.

À un moment donné, en pleine maturité, Cervantès a dû se rendre compte qu'il s'acheminait vers l'extinction, que la religion était un mensonge et le pouvoir politique une illusion parmi tant d'autres ; il a sans doute pris conscience du vide général, de l'insignifiance de sa vie, mais aussi du mystère de cette insignifiance, et je trouve que c'est un bon moment pour se faire un café, un excellent café, bien fort et fumant, dont l'arôme s'élève dans l'air jusqu'au ciel.

L'insignifiance, l'extase du café et sa couronne de vapeur.

44

C'est la nuit, j'ouvre la fenêtre pour faire entrer le vent, qui a toujours été dans le monde et s'inscrit dans l'indifférencié.

Ô vent, ô chair, ô corps humain, ô bois proche de ma maison, dont les virus sont absents, où le soleil et la lune alternent sans scrupules politiques, où la beauté persévère car elle ignore qu'elle est belle, ô ton souvenir, Rafael, moi qui n'ai jamais su qui tu étais, où tu es parti ni ce que tu es devenu, tu as disparu et sans que je comprenne pourquoi, je me rappelle encore de toi près de quarante ans plus tard.

Ce souvenir insistant est peut-être le messager d'une réalité plus sombre dont je n'ai pas idée de la teneur, tout comme les peuples anciens, qui ont vu des éclipses totales alors que le mot "éclipse", les connaissances astronomiques et la science n'existaient pas, n'avaient pas la moindre idée du genre de dieux cruels qui s'abattaient sur eux.

Je n'ai même pas de photo de ma mère dans mon portefeuille et je n'aurai pas assez de volonté pour demander sa photo d'identité à Altisidore afin de la glisser dans mon portefeuille, alors qu'elle a une photo de son fils Marc dans le sien, je l'ai vue.

Un homme sans photos dans son portefeuille, mais un homme amoureux d'Altisidore.

L'Obscurité ne peut ni meurtrir ni terroriser les amoureux.

Certains ont des photos de leurs enfants dans leur portefeuille, d'autres pas.

45

En 1981, au cours d’une de ces nuits où je ne trouvais pas le sommeil, j’étais allé discuter avec Rafael Puig dans sa chambre, et il m’avait dit que nous avons besoin d’être aimés et séduits. Sa confession m’avait gêné car elle était inattendue, trop intime. Cette-nuit-là, Rafael était quelque peu mélancolique, privé de sa force de caractère habituelle.

Il m’a alors parlé d’Edurne, sa petite amie, dont il était séparé depuis près d’un an. Il avait appris dans la journée qu’elle sortait avec un autre garçon et que c’était une relation sérieuse, importante. Son nouveau copain avait presque terminé ses études de médecine dentaire. Edurne, comme moi, était en faculté d’histoire et de géographie.

Il est vrai qu’apprendre que son ex s’était fiancée l’avait impressionné, mais je ne crois pas qu’il en ait beaucoup souffert, à moins d’avoir ressenti un soupçon de douleur et beaucoup de nostalgie.

Il avait très envie de me raconter ce qui s’était passé, pourquoi ils avaient rompu.

Captivé par son amitié, je l’écoutais avec toute la politesse et la tendresse dont j’étais capable, même si le récit qu’il m’a fait cette fameuse nuit mettait à mal l’obligation qu’on a de comprendre ses amis avec générosité. Mais je n’ai pas non plus pensé qu’il délirait.

Au fil d’autres conversations intenses que j’avais eues avec lui, il s’était déjà étendu sur ses pouvoirs paranormaux, mais chez lui, ce type de confidences, de préventions ou d’exhibitions n’étaient guère prononcées, elles n’inspiraient pas d’inquiétude à ses interlocuteurs, plutôt une tendresse insolite. Il était un peu bizarre, certes, mais cela tenait aussi à sa personnalité originale, qui donnait vite à entendre qu’il n'y avait chez lui rien à craindre et beaucoup à admirer, voire à aimer, car Rafael avait le don de s'attirer l'affection d'autrui. Pourtant ses pouvoirs extralucides me dérangeaient dans le sens où ils bravaient mon intelligence. Aujourd'hui, des années plus tard, je dois admettre que la vie est un pur mystère et qu'en y prêtant attention, on entend les voix des morts. Je dois admettre qu'on insulte la vie, que quelqu'un l'insulte en permanence sans que je sache qui il est, peut-être est-ce l'Obscurité sous la forme de ses fantômes politiques. Voilà pourquoi l'amour est capital et mon Altisidore le seul refuge possible contre le mal politique, l'État, l'aliénation, les amendes de la police et toutes les autres, toute cette merde qui brille partout. Contre l'Histoire, contre les lois, contre l'argent, contre le pouvoir, contre les fusillades. On peut fusiller un humain à petit feu, lentement. C'est ainsi qu'on procède de nos jours, avec une lenteur d'une durée de trente ans. Autrefois l'État fusillait ses ennemis en trois secondes, à présent il met trente ans à le faire.

Par ailleurs, nul ne connaît les limites de la nature. Nous pourrions même affirmer que tout être humain a le droit d'être un jour confronté au surnaturel.

Voici plus ou moins ce que m'a dit Rafael, si ma mémoire ne me fait pas défaut : Il y a quelques mois j'ai voulu prouver à Edurne que je l'aimais et que j'étais prêt à accomplir de jolis miracles autour de notre identité et de notre équilibre, ce qui risquait d'être mortellement dangereux pour mon psychisme, mais j'avais envie de le faire par dévotion à sa beauté. Tu ne l'as jamais vue, mais Edurne est une femme d'une beauté redoutable. Comme tu le sais, elle vit au centre universitaire Duques de Ayerbe, assez près d'ici. Ce jour-là, nous nous étions disputés pour une broutille, mais notre orgueil nous empêchait l'un et l'autre de nous avouer vaincus et d'admettre que c'était idiot. Nous sommes donc repartis chacun de son côté, elle à Ayerbe, moi à l'Académie.

Je suis entré dans ma chambre, celle où toi et moi sommes en ce moment, et j'ai commencé à en étudier les détails comme je ne l'avais jamais fait auparavant ; je regardais tout avec une légère angoisse : la lampe, le bureau, le lit, l'oreiller, le placard, les carreaux du sol, mes baskets, mon briquet, mon cendrier, mon manuel d'anatomie pathologique, jusqu'au moment où mon esprit est entré dans une sorte de transe, de clairvoyance, de force. Alors, à partir de ma chambre et grâce à l'apprentissage que j'en avais, que j'avais des objets qui la composaient, à partir de la vie invisible des objets (car ils ont eux aussi une forme de vie), je me suis mis à penser à la chambre d'Edurne avec une telle véhémence que je me suis évanoui sur mon lit, ce même lit que tu as en ce moment devant toi, et j'ai fait une crise de somnambulisme, j'étais absent, j'ai vu ma personne spirituelle sortir de mon corps matériel et organique, j'ouvrais la porte de la terrasse et regardais l'horizon lugubre, j'escaladais la rambarde et sautais dans le vide depuis le septième étage, mais au lieu de tomber j'étais en suspens dans l'air tiède, orangé, pacifique, comme s'il s'était transformé en dizaines de mains qui me soutenaient.

Je me souviens qu'à cet instant Rafael s'est tu.

Nous avons chacun allumé une cigarette.

Je me répétais à part moi que je devais être tolérant envers Rafael et ses extravagances paranormales, qu'il fallait les envisager comme de simples contes de fées, mais sa ferveur m'effrayait autant qu'elle m'agaçait, et par moments j'arrivais même à être convaincu – ma contrariété venait peut-être de là –, à me sentir inconsciemment convaincu par les récits surnaturels de l'inquiétante créature dénommée Rafael Puig.

Ces mains étaient celles des défunts, les mains des âmes, a-t-il enchaîné. De nombreuses théories expliquent ce phénomène, une hérésie pour le christianisme, mais je crois qu'il se trompe car il s'agit bien des âmes des défunts coincés entre cette vie et l'autre ; leur énergie erre dans l'Obscurité, ce lieu qui se nourrit de notre angoisse avant de nous renvoyer des énigmes et des interrogations ; ils ignorent qui ils sont ; certains se rappellent vaguement quelques scènes de leur vie ; parmi eux il y en a toujours un, le Chef pour ainsi dire, qui conserve davantage de souvenirs de son existence et que les autres révèrent. Je l'ai vu, c'est lui qui m'a soulevé, lui qui a annulé la force gravitationnelle de la Terre comme s'il entamait une conversation avec elle : "Tu es la gravité de la Terre, il n'est pas bon que tu t'aventures dans la gravité de la mort, laisse-nous voler et nous permettrons aux vivants de continuer de croire en ton pouvoir, de croire que tu es une science et une réalité."

Rafael a allumé une autre cigarette avec le mégot de celle qu'il n'avait pas encore terminée. Il a levé les yeux vers le plafond, un geste qui lui était propre sans qu'il y ait là rien qui mérite d'être vu, a longuement tiré sur sa cigarette, regardé la résistance avec laquelle il chauffait l'eau ou le lait, puis est allé faire bouillir un peu d'eau dans une tasse blanche où il versait ensuite du café soluble. Il m'en a proposé mais j'ai refusé.

L'eau a commencé à frémir.

Il a éteint la résistance.

S'est préparé son café.

Et a regagné sa chaise avec des mouvements parcimonieux non dénués d'élégance. Il s'est allumé une autre cigarette et cette fois je l'ai imité.

La chambre était enfumée mais nous ne le remarquions pas.

Il a enfin repris son histoire : Tu aurais vu ce chef stopper la gravité de la Terre, laisser cette loi sans effet, parce que j'ai compris à ce moment-là que les lois de la physique sont une illusion de plus. Et j'ai entendu cette conversation, j'ai entrevu l'âme de ce chef, quelqu'un, comme je te dis, qui oscillait, dansait entre la vie et la mort, quelqu'un qui est mort alors qu'il avait encore des choses à accomplir. Un danseur imperturbable. Je l'ai compris en le voyant, ce n'est pas facile, je vais t'expliquer : imagine un père et un fils qui ne se parlent plus parce qu'ils savent que tôt ou tard ils finiront par le faire, mais qui repoussent la décision de décrocher leurs téléphones, ignorant la force de leur lien, pressés par le quotidien de leurs vies, et à chaque jour qui passe ils diffèrent l'instant de leur réconciliation car ils pensent qu'ils le feront le lendemain, une semaine ou un mois plus tard ; les années s'accumulent, ils continuent de repousser leurs retrouvailles jusqu'au jour où l'un des deux est admis d'urgence à l'hôpital et meurt assez vite de telle ou telle maladie, peu importe laquelle ; leur lien est mis à nu, c'est poignant car ce lien crée de la gravité, une force gravitationnelle, et celui qui est encore vivant se rend compte qu'il ne pourra plus jamais parler à son proche défunt, il ne l'accepte pas, et ce faisant il fait naître une énergie orangée qui interdit à jamais au mort de partir et l'oblige à rester par amour dans une sorte de suspension entre la vie et la mort, tout cela par amour, qui est plus puissant que tout et peut donner des ordres aux états gravitationnels de la matière et de la réalité, y compris à l'Obscurité. C'est très beau parce que l'amour laisse toujours des marques de beauté là où il passe. Il laisse des taches, des brûlures, des empreintes. Je ne sais pas, mais peut-être que dans cinq cents ans, on sera capable d'inventer une équation mathématique qui expliquera cette force que j'appelle l'amour, comme l'ont fait des milliers d'hommes avant moi. Il s'agit peut-être d'une loi de la physique que nous ne comprenons pas encore. Le monde est couvert de traces d'amour, partout : il y en a dans les maisons, les lits, les rues, les cathédrales, les prisons, les fleuves, les cabanes détruites au milieu des champs, les cimetières, les ruines, sur les ponts, dans les pierres, les grottes, partout.

J'ai alors interrompu Rafael en lui demandant s'il était possible que tout cela soit un rêve, car j'avais constaté qu'il pleurait et qu'en outre, je commençais à avoir peur et mes poumons ne toléraient plus le moindre apport de fumée.

Il a essuyé la larme qui coulait sur sa joue.

Une larme têtue, a-t-il dit. Si j'ai rêvé, j'ai vécu ces moments aussi précisément que je te vois maintenant. Et il a repris son récit.

Ils ne m'ont pas laissé tomber dans le vide, a-t-il dit. Ils m'ont pris dans leurs mains, leurs mains invisibles, et j'ai marché dans l'air jusqu'au centre universitaire Mayor Duques de Ayerbe. Par la force de ma pensée, je suis entré dans la chambre d'Edurne en traversant sa fenêtre. Je comptais m'excuser, lui dire que nous nous étions disputés pour rien, lui demander pardon, lui dire que je l'aimais. J'ai alors senti que mon esprit prenait possession de la matière, qu'il se corporisait, et tout à coup il y a eu comme une lumière au-dessus de ma tête et j'ai pu voir ce qui se déroulait autour de moi. J'ai vu Edurne assise à son bureau, sous la lampe qui éclairait un manuel de géographie de l'Europe. Elle a remarqué un point lumineux sur la fenêtre, à côté des rideaux, une étrange lumière, et elle a tourné les yeux dans ma direction et distingué mon visage une seconde, après quoi la vision s'est dissipée.

À cet instant je me suis réveillé dans ma chambre, à l'Académie, le corps très douloureux. J'avais de la fièvre, la nausée, le plafond bougeait, le lit aussi, je regardais mes mains et j'y voyais des ombres.

Petit à petit je me suis calmé.

J'étais épuisé, et quand je me suis détendu j'ai sombré dans un sommeil bizarre.

Le lendemain, Edurne, terrifiée, m'a téléphoné pour me

dire qu'elle ne voulait plus jamais me revoir. Sa voix était pleine d'angoisse et d'effroi. Elle a ajouté qu'elle n'avait pas fermé l'œil de la nuit, en proie à une telle épouvante qu'elle avait dû réveiller une amie et lui demander de la laisser dormir dans sa chambre. La conversation a été très brève, elle ne voulait qu'une seule chose, essentielle à ses yeux : que je lui promette de ne plus jamais chercher à la voir, que je lui donne ma parole que j'allais définitivement sortir de sa vie. Il allait de soi que notre histoire était finie, mais elle exigeait en outre que je ne retente plus jamais l'expérience de la veille, sans quoi elle menaçait de contacter mon père et la police.

Ce que j'avais pris dans un premier temps pour un acte d'amour avait fini par devenir un forfait épouvantable. Je comprenais parfaitement sa position car j'étais moi aussi stupéfait et horrifié.

C'est passé peu à peu.

Tu es la première personne à qui je raconte cela, a-t-il conclu.

Nous avons fumé une autre cigarette presque sans un mot, puis j'ai regagné ma chambre. Je n'étais pas effrayé, mais très impressionné, au point que lorsque je me suis glissé dans mon lit j'ai regardé la fenêtre en m'attendant à voir le visage de Rafael se matérialiser comme par enchantement.

Trente-neuf ans après cette conversation, je pense que Rafael, de même que don Quichotte, a dû être victime du savant Freston.

La vanité de mon ami était incommensurable. Je crois qu'il a inventé cette histoire de toutes pièces parce que sa petite amie l'avait quitté, mais c'est beau. Il a tout inventé par amour.

En résumé, Edurne a quitté Rafael, elle est partie avec un autre et lui est devenu un illuminé.

Quand Montserrat/Altisidore me laissera tomber, je ferai peut-être pareil, j'inventerai une histoire de sortilège. Je préciserais pour finir que Rafael était grand, osseux, extrêmement mince, qu'il portait la barbe, avait un regard ardent, brûlant, et qu'il croyait à l'amour.

Il ne lui manquait plus qu'une lance, Rossinante et le heaume de Mambrin, car sa Dulcinée, il l'avait.

46

Aujourd'hui je suis allé faire des courses, mais pas à l'épicerie de Sotopeña où travaille Montserrat. J'ai pris l'autoroute en direction de Madrid et me suis arrêté chez Aldi. J'avais envie d'aller dans un supermarché.

À la porte, un jeune homme m'a demandé de tendre mes mains.

Vos mains, s'il vous plaît, m'a-t-il dit.

Je les lui ai montrées et il y a versé du gel désinfectant. Ce garçon ignorait quand il devait arrêter de me doucher les mains. Aucun protocole ne décrivait la durée de l'aspersion. J'ai pensé à une onction mystique, je voulais peut-être qu'il en soit ainsi, pour enjoliver un peu le monde. Pourtant ça n'y ressemblait en rien. Je suis en train de devenir une sorte de don Quichotte de la pandémie. Qui irait imaginer une onction mystique dans un lavage de mains au gel hydroalcoolique à l'entrée d'un supermarché ?

Avoir ce genre d'idées m'a donné l'impression d'être antisocial et extravagant.

Je l'ai remercié de tout mon cœur pour ce lavage de mains, non par peur du virus, mais pour la beauté que j'ai vue dans le fait qu'un inconnu m'oigne les mains. Dans le fait qu'un inconnu cherche à protéger la santé du monde.

Je déteste le masque, et pour parler une langue ancienne, comme sortie du roman de Cervantès, je dirais que le visage humain ne saurait souffrir d'être occulté car il est l'image de la clarté du monde, du vent étourdissant, de l'insigne lumière du soleil, de la générosité virtuose de notre Créateur.

Je ne peux pas craindre le virus, pourtant j'aimerais le redouter de toutes mes forces et devenir un hypocondriaque ayant de bonnes raisons de l'être.

Je ne peux pas craindre le virus parce que je suis tombé amoureux d'Altisidore.

Tout le monde porte le masque et la mort est palpable, l'arrivée de faits extraordinaires aussi, tout est distordu. L'Occident pensait avoir créé une société et un monde où les événements hors du commun étaient toujours liés aux avancées et au progrès. Il n'était pas prévu qu'une maladie planétaire qui clouerait le bec aux gouvernements se propage, ni que l'Obscurité fasse un caprice. Il est insensé de considérer la situation comme un simple accident, elle est bien davantage que cela : une manifestation de l'Histoire. L'Histoire est-elle un être intelligent ? Est-il possible que quelqu'un nous parle à travers elle ? Qui ? Nous-mêmes ? Est-ce nous qui parlons du futur à la deuxième personne du pluriel ?

L'Histoire a été une conversation entre nous : des humains du passé discutant avec des humains du présent. Le virus va nous aider à nous tourner vers les humains du futur. Nous parlons à des gens qui viennent de naître, des garçons et des filles, c'est à eux que nous nous adressons. Quand ils seront septuagénaires ou octogénaires, ces enfants de sept ou huit ans parleront à d'autres enfants et leur diront : "J'étais petit quand la pandémie du Covid-19 a éclaté, mais je m'en souviens très bien. Je me rappelle que nous n'allions plus à l'école et que j'ai passé trois, six ou douze mois à jouer avec mes parents sans sortir de chez nous. C'est difficile à comprendre aujourd'hui ; heureusement et Dieu merci, grâce aux progrès de la science, ce genre de chose n'arrivera plus."

Depuis des siècles, les humains essaient de se raccrocher aux preuves de leur existence, aux miroirs qui démontrent qu'ils sont une espèce intelligente capable de transformer le monde. Un des grands miroirs de l'Histoire sont les guerres. Nous nous y voyons tous, et de notre regard découlent les chronologies, les époques, le passage du temps, la révolution, l'existence.

Aujourd'hui tous les hommes de la planète parlent du virus, car ces conversations confirment la thèse de notre existence.

Cela apporte un peu de joie dans nos esprits, la joie des miroirs, au départ radieuse, puis plus faible pour devenir sinistre et s'imposer comme l'âge d'or de l'Obscurité.

Les gens insultent le virus, “saleté de virus”, “saloperie de virus de merde”, et je tremble en les entendant, bouleversé de constater qu'ils ont besoin d'humaniser le virus, à croire qu'il est intelligent et qu'il a un sens moral. En l'insultant ils se persuadent de leur existence, leurs intrigues, leur mécanique, leur finalité.

Autant insulter l'univers ou les saisons, la mer ou une fleur ou encore une montagne. Quel type de créatures sommes-nous pour insulter des êtres et des choses qui n'auront jamais connaissance de nos insultes ? Le virus n'entendra jamais ce que nous disons de lui. Dieu non plus n'a jamais entendu nos prières. Dulcinée n'a jamais entendu celles de don Quichotte, de même qu'Altisidore ne m'entend pas célébrer sa beauté.

À qui nous adressons-nous alors ?

Au néant.

Ou peut-être sans le savoir à l'Obscurité.

C'est beau.

Cette obsession humaine de se voir confirmer et prouver que nous ne sommes pas une fiction m'exalte.

J'appelle Montserrat/Altisidore en me demandant laquelle des deux va me répondre.

Elle décroche à la deuxième sonnerie et s'empresse de m'expliquer qu'elle n'a pas pu le faire dès la première parce qu'elle est au travail. Si elle travaille, il est clair que j'ai affaire à Montserrat ; mais celle qui avait envie de décrocher à la première sonnerie est Altisidore.

Je t'ai été infidèle et suis allé faire mes courses ailleurs que dans ton épicerie.

Elle a ri.
Je t'aime, lui ai-je dit.
Il y a eu un silence.
Et j'ai raccroché.
J'espère qu'il est vrai que je l'aime, ça aussi c'est un acte désespéré visant à corroborer mon existence.
Dans la seconde, Montserrat/Altisidore m'envoie six émojis en forme de cœurs. J'hésite : qui est capable de ça, Montserrat ou Altisidore ?
Les émojis sont le résumé de deux mille ans de philosophie, d'éthique, d'art, de sociologie, de science.
Deux mille ans contenus dans deux mille émojis.

47

Je regarde le prix des articles. Un croissant sorti du four coûte 0,29 euro. Je demande au vendeur s'ils sont frais, il me répond qu'ils sont délicieux parce qu'ils contiennent du bon beurre. Pour me parler il a retiré son masque. Peut-être sait-il que je suis amoureux, donc immunisé contre le virus, comme tous les amoureux. Je m'interroge sur le mystère de ce prix sans m'apercevoir que je fixe ce croissant depuis une minute. Une dame finit par intervenir et me demande d'un ton acariâtre si elle peut passer devant moi pour prendre ses croissants, mais ses paroles sont étouffées par le masque.

J'achète quelques articles : eau minérale, café, lait, poisson congelé. Je n'aime pas le poisson frais, son odeur est trop forte et il est difficile de s'en débarrasser. Je prends des biscuits au chocolat avant de m'ébahir devant les fruits. Il faut tout toucher avec des gants. Les mains gantées de plastique, les clients choisissent des pommes, des poires, des kiwis.

Il y a des pamplemousses.

D'où proviennent tous ces fruits ?

Qui les cultive ?

Les gens trouvent-ils normal d'avoir en telle abondance les fruits de la terre ?

Melons, pastèques, fraises, oranges, mandarines, bananes, ananas, nectarines, abricots.

Il n'y en a pas autant dans l'épicerie de Montserrat.

Ce riche défilé de tous les fruits du monde est un spectacle devant lequel les gens ne s'attardent plus. Ils ne voient plus rien, c'est pourquoi ils sont si malheureux. Ils ne s'étonnent plus de la beauté des choses, ne savent plus tomber à genoux devant ces kilos de fruits, ne voient plus les fruits.

On ne peut pas ainsi déconsidérer le miracle des fruits, on ne peut pas les stocker dans de vilaines cagettes, les traiter comme des marchandises car ils n'en sont pas.

Melons et pastèques sont coupés en deux, emballés avec soin dans du film transparent, une étiquette collée dessus indiquant leur poids, leur prix et leur lieu d'origine.

Une machine presse du jus d'orange sous nos yeux. Il suffit de choisir sa bouteille en plastique (un litre, un demi-litre ou un quart de litre), de la placer devant l'orifice et d'appuyer sur un bouton pour que toute une tripotée d'oranges soient pressées et qu'elles tombent une à une, victimes du vil garrot de la machine, qui est l'œuvre de Freston en personne.

Je reste planté à côté de l'engin infernal et vois plusieurs serfs venir récolter l'or orange. On dirait un Waterloo d'agrumes qui me fait soudain songer à Napoléon.

Les consommateurs emportent leur butin.

C'est à vous, me signale l'un d'eux.

C'est votre tour.

Où vont les déchets ? lui demandé-je.

Il s'éloigne sans m'avoir répondu.

Je sors de la queue. Derrière moi une femme se sert un demi-litre du sang sucré de la terre.

Je sors du supermarché, remonte en voiture et prends le chemin de la maison. Sur les ondes on s'interroge toujours sur l'intelligence du virus. Quelle horreur ! J'éteins la radio, glisse un CD dans le lecteur. Le saxophone de John Coltrane s'élève.

Je ris.

Le virus n'est pas intelligent.

L'édification de l'idée d'intelligence vient de notre indigence existentielle. Selon nous, l'intelligence prouve que nous existons. Mais le Covid-19 ne fonde ni familles ni nations, il ne contracte pas mariage. Il n'y a pas d'histoire de sa civilisation, il n'y a pas de coronavirus appelé Jésus-Christ ou Napoléon, le virus n'est qu'un souffle perdu dans la nuit de toutes les aberrations qui rôdent autour de ce mystérieux univers frappé de nombreux enchantements malins.

Tout ça a déjà été dit par Cervantès, mais il faut le rappeler.

Il a même mentionné le nom du vaccin, et il nous serait bénéfique de tous nous enduire d'un peu de baume de Fierabras, l'onguent qui, à en croire don Quichotte, guérit de tous les maux. En nous l'appliquant nous rendrions le virus inoffensif.

Les fruits traités comme des marchandises, telle est l'origine de la laideur du monde.

48

Montserrat passe me voir dans la soirée. Je lui ai préparé une salade de fruits composée de pastèque, de fraises, d'oranges, de kiwis et de poires. Ça ne me semble pas mal du tout. Nous nous sommes interdit le port du masque. Elle laisse le sien dans son Opel Astra, je cache le mien dans un tiroir, hors de sa vue. Ne voir aucun masque à proximité est une façon de nous témoigner du respect. Quand Altisidore voit ma salade, elle rit et m'embrasse sur la bouche, mais ce n'est qu'un petit baiser. Nous déterminons tous deux la profondeur de nos baisers, mais a priori je suis plus enclin à m'engager dans l'intensité la plus grande, sans doute en vertu d'une loi génétique.

Enclin ?

Non, pas du tout, ce n'est pas le terme qui convient. Les mots n'existent pas, contrairement aux baisers, ces lumières fortes sur le chemin de la vie, des lumières aveuglantes derrière lesquelles nous attend un humain dans un acte d'éternité consentie par la mort.

Tels sont les baisers.

J'ai enfin compris leur nature.

Et je décèle du désir dans son regard car ses yeux s'agrandissent quand ils se tournent vers moi.

Après que nous avons éclusé trois verres de vin blanc en mangeant la salade de fruits dont il ne reste qu'un quartier d'orange isolé et écrabouillé, elle me dit :

J'ai fait un rêve cette nuit. J'ai rêvé d'un homme avec qui je sortais quand j'avais vingt-sept ans. Lui en avait trente. Je crois que nous nous sommes beaucoup aimés, ce qui ne nous a pas empêchés de rompre. Il me semble que c'est moi qui ai précipité la rupture. Quoi qu'il en soit, j'ai rêvé de lui cette nuit, et ce qui m'a troublée, c'est qu'il nous arrivait des choses qu'on n'a jamais vécues à l'époque de notre liaison, qui a duré moins d'un an. Évidemment, c'était il y a presque vingt ans, et après notre rupture je n'ai plus eu de nouvelles de lui. Dans mon rêve nous étions encore ensemble et nous avions les activités d'un couple : nous dînions avec d'autres couples, je l'accompagnais au travail – il était informaticien dans une entreprise étrangère – et il me présentait ses collègues. Dans mon rêve, je les voyais l'un après l'autre.

Et l'amour qu'on se portait revenait.

Tu ne trouves pas ça hallucinant ?

Je me suis réveillée avec la puissante sensation d'être amoureuse, dans un état de plénitude qui s'est effacé peu à peu, puis tout est redevenu normal.

Je suis allée au magasin, mais certaines scènes du rêve ressurgissaient. C'était un rêve très complexe qui reposait sur une histoire tout à fait vraie : j'ai aimé cet homme, c'était un gars gentil et beau, et dans mon rêve cet amour continuait et il était réciproque.

Pourquoi avons-nous rompu ? Je me suis posé la question toute la journée. En sortant de l'épicerie, je suis allée chercher un vieux carnet que j'avais rangé dans une boîte avec des photos et des souvenirs. J'y avais noté des adresses et des numéros de téléphone, et j'ai retrouvé le sien, un vieux numéro de portable écrit au crayon à papier. Les chiffres avaient pâli.

En général on ne change pas de numéro de portable, ai-je songé. On change de maison, de ville, de partenaire, de banque, de voiture, de coiffure, de taille de slip ou de culotte et même de pays, mais on conserve son ancien numéro de portable pour la bonne et simple raison que les compagnies de téléphonie nous permettent de lui être fidèles.

Je l'interromps pour qu'elle reprenne son souffle : Le

capitalisme technologique apprécie qu'on garde le même numéro pendant des dizaines d'années, ou plus exactement deux décennies, parce que les mobiles n'existent pas depuis longtemps. On a l'impression que ça fait une éternité mais c'est faux. Ils sont là depuis vingt ans, à tout casser vingt-cinq ans. On te laisse changer de compagnie mais tu gardes ton numéro. On te laisse changer de modèle, on a troqué nos vieux téléphones contre des smartphones, mais on garde notre numéro. Je me rappelle encore les portables d'autrefois. Ils étaient volumineux, pourtant l'écran n'occupait que la moitié de la surface, puis ils sont devenus plus petits avant de se remettre à grandir, mais ils étaient plus plats et l'écran occupait tout le téléphone ; si on pense à cette évolution, on a envie de rire et il est vrai que c'est drôle.

Réflexion faite, ajouté-je en regardant les yeux de Montserrat/Altisidore, les chiffres qui nous sont les plus fidèles sont ceux de nos portables et de notre numéro national d'identité. Tout le monde connaît par cœur ces deux séries de chiffres. On sait que ça vaut la peine de les apprendre parce qu'ils ne changeront jamais.

Tout change, sauf ton numéro de mobile et ton numéro national d'identité, que tu as mémorisé comme une formule magique. Tu es fidèle à ton passé à travers ces chiffres qui finissent par être des codes secrets que tu n'oublieras pas tant qu'Alzheimer ne t'aura pas pulvérisé les neurones.

Je me tais, je vois bien que Montserrat/Altisidore a quelque chose d'urgent à me dire.

Attends, je ne t'ai pas raconté le plus important.

Son regard a changé, il est à la fois intense et ténébreux. J'ai composé son numéro et il a décroché à la troisième sonnerie.

Salut Francisco, lui ai-je dit. Il s'appelle Francisco.

C'est Montserrat.

Au bout du fil c'était le silence.

Qu'est-ce que je dois dire ? ai-je pensé.

J'ai rêvé de toi, alors j'ai eu envie de te téléphoner.

Montserrat, a-t-il murmuré d'une voix brisée, faible, maladive. Je n'arrive pas à y croire. C'est une blague ou une erreur, non ? Ça fait si longtemps, pourtant ton appel ne me surprend pas. Presque vingt ans, dix-huit pour être exact. Qu'est-ce que tu deviens ?

Je vais bien. Et toi ?

Moi ce n'est pas la joie, Montserrat. Vraiment pas. Je suis à Barcelone, à l'hôpital Clinic. J'ai attrapé le virus. J'ai une pneumonie, c'est grave. Tu étais au courant ?

Non, je ne savais pas. Je t'ai appelé parce que cette nuit j'ai rêvé de toi, alors comme j'avais gardé ton numéro... Je n'étais au courant de rien. Je t'appelle à cause de ce rêve, mais peut-être que ça veut dire quelque chose, peut-être que tu m'as demandé de te contacter en rêve. Le monde est devenu très mystérieux. Magique. Mais dis-moi, tu as des enfants ?

Un fils de quinze ans. J'ai divorcé. Mon ex-femme et mon fils n'ont pas le droit de venir me voir. De toute manière mon ex ne viendrait pas, et si ça se trouve mon fils non plus. Ça fait trois semaines que je suis ici et je ne lui ai parlé que deux fois au téléphone.

Tu veux que je vienne, moi ?

On ne te laisserait pas entrer, mais merci quand même, tu es drôle, toi ! Tu arrives presque à me faire rire ! C'est incroyable, cette conversation, je n'aurais jamais cru que tu donnerais signe de vie après tout ce temps. Mais il se peut que ce soit une hallucination, que rien de tout ça ne soit réel. Le portable est la seule chose qu'on m'autorise à avoir sur ma table de chevet, je l'ai toujours à la main. Parfois je le perds sous les draps ou sous l'oreiller. Tu m'appelles d'où ?

D'un petit village à quarante kilomètres de Madrid.

Et puis on ne te laisserait pas aller de Madrid à Barcelone.

Ils te disent quoi, les médecins ?

Que je vais mal, voilà ce qu'ils me disent. Ils sont très gentils mais ils ne prennent pas de gants. Ils emploient de très jolis mots. J'aimerais mieux qu'ils m'insultent et voir leurs visages. Parfois ils parlent par euphémismes et me disent que “ça pourrait aller mieux”. Quand quelqu'un est sympa et s'adresse à toi derrière un masque, il a l'air d'un hypocrite. Les masques sont partout, alors la cordialité devient de l'hypocrisie, tu vois ce que je veux dire ? Ici j'ai tout le temps d'y réfléchir. J'ai été contaminé au restaurant. Oui, j'ai arrêté l'informatique, ou plutôt c'est elle qui m'a quitté. Je me suis retrouvé à la rue, complètement fauché, tout ce que je savais en informatique ne valait plus un rond, j'en suis presque devenu philosophe. Aïe, il y a vraiment de quoi se marrer ! J'ai dû accepter le premier job qui se présentait et la crise m'a poussé vers la restauration. J'ai commencé par être serveur, et puis je suis monté en grade. Je suis devenu maître d'hôtel dans un bon restau de Barcelone, le proprio m'appelle tous les jours pour prendre des nouvelles. Je pense qu'il ne va pas tarder, alors je vais raccrocher. Je suis content de savoir que tu vas bien.

Voilà, c'était à peu près ça, notre discussion, conclut-elle. Il était surpris et il a beaucoup insisté là-dessus, ça l'a déstabilisé, il avait même l'impression que je me moquais de lui, puis il s'est calmé et pour finir, il m'a avoué qu'il n'avait pas réussi dans la vie. C'est toujours dur de faire ce genre de confidences à quelqu'un dont tu as partagé le lit.

Moi, je crois que Francisco n'était pas dans la même position que toi pour interroger son passé, évoquer ses souvenirs, lui dis-je. Parce que c'est comme descendre dans des profondeurs sous-marines ; lui était en haut, à la surface, dans un bateau, alors que toi tu étais quatre mille mètres plus bas, là où repose le célèbre transatlantique, le *Titanic*. Tu protégeais ton *Titanic*. Les épaves sous-marines ressemblent aux sentiments qui se perdent dans notre mémoire insondable ou profonde qu'on appelle le subconscient, mais je trouve plus joli de dire "mémoire profonde". Elles restent telles qu'elles ont été, indemnes, immuables. Ce qui repose à quatre mille mètres de fond perdure tel qu'il a existé. C'est un mystère. Un de plus.

Oui. Un mystère. Je dois partir, maintenant. J'adore tout ce que tu me racontes et je t'épouserais volontiers, mais pas ce soir. J'y vais, je m'échappe de ton sortilège, dit-elle en riant.

Elle prend son sac et sort. J'entends le moteur de son Opel Astra, ses phares éclairent l'entrée et le lit et s'attardent plus longuement sur un coussin bleu auquel je n'avais jusqu'alors jamais prêté attention.

Je vais dans la forêt et marche en m'aidant de la lampe torche de mon portable. J'aimerais retourner à la rivière Eresma. Je m'assois sous un arbre. La nuit est pleine d'étoiles. Tant d'étoiles font souffrir celui qui les voit. Le ciel vit, inaltérable pour des siècles et des siècles. Le temps s'est bien rafraîchi. Les arbres, les étoiles, les pierres du chemin sont toujours là, peu soucieux que le virus domine la civilisation. Rien n'ébranle leur imperturbable présence.

Une situation enviable.

Je rentre à la maison et allume le téléviseur.

Tout à coup je me rappelle que j'ai fait tourner une lessive. Je sors rapidement mon linge. Il n'y en a pas beaucoup car je n'en utilise guère. Je l'étends dans la maison. L'étendoir couvert de mon linge de corps confère à ce lieu une apparence misérable d'après-guerre qui me déplaît. Je sors l'étendoir sous le porche, mais c'est trop petit, il n'y tient pas. Je le rentre et suis au désespoir car je me cogne contre les portes. Je maudis cet étendoir. Nos verres, la bouteille de vin vide et les assiettes qui ont contenu la salade de fruits n'ont pas été débarrassés.

Une armée semble conspirer contre moi, l'étendoir à sa tête.

Les gens ont envie de pleurer quand ils pensent que leur vie devrait être meilleure qu'elle ne l'est, un jugement qui découle uniquement des valeurs conventionnelles d'une société et d'une culture. Je ne crois pas que les animaux de la forêt aient cette préoccupation.

À la télévision, on annonce que le confinement, l'état d'urgence sanitaire, sera prolongé de deux semaines.

On n'est jamais trop prudent, déclare un virologue.

En l'entendant je songe avec nostalgie à Platon et Aristote. Je parie qu'ils concevraient une formule plus intéressante que “on n'est jamais trop prudent”, j'adorerais qu'ils me disent quelque chose de plus raffiné, plus élaboré, plus précis, plus sophistiqué, plus captivant que ce “on n'est jamais trop prudent”.

49

Ces jours-ci j'ai vu à la télévision la décadence politique, morale et mentale de tout un pays ou, mieux, de toute une civilisation. Un état de prostration générale, voire planétaire. Des sociétés lassées d'elles-mêmes ayant envie de mourir ou de vivre les existences les plus plates qu'on puisse imaginer. C'est pour ça que le virus s'est planté devant nous, parce que nous avions besoin d'un miroir ; à croire qu'on l'a convoqué. Nous ne sommes toujours pas capables de nous penser en tant qu'espèce, et le virus tire parti de cette incapacité en nous attaquant tous. Nous sommes des sociétés vieillissantes. Il y a en Espagne des millions de vieillards. On parle par euphémisme de vieillissement de la population.

Personne ne veut concevoir d'enfants, ce qui est aussi monstrueux que probablement nécessaire.

Des millions de vieillards occupent les résidences du troisième âge éparpillées dans le premier monde, car dans le tiers seule la mort existe, pas la vieillesse. L'invention du grand âge est l'essence de l'Europe.

Le troisième âge a été créé par le capitalisme social.

Parfois je me dis que le capitalisme a le sens de l'humour.

Un sens de l'humour très fin qui, plus qu'un engrenage complexe d'intérêts économiques, est un souffle ironique et mordant parcourant le monde. Le capitalisme ressemble à un poème épique écrit par l'Obscurité.

S'il voulait être représentatif de la condition humaine, s'il voulait paraître crédible, s'il voulait s'adapter à la vérité biologique de notre temps, Jésus devrait au moins être octogénaire. Ses trente ans d'il y a deux millénaires équivalent à quatre-vingts ans d'aujourd'hui.

La prospérité nous pousse à ne pas procréer.

Il n'y a pas d'enfants.

Seulement des vieillards.

Et mon destin est d'en devenir un. C'est un bon destin, c'est aussi celui de Montserrat.

La vieillesse est un nouvel état, une dimension inédite de l'être humain causée par les avancées de la science et de l'Histoire.

Les anges ne seront plus des créatures de la Renaissance âgées de vingt ans mais de vieux octogénaires aux ailes ridées, jaunes, sentant l'humidité et la peau morte.

Il serait logique que le nombre de vieux et de jeunes s'équilibre, pourtant les vieux l'emportent majoritairement. Cela a amené le virus, venu favoriser la décantation de la nature. Une vieillesse métaphysique se glisse dans les artères et le sang de la civilisation. La reine d'Angleterre et le nouveau candidat à la présidence des États-Unis sont vieux ; autrefois sagesse et transmission de l'expérience, la vieillesse a le désir avide de vivre un jour de plus ici-bas, elle est l'avidité même, n'apporte plus aucune connaissance à autrui ; la vieillesse est désormais un miroir dans lequel nous regarder : nous voulons que les seniors soient bien traités, entourés de soins médicaux et psychologiques illimités, qu'ils ressentent un bien-être solide, reflètent notre haute civilisation, de sorte que les vieillards persévèrent, s'accrochent à la vie comme je m'y accrocherai et comme s'y accrochera Montserrat, ce que ne ferait jamais Altisidore, l'être fabuleux sorti des entrailles d'un être réel, la créature où s'ancrent la beauté et la passion tandis que le monde se délite dans une cérémonie d'ancienneté et d'obédience.

Mais la nuit, là-bas, dehors, avec ses arbres et son air frais, semble continuer d'affirmer la vie sur terre. Vais-je devoir devenir un ascète pour comprendre ainsi la vie dans la totalité de son silence ? C'est donc ça qui m'est arrivé ?

Est-ce pour cette raison que j'ai été frappé de mutisme ? Me suis-je tu parce que le monde ne voulait plus de mots ? Mon mutisme était-il une façon de protester, d'aimer ou de renoncer ?

En cours, mes élèves avaient fini par le comprendre et c'était beau. Ils avaient fini par respecter mon silence. Ils me regardaient en songeant : "Ce mec a pété un câble", me considéraient comme une machine à laver bousillée, mais ne m'insultaient pas ; d'autres à qui c'est arrivé n'ont pas eu cette chance, on les traitait de tous les noms : "chtarbé", "défoncé", "mathusalem radioactif", "à la ramasse", je l'entendais quand j'étais jeune et pensais que je ne vivrais jamais ça, puis ça m'est tombé dessus, car nous croyons tous que la décrépitude ne touche que les corps d'autrui et non le nôtre. Nous sommes à ce point crédules.

Je pense maintenant que Rafael avait tout de l'ascète silencieux. Il accomplissait des miracles élaborés dans les cloisons de son esprit rocailleux, désolé mais éclairé. Il pourrait tenter de matérialiser ma tête sur les rideaux de la fenêtre de la chambre de Montserrat. Il était lui aussi une créature quichottesque.

Ce prénom, Montserrat, est vraiment énigmatique. Pourquoi l'a-t-on appelée comme ça ?

Je ne lui ai jamais posé la question.

Montserrat est un prénom qu'on donne depuis toujours en Catalogne. On dirait que la ferme volonté des ancêtres, tapie derrière certains noms, nous parvient avec une force amoindrie. C'est triste. Triste que la joie des grands-parents qui ont donné à leur petit-enfant le prénom de l'un d'eux devienne une joie résiduelle, morte, vide, inexistante, insaisissable ou momifiée.

50

J'ai peur de me mettre au lit et de ne pas dormir, comme à l'Académie, lorsque je me couchais, que le sommeil ne venait pas et que j'étais pris d'une angoisse épouvantable qui remontait à la mort de mon père et était décuplée par la solitude dans laquelle vivait ma mère. Je regardais alors les creux de l'obscurité et écoutais les bruits lointains d'un train. Je me rappelle le bruit d'un train au loin, un train de 1981. Je n'ai jamais cherché à savoir d'où s'élevait ce bruit ferroviaire, mais je me rappelle qu'il me calmait, le bruit des trains étant bénéfique à l'âme humaine. Peut-être l'avais-je inventé. J'ai atteint ce grand moment où les humains assimilent ce qui a été à ce qui nous semble avoir été, dans un immense incendie mental parsemé d'oublis et de dégénérescence cognitive. Quel bel euphémisme, "dégénérescence cognitive" ! Avec lui nous frappons à la porte de la mort, mais poliment, avec des garanties sanitaires qui sont elles aussi charmantes sans l'être autant que les nuages, les vagues de la mer ou les oiseaux dans le ciel.

Le bruit des trains rappelle le battement d'ailes des anges dans l'univers, à côté de l'Obscurité totale.

Et si Dieu était l'Obscurité totale, la complète absence de tout ?

Et si nous allions à sa rencontre sans le savoir ?

Non, je n'arrive pas à dormir.

Je pense à Montserrat et la transforme en Altisidore dans mon demi-sommeil. Je me rends alors compte d'une chose que je n'avais pas remarquée : à aucun moment nous n'avons ni elle ni moi songé au virus en nous touchant, nous embrassant ou en faisant l'amour.

Nous ne l'avons même pas eu en tête.

La santé vient de l'amour, pas de la médecine.

Pas une seule fois nous n'avons mis le masque entre nous, pas même au début. J'y vois la preuve que l'amour peut encore exister en tant que force et principe de santé toute-puissante.

Je parle pour moi, je ne devrais pas m'exprimer à sa place, mais si elle y pensait je le verrais, or je n'ai rien remarqué. Que nous ignorions le virus quand nous nous touchons nous réserve d'une manière ou d'une autre un destin merveilleux, car l'humiliation du virus ne nous a pas une seconde effleuré l'esprit. Notre passion, notre désir de faire l'amour n'ont pas prêté attention à l'existence du virus. Nous l'avons oublié.

Car ce qui est important est inaltérable.

Le sexe est inaltérable.

Toute une planète a décidé de ne plus se toucher. Pourtant le sexe demeure. Et ceux qui ne se touchent plus ne se touchaient déjà plus avant l'apparition du virus. Des millions de couples qui ne se touchaient plus avant l'état d'urgence sanitaire peuvent désormais respirer tranquillement, car le virus leur donne raison. Ils n'ont plus aucune honte à avoir. Ils ont un prétexte pour continuer à ne pas se toucher.

Je ne dors toujours pas.

Je ne dors pas, me tourne et me retourne dans mon lit, m'aperçois que je n'ai pas changé les draps depuis dix jours. Je me souviens qu'à l'Académie on nous obligeait à changer les draps toutes les semaines. Nous avions des draps de rechange.

Nous donnions nos draps sales à madame Matilde, qui nous les rendait propres et repassés deux ou trois jours plus tard.

En ce temps-là j'étais incapable d'apprécier cet avantage.

Je me souviens que j'observais beaucoup cette femme, Matilde, parce qu'elle était silencieuse. Aussi silencieuse que travailleuse.

Je ne dors toujours pas.

J'allume la lumière et poursuis ma lecture du *Quichotte*.

Dans une note de bas de page, l'éditeur affirme que le livre de Cervantès contient de nombreuses contradictions parce qu'il ne s'est pas relu, une idée qui éveille beaucoup de tendresse en moi.

Il y a par exemple un moment où un personnage s'en va, mais deux paragraphes plus loin il est encore là. C'est charmant, comme si peu importait qu'on parte ou qu'on reste, et c'est sans doute le cas, peu importe.

Dans un autre passage il est fait mention de deux gardes avec des escopettes, et quelques lignes plus bas seul un des gardes est armé.

Je ne dors toujours pas.

J'imagine bien Cervantès ne pas avoir envie de relire ce qu'il a écrit. Je le vois dire : “Quelle poisse d'avoir à me cogner ce manuscrit en entier, ça m'ennuie, j'en ai déjà assez fait en l'écrivant, alors s'il reste des erreurs, tant pis, ce n'est pas grave, peu importe du moment que l'histoire est drôle et vivante, et puis j'ai sommeil, je suis fatigué, très fatigué, je ne vais pas relire ce pavé, j'aimerais plutôt boire un verre de vin, ou peut-être deux ou trois, et avoir un peu de paix et de bonheur dans le cœur.”

Le roman de Cervantès est drôle et vivant. Même ses erreurs sont amusantes. Au lieu de passer des heures à les corriger, je crois que Cervantès a préféré contempler la lumière du soleil ou les branches d'un arbre depuis la fenêtre de sa chambre ou étendu sur son lit, sans penser à rien ou alors à l'Obscurité. Comment étaient les matelas du temps de Cervantès ? Les draps ? Les pantoufles ? Qu'en serait-il de moi sans le roman de Cervantès, car ce livre et tous les autres sont des abris contre les loups de l'abattement et de la dépression. Un livre est une promesse d'avenir, de même qu'un amour. Un livre te dit : “Tu ne m'as pas lu, tu ne me connais pas, alors si jamais tu comptes te suicider, sache que tu mourras sans savoir qui je suis.” La promesse d’avenir contenue dans un livre est en vérité une raison perverse de rester en vie. Quand on commence un livre, on marche le long d’une route, et quand on y est plongé depuis un moment, on se dit “allez, je ne vais pas revenir sur mes pas”, alors on continue d’avancer, et à mi-chemin on se dit “allez, encore un petit effort et j’arriverai à bon port, ce sera merveilleux d’atteindre la ligne d’arrivée comme un champion, comme si j’avais accompli un exploit dont je suis fier”, et la vie passe, pleine de ce qui veut bien survenir.

C’est pareil pour les histoires d’amour : si elles démarrent sur un baiser, on a envie de savoir comment elles se terminent.

Les histoires d’amour sont comme les livres. Elles ont un début et une fin.

51

Nous ne la connaissions guère, car quand on a dix-huit ou dix-neuf ans, on ne s'intéresse pas trop aux personnes qui ont passé la quarantaine. Je ne sais pas quel âge elle avait. Peut-être quarante ans. Peut-être moins. Peut-être plus. Je ne me souviens même plus comment nous l'appelions, si nous disions madame Matilde ou doña Matilde, ou bien Matilde tout court, et il est fort possible que nous ne l'ayons jamais appelée par son prénom.

Je crois qu'en la voyant nous lui disions "bonjour", sans rien ajouter d'autre. Elle travaillait énormément. C'était une petite femme mince aux cheveux courts qui portait des lunettes. On n'arrivait jamais à voir son visage, qu'elle donnait l'impression de vouloir dissimuler, comme si elle renonçait à en avoir un ou parce que sa modestie l'empêchait d'afficher le sien. Elle avait des tenues anodines, mettait un peu de rouge ou quelque chose qui brillait vaguement sur ses lèvres, mais il se peut que ce soit un souvenir inventé. Sa blouse était brune et il me semble qu'elle avait les cheveux châtains. Elle n'était pas séduisante, ne nous inspirait aucun commentaire de nature érotique. Pour nous elle était une sorte de bonne sœur. Nous n'avons jamais su si elle avait une famille. Je crois qu'un jour quelqu'un m'a dit qu'elle avait un enfant, mais nous ignorions si c'était une fille ou un garçon. Je l'évoque cependant aujourd'hui avec beaucoup de tendresse et trouve douloureux de ne pas lui avoir prêté davantage attention, de ne pas l'avoir traitée avec plus de gentillesse et de douceur.

Elle, pour sa part, ne parlait pas. Elle ne disait rien, se contentait de travailler de manière consciencieuse et dévouée : elle faisait le ménage, le déjeuner, le dîner, lavait et repassait le linge.

Elle entrait par la porte de service, l'Académie ayant deux accès, même si en principe celle que franchissait Matilde était une porte de plus, car ce centre universitaire avait été aménagé à partir d'une dizaine d'appartements. Comment s'était organisée cette rénovation ? Je l'ignore et personne n'a posé la question, car à dix-huit ans on ne demande rien. Notre degré de curiosité est de zéro, voire au-dessous de zéro. Il faut préciser qu'on ne se sent pas en droit de s'enquérir de quoi que ce soit, sans doute par peur, ou parce que notre position dans le monde est d'une infériorité criante, ou qu'on ignore quels termes employer pour formuler des questions dignes d'intérêt.

Juste après la porte, Matilde disposait d'une petite pièce avec un lit et un placard où elle laissait ses effets, se changeait et enfilait ses vêtements de travail pour effectuer ses tâches quotidiennes.

Je me souviens de son sac noir.

De son manteau, noir également, avec de gros boutons noirs.

Je crois l'avoir entendue dire un jour qu'elle gagnait quarante mille pesetas par mois. En 1981, c'était un salaire qui permettait de vivre correctement, le consumérisme n'en était qu'à ses débuts et les gens n'avaient pas l'impression d'avoir raté leur vie parce qu'ils ne possédaient qu'un seul manteau, une seule paire de chaussures, un seul téléviseur, un seul pull, un seul pyjama, une seule salle de bains, une seule montre, un seul stylo, etc.

Elle arrivait très tôt, à sept heures trente, et repartait à quatorze heures. Elle faisait à manger pour plus de vingt personnes. Je me rappelle qu'elle réussissait bien les cannellonis, les lentilles au chorizo, les frites. Parfois elle nous préparait des flans. C'était nous qui mettions la table, une bonne répartition des tâches. La cuisine était un espace conçu pour des professionnels, je n'en avais jamais vu de pareilles. Elle était grande, avec un piano et des brûleurs à gaz très puissants. J'entends encore le chuintement du gaz entrant en contact avec l'injecteur, ça m'effrayait un peu. J'étais ébloui de découvrir l'existence de ces cuisines professionnelles après avoir connu celle de ma mère. Cela m'amenait à prendre conscience que le monde me réservait de nombreuses découvertes.

Il se peut que doña Matilde soit encore vivante. Elle aurait dans ce cas dans les quatre-vingts ans, peut-être quatre-vingt-cinq ans. Il se peut aussi qu'elle soit morte. Je sais qu'elle vivait à Carabanchel. Impossible de la retrouver. J'aimerais savoir quelles images elle garde de cette époque, si son travail lui plaisait, combien d'années elle l'a exercé, si elle se souvient de nous de temps en temps, si elle se souvient de moi, si elle a parlé de nous à son fils ou à sa fille, si nous avons été propulsés dans le futur au travers de la mémoire de son fils ou sa fille.

Je regrette vraiment de ne pas m'être intéressé davantage à elle. J'avais toutefois remarqué que son profond silence cachait un chagrin, une adversité, un malheur que j'ai aujourd'hui envie de connaître. Autrement dit, j'aimerais savoir si elle a eu un amour. En réalité, je me suis quand même intéressé à elle, mais je n'en avais pas conscience. Peu à peu elle a attisé ma curiosité, qui ne s'est révélée que près de quarante ans plus tard. Je vois là l'Obscurité faisant encore des siennes. Je ne suis donc pas si mauvais. Il y a de la bonté en moi, forcément, puisque j'ai remarqué à dix-huit ans les efforts titanesques que faisait cette femme pour apporter un salaire chez elle. Cela me réconcilie avec l'existence.

Je m'étais habitué à ses cannellonis, dont je pense qu'ils sont les plus modestes que j'aie mangés de ma vie. Ils avaient un aspect grisâtre et tous la même saveur, la même quantité de farce à la viande, une uniformité qui semblait correspondre à un certain type de justice sociale. Ils contenaient du porc avec du foie gras, un mélange qu'elle préparait elle-même selon ses connaissances, sa science. Je crois en revanche que les cannellonis que m'a apportés Montserrat/Altisidore l'autre jour étaient meilleurs. C'est sûr : ils étaient bien supérieurs, plus élaborés après quarante ans d'avancées dans tous les domaines, y compris celui des cannellonis. C'est incroyable, tous ces souvenirs qui affluent à présent : elle ne disait pas “cannellonis”, mais “canalonis”. Elle commettait une erreur, une merveilleuse erreur reliant deux mots : “cannellonis” et “canal”, parce que les cannellonis sont en fin de compte des canaux de viande, d'étroits canaux de viande oubliée.

Elle ne s'est jamais plainte de quoi que ce soit, ni de son travail excessif, ni d'avoir affaire à plus de vingt jeunes hommes qui salissaient tout.

Un jour je l'ai vue cuisiner. Elle allait vite, son temps était chronométré. Elle travaillait toujours rapidement, vive comme l'éclair, comme si pour une raison inconnue elle faisait face à une urgence démesurée. Je l'ai regardée, mais pas suffisamment. J'aurais dû me concentrer davantage sur sa journée de travail. J'aurais dû lui sourire davantage, l'interroger sur sa famille, mais... en avait-elle une ? Avait-elle un mari ? Je l'ignore. Je pense qu'elle avait un fils ou une fille, et sa mère, qu'ils vivaient tous les trois sur son salaire, mais qu'elle n'avait pas de mari.

S'il elle en a eu un, il l'avait quittée.

J'ai l'impression que c'était ça, son drame intime. Son mari l'avait quittée, car avant 1981 le divorce n'était pas légalisé en Espagne. Un pays sans divorce légal, voilà ce qu'était l'Espagne. Un pays où il était impossible de se séparer de son conjoint.

Je pourrais essayer de la trouver.

Pour lui dire que je me souviens d'elle.

Mais je sais que personne ne comprendrait ce que je cherche et qui n'existe que dans ma tête. Ce que je cherche, c'est le sens du temps, ou plutôt trouver les portes du temps, qui permettent au présent et au passé de communiquer et laissent présager l'existence de portes du futur.

Elle préparait notre dîner d'avance pour que nous n'ayons plus qu'à le réchauffer, ça je me le rappelle parfaitement. C'étaient de simples tortillas de pommes de terre et des saucisses. Ou des tortillas aux épinards. Ou des steaks hachés. Ou des empanadas. Ou des croquettes. Le déjeuner venait tout juste d'être fait. Le dîner, il fallait le réchauffer. Nous déjeunions à quatorze heures quinze et dînions à vingt et une heures, des horaires idéaux. Don Carlos, le directeur de l'Académie, exigeait qu'ils soient respectés à la minute près, et nous lui obéissions. Nous avions toujours cinq à dix minutes d'avance, sauf quand on avait cours, auquel cas un retard était toléré.

Don Carlos prenait place autour de la table centrale, au milieu du réfectoire, qui se composait de cinq tables rectangulaires de six personnes. Les meubles étaient basiques, sans grâce, fonctionnels, en formica brun. Il restait toujours du pain dans les corbeilles car nous en coupions trop. C'était à nous de le faire. Il y avait deux couteaux à pain. Nous aimions cette tâche facile qui donnait une sensation de pouvoir.

Couper du pain à toute vitesse.

Couper du pain comme pour démembrer la vie.

Couper du pain, une distraction de pauvres.

52

Don Carlos bénissait la table. Il le faisait très brièvement, en disant : “Bénis, Seigneur, ces aliments que nous allons manger, amen.” Aujourd’hui plus personne ne bénit la table en Espagne, et je suppose qu’il est préférable que personne ne bénisse quoi que ce soit. Mais c’est un joli rite. On pourrait changer la phrase et dire : “Science et progrès, bénissez les aliments biologiques que nous allons manger avec une modération durable, santé.” Ce genre de choses.

Les rites sont décoratifs.

Ils vont et viennent, changent en fonction des époques.

Quand elles sont bien faites, les décorations aident à vivre.

Je ne sais plus de quoi nous parlions en mangeant.

Il m’est résolument impossible de me rappeler nos conversations. J’imagine que le foot devait dominer.

Le riz à la cubaine figurait parmi les spécialités que nous servait souvent Matilde. J’aimais beaucoup ça parce qu’il y avait le petit plus de l’œuf sur le plat. Elle versait le riz à la tomate dans de grands saladiers et les œufs dans des plats de dimensions plus réduites. Que l’œuf arrive froid ou cassé dans mon assiette m’attristait, mais j’avais presque toujours la chance de m’en trouver un bien beau et bien chaud.

Dans le cas contraire, j’étais mécontent pendant des heures.

Après la période où j’ai vécu à l’Académie, j’ai longuement réfléchi au riz à la cubaine, en particulier à l’ornement inattendu que constituait l’œuf sur le plat venant couronner la montagne de riz à la tomate. Oui, c’était la décoration des classes moyennes basses espagnoles, une fioriture chargée d’un grand mystère. On ne savait jamais si on avait fait le bon choix en se servant notre œuf, guidé par son apparence.

Le hasard jouait pour beaucoup, un cruel hasard. Si le jaune était coulant, c'est qu'on était bien tombé, notre cœur jubilait et il en serait ainsi plus tard, dans la vie. Mais il arrivait qu'il soit complètement dur et qu'on se dise qu'on avait raté son coup en élisant cette boule jaunâtre qu'on s'empressait de mélanger au riz pour oublier l'échec. Par la suite, dans la vie, on ferait de même.

Lorsque doña Matilde nous servait des pois chiches, c'était un jour normal un peu morose.

Ses macaronis n'étaient pas mal, mais elle les rehaussait avec du chorizo et des oignons. Le chorizo ne me dérangeait pas, contrairement aux oignons. Je trouvais ces petits morceaux d'oignons entre les macaronis désagréables et négligés. Ces oignons mal hachés symbolisaient pour moi l'après-guerre et le sous-développement.

À la fin du repas, don Carlos proposait une partie de *guiñote*, un jeu de cartes où se tapissait aussi, bien caché, le sous-développement. Je n'ai jamais participé à une partie. Don Carlos réservait un traitement de faveur à ceux qui l'accompagnaient dans le rituel du jeu de cartes après le repas. Il se contentait d'adresser à ses partenaires un sourire plus appuyé en prononçant leur prénom, ce qui accentuait mon sentiment de culpabilité. Je me rappelle l'enthousiasme de José Luis Bescós, qui faisait des études de chimie, à l'idée d'une partie de *guiñote*. Il a ensuite raté tous ses partiels du premier trimestre. Jesús Mariano Conde, en première année d'architecture, participait lui aussi à ces parties et a lui aussi raté ses études. J'ai fini par établir un lien mystérieux entre le *guiñote* et l'échec.

Jesusma – nous l'avions surnommé ainsi – ne comprenait pas pourquoi il avait eu au premier trimestre des mauvaises notes dans toutes les matières.

Je l'aimais bien. Je me rappelle son visage décomposé, dans sa chambre, le soir où il a appris les résultats de trois partiels, parce qu'il avait eu des notes vraiment très basses, pour ne pas dire honteuses. Il s'est mis à jurer. 0,25 est une note terrible, un zéro pointé lui est presque préférable. Il avait besoin de ridiculiser l'institution qui l'avait humilié, à savoir l'université. Ce que je ne savais pas à l'époque je le sais aujourd'hui. Je sais l'immense distance qui sépare ceux que nous croyons être de ceux que nous sommes réellement. L'année où il passait son bac, on avait fait croire à Jesusma qu'il était un élève brillant. Dans le lycée privé où il était inscrit, on l'avait bercé d'illusions parce que son père était un riche chef d'entreprise dans le secteur de la construction.

Je me souviens des mots qu'il a prononcés ce fameux soir : Mon père a beaucoup plus de fric que tous les profs de merde qui m'ont recalé.

Pauvre Jesusma, qui portait par-dessus le marché ce prénom de saint bizarre, une velléité béatifique de sa grand-mère, comme il le racontait lui-même.

Il souffrait, le pauvre Jesusma.

Mais quelque chose m'a bouleversé. En vérité, Jesús Mariano avait ce soir-là une trouille bleue d'échouer dans la vie. Il assimilait ses examens ratés à un non radical adressé à sa personne. C'est pour ça que je l'aimais bien, parce qu'il était vulnérable, même si son père avait de l'argent. Sa vulnérabilité s'est alors transformée en beauté, en indigence, en enfance menacée. Jesús Mariano était redevenu un enfant. C'est ce que je vois en permanence chez Montserrat.

Jesusma était un petit garçon effrayé affublé d'un prénom épouvantable.

Il a alors eu des paroles inoubliables. Il a dit qu'il pouvait appeler son père, à Valence, où vivait toute sa famille, et qu'il viendrait le chercher en Mercedes avec son oncle. La présence de son père ne suffisait pas, il fallait qu'il soit escorté de son oncle, secrétaire de la mairie de Játiva et avocat. Dans l'esprit de Jesusma, l'oncle était un héros protecteur.

En Mercedes ils seront là dans quatre heures. Elle monte facile à cent quatre-vingts kilomètres à l'heure.

Jesusma était un enfant aux abois, il avait besoin de se sentir protégé.

J'ai réfléchi à ce trajet de quatre heures et à la vitesse de la Mercedes, parce que c'était vraiment rapide. Je tablais plutôt sur cinq heures, et même plutôt cinq heures et demie s'ils s'arrêtaient pour grignoter ou faire le plein. Je ne crois pas qu'ils aient roulé à cent quatre-vingts kilomètres à l'heure, Jesusma exagérait. Ils ont plutôt fait du cent vingt en montant peut-être à cent trente en ligne droite, mais pas davantage, ou à cent quarante sur un tronçon de route bien droit, très large et très long. Que le sauvetage d'une personne dépende d'une attente d'à peine quatre heures était une drôle d'idée qui est longtemps restée gravée dans ma mémoire. Apprendre que Jesusma pouvait échapper à cette immense adversité en si peu de temps me réjouissait, me rendait de bonne humeur, quasiment euphorique, heureux de savoir que tous les malheurs qui risquaient de nous arriver à l'Académie seraient résolus au terme d'un délai de quatre heures. Quatre heures, ça passe vite.

Quatre heures de cachot et zou, sauvés ! C'était chouette de raisonner ainsi.

Jesusma s'agitait avec nervosité dans sa chambre. Il s'asseyait sur le lit, se relevait, ouvrait la fenêtre, la fermait, buvait un verre de Coca-Cola qu'il avait posé sur sa terrasse, s'allumait une cigarette, se rasseyait sur la chaise devant son bureau, soufflait sur sa frange qui lui tombait dans les yeux. C'était une boule de nerfs. À l'évidence, il s'acheminait vers l'échec à une vitesse insensée bien supérieure à cent quatre-vingts kilomètres à l'heure, et là où il allait, ni son père ni son oncle ne pourraient l'aider, il commençait à s'en douter.

Il se doutait que sa vie était la sienne et non celle de son père ou son oncle, bien qu'ils ne soient qu'à quatre heures de trajet.

C'est ce que nous étions tous en train d'apprendre à l'Académie. Et dans ce processus de l'existence, nous nous heurtions tous à l'humiliation.

C'est une des premières fois auxquelles j'y ai été confronté. Je la vois à présent partout, elle règne sur le monde. Le virus humilie la vie. Les faits se sont déroulés selon les exigences de la raison, de la science et de la politique, avec pour résultat d'amener l'humiliation, comme ces examens ratés qui ont dévasté le cœur du pauvre Jesusma, qui n'a pas tardé à mourir en plongeant dans la drogue, désorienté, perdu dans la vaste région de l'Obscurité, là où ni son père ni son oncle ne lui étaient d'aucun secours, et à peine cinq ans plus tard il s'est jeté du onzième étage d'une des tours de Benidorm, où ses parents possédaient un bel appartement qu'ils lui avaient donné, un appartement avec vue sur la mer qui ne lui a pas été profitable.

En général, l'humiliation se cache, se camoufle sous une autre apparence que la sienne. Elle ressemble à ces petites fuites qu'on croit faciles à réparer. Elle nous érode de manière discrète, silencieuse, obscure.

Seuls les baisers profonds peuvent la guérir.

53

Personne ne veut l'admettre, mais notre abstention de sexe se prolonge. Quand bien même on ferait l'amour, il y a une perte d'harmonie avec notre entourage. Adam et Ève ignoraient qu'ils faisaient l'amour parce que les autres n'existaient pas. On fait l'amour pour le communiquer aux autres, de là l'inévitable sensation de mélancolie qu'ont les amants furtifs.

Narcisse passe de nouveau à la télé.

Je crois qu'il aime ça. Il agite les mains dans une nouvelle liturgie qui met l'accent sur la solidarité, l'efficacité gouvernementale, l'invocation égalitaire à tous et à toutes, mais aussi sur le fil tranchant de ces valeurs en dehors desquelles il n'y a selon lui que tempêtes et marginalité.

Narcisse est le surnom que j'ai donné au président du gouvernement espagnol. Je suppose qu'il en va de même ailleurs. Tous sont des Narcisse et doivent éprouver du plaisir à exercer le pouvoir.

Narcisse jouit.

Il est parvenu là où il voulait, son discours n'est qu'une métaphore de ses sentiments, et ce qu'il ressent, c'est de la fierté à être arrivé là où il est, à la place des élus. Ses paroles sont un ramassis de banalités pourtant très applaudi.

Le virus amène la mort dans le présent, mais l'inactivité économique amènera la mort à l'avenir, tel est le grand débat qui n'est pas verbalisé car politiquement destructeur. Je n'ai tenu que dix minutes en écoutant les nouvelles annoncées par Narcisse. Par ennui, parce qu'il est profondément ennuyeux. Il n'a rien à dire, hormis qu'il a réussi, qu'il a enfin accédé à la fonction présidentielle, mais ça – qui ne manquerait pas d'intérêt –, il se garde de le dire.

Narcisse ressemble à un petit garçon d'1,90 mètre. Le roi d'Espagne à un autre garçonnet de 1,98 mètre. Ils sont peut-être les dirigeants les plus grands du monde au niveau de la taille. J'ignore pourquoi je les vois comme des enfants alors qu'ils n'ont plus l'âge d'en être. Cependant ils me font cet effet-là.

C'est un trou noir dans l'histoire de l'Espagne que ces deux très grands gosses apparemment pleins de bonnes intentions, l'un légitimé par près de sept millions de voix d'Espagnols redoutant la montée du fascisme, l'autre soutenu par une dizaine de traditions, d'ornements et de fioritures de l'Histoire sans que ni l'un ni l'autre reflète la vie en liberté, car pour l'instant la vie en liberté n'existe pas.

Tous deux font peur.

Bien qu'ils n'en aient pas conscience, ils ont en quelque sorte scellé un pacte avec l'Obscurité.

L'Espagne est toujours un pays religieux, Narcisse y représente donc tout. On voit bien qu'il est très content de lui. Dès qu'il passe à la télé je lis dans ses pensées et y décèle le narcissisme et le catholicisme.

C'est toujours le même dieu qui s'adresse à nous, celui du sous-développement.

Cette insistance sur le sous-développement est liturgique.

C'est le sud de l'Europe accablé de chaleur, infesté de mouches et de lézards.

Mais j'ai envie de profiter de la luminosité de ma maison, d'oublier le virus et ses conséquences politiques.

En plus je ne suis pas un analyste politique, je n'y connais rien en la matière, je ne suis qu'un ignare, je ne sais rien, je suis simplement un professeur frappé de mutisme et mis à la retraite, un pensionné contemplatif, oublieux et insignifiant.

Je me dois tout entier à Montserrat/Altisidore, pensé-je. Le reste n'existe pas. Certaines personnes cessent d'adresser la parole à d'autres pour des raisons politiques, comme si l'idéologie politique était solide comparée aux pierres, aux montagnes, à la lune, au soleil, à la mer, aux bateaux, à la terre, aux arbres.

J'aimerais être amoureux des arbres qui environnent ma maison et que ce sentiment remplisse mon existence sans que j'aie besoin de rien d'autre.

54

Hier je suis retourné au supermarché plutôt qu'à l'épicerie de Montserrat. J'ai fait quelque chose d'extravagant, mais qui maintenant que j'y repense m'a mis d'excellente humeur. J'avais pris des sacs en tissu pour éviter d'avoir à acheter des sachets en plastique, et surtout par conscience écologique, car les océans sont infestés de sachets en plastique, et à présent de masques.

Dans mon caddie, j'avais de la nourriture et des lames de rasoir à 6,80 euros. J'ai eu une illumination et me suis dit que ça n'avait pas de sens de les payer, qu'il était inutile, gratuit et gênant de faire l'effort de les sortir du sac pour les mettre sur le tapis roulant et que la caissière inclue leur prix à la somme de mes emplettes.

Que je sorte cet article du sac d'un geste redondant n'était pas nécessaire, ai-je pensé avec une clarté aveuglante. Pourquoi exploiter davantage l'abnégation professionnelle de la caissière, fatiguer mes mains et le papier de la caisse enregistreuse ? Pourquoi tant de travail alors que la production de ces lames avait déjà coûté suffisamment d'efforts, de même que leur transport depuis l'usine jusqu'au supermarché ?

Il fallait mettre un terme à tous ces sacrifices, au labeur industriel et à sa pénibilité.

Il fallait trouver un moment de repos, une oasis d'inactivité, une respiration dans la chaîne de production.

C'est ce que j'ai fait.

J'avais l'impression que Cervantès lui-même descendait des nuages pour me dire : “Ne paye pas cet article, il n'y a que les petites gens qui payent, prends ce que tu veux, la vie t'appartient, sens-toi libre, la vie ne saurait avoir un prix, ne perds pas ton temps avec ce genre de formalités, toute cette bureaucratie va te tuer, ne perds pas de temps à payer ou à effectuer des tâches qui ne sont plus à l'ordre du jour, payer ce qu'on achète est dépassé, toi tu es à l'avant-garde, tu es un homme du futur, et puis tu es amoureux d'une femme, or les amoureux ne doivent pas se soucier d'une réalité aussi vulgaire et grossière que l'argent, mais songer à vivre leur amour, parce qu'un amoureux obsédé par l'argent ne se consacrera bientôt plus à sa passion."

J'ai donc laissé les lames de rasoir dans un des sacs en tissu et payé les autres articles.

Ça me semblait un accord équitable.

Il n'est rien arrivé.

Personne n'a rien remarqué.

Et moi j'étais vraiment aux anges. M'être épargné ce geste m'a rendu d'excellente humeur, j'y ai vu un acte de protestation contre Narcisse, l'homme qui gouverne ce pays, si toutefois il est gouverné par autre chose que le chaos.

Je regarde maintenant la boîte contenant les lames de rasoir posée sur le meuble TV et songe à la facilité de cette opération, ce qui me donne envie de retenter le coup avec d'autres produits, j'ignore encore lesquels.

Ce sera ma façon de lutter contre Narcisse, contre les milliers de Narcisse qui grandissent dans le monde, chaque pays ayant le sien. Le nôtre au moins est grand et athlétique.

Je me lève de mon siège.

Mets mes chaussures.

Me passe un coup de peigne, monte dans ma voiture, et vingt minutes plus tard je suis devant le supermarché. La cérémonie commence : un vendeur me demande de tendre les mains, je m'exécute et il m'asperge de désinfectant, puis j'enfile des gants et vais chercher un caddie.

J'achète une pastèque.

Il y en a deux variétés à des prix différents.

J'en choisis une petite parmi les moins chères.

Je la pèse.

Un ticket adhésif avec le prix et le poids sort de la balance. Je ne le colle pas dessus, garde la pastèque dans une main, le ticket dans l'autre.

Je plaque le ticket sur une énorme pastèque de catégorie supérieure. Personne ne peut me contrôler pour ce genre d'action, car dans de nombreux domaines, seul Dieu est susceptible de nous contrôler, et encore. Trouver une des failles permettant d'échapper au contrôle, à la comptabilité et à la pesée, c'est dénicher un trésor. Nul ne peut déterminer le zèle et le talent – aussi inattendus qu'absurdes – d'un consommateur qui pose l'étiquette adhésive d'une pastèque bon marché sur une autre, plus chère. Il en va de même pour le virus : l'existence d'une créature dont il est impossible d'évaluer le nombre et la portée. Il n'y a plus qu'à espérer ceci : que l'acheteur passe en caisse, commette son petit larcin indéchiffrable et indétectable et qu'il parte pour ne plus jamais revenir, comme nous espérons que ça se produira avec le virus.

D'après moi la pastèque pèse un demi-kilo de plus que l'autre. Je vérifie. Neuf cents grammes de plus. Je trouve incroyable que neuf cents grammes puissent représenter l'invisibilité, ce qu'on ne paiera pas, ce qu'on ne comptera pas, ce qui n'entrera pas dans la comptabilité de cette entreprise, un dysfonctionnement erratique, un arrêt du système qui a certainement un nom technique relatif à la permissivité liée aux petites erreurs de calcul.

Je glisse dans mon sac une poire, un kiwi et une pomme. Qui dans ce monde irait voler une poire, un kiwi et une pomme ?

Seul le virus en serait capable, qui vole une cellule, une molécule, une protéine.

Je mets dans le caddie des articles que j'ai en revanche bien l'intention de payer : viande, café, poisson surgelé, yaourts, lait. Et je fais la queue à la caisse. Je suis très nerveux mais ravi. Au dernier moment, je décide de ne pas payer le café parce que j'ai choisi un mélange italien de marque Illy à 7,50 euros et que ça me semble hors de prix. Je le cache dans le sac en tissu, relève mon masque presque jusqu'aux yeux et me rends compte que j'ai l'air d'un hors-la-loi.

Pas de problème.

Un bandit légendaire, au moins un Henry Fonda.

Je monte dans ma voiture réjoui.

Et je rentre chez moi.

J'appelle Montserrat/Altisidore et l'invite à prendre un café Illy. Nous sommes tous les deux de très bonne humeur.

55

Montserrat accepte mon invitation et me rejoint très vite, sur le coup de dix-huit heures.

Elle me salue, nous nous embrassons sur la bouche et elle s'assoit.

Je la regarde, et après ce baiser ouvert sur nos organes internes (langue, gorge, cœur), elle semble à mes yeux être entièrement devenue Altisidore. Je dois me décider, mais je ne peux pas le faire sans son consentement.

Il est temps de la baptiser.

Dans *Don Quichotte*, il y a un personnage qui s'appelle Altisidore, lui dis-je. C'est une demoiselle intelligente et énigmatique, très jeune mais qui n'en a pas l'air. Elle déclare avoir quinze ans mais elle ment, je crois qu'elle est plus âgée ; elle abuse don Quichotte en lui faisant croire qu'elle est amoureuse de lui. Le chevalier est perplexe, effrayé, pourtant cela flatte sa vanité. Aucune femme ne lui a jamais déclaré sa flamme. Elle apparaît dans la seconde partie du roman, c'est donc un personnage élaboré par Cervantès dans sa pleine maturité. Elle a la réputation d'être une intrigante et même une femme cruelle, mais je ne pense pas qu'elle le soit. Moi je la trouve adorable, elle symbolise la puissance de la vie. Certes elle est un peu transgressive, rebelle également. En tout cas elle a un prénom magnifique. J'aime la force de ce prénom, ses sonorités. J'aimerais t'appeler comme ça, Altisidore, enfin... que tu sois Altisidore rien que pour moi. N'aie pas peur, je ne t'appellerai pas comme ça devant des gens, même si pour l'instant personne ne nous a vus en public et ça m'attriste. Laisse-moi t'appeler Altisidore, s'il te plaît.

Montserrat/Altisidore éclate de rire, amusée mais également émue. Bien sûr que oui, c'est un joli nom, me répond-elle. Parfait, je suis Altisidore. Tu es complètement dingue, mais tant que tu n'es pas Anthony Perkins dans *Psychose*, ça me va. Tu n'es pas fou à ce point, hein ?

Je l'embrasse pour lui montrer que j'ai toute ma tête. La manière d'embrasser dit tout.

Nous gardons un instant le silence.

Je crois qu'elle aime ma façon de l'adorer, ces petits jeux, cette célébration de sa présence. Elle sourit, amusée par l'histoire d'Altisidore.

Nous nous embrassons encore.

Je n'arrive pas à croire que ses mains touchent mon visage. Ses grandes mains romantiques. Il faut en avoir une couche pour qualifier des mains de "romantiques". C'est important, les mains.

Qui vient de t'embrasser, Montserrat ou Altisidore ? me demande Altisidore.

Altisidore.

Comment fais-tu pour différencier les baisers de Montserrat de ceux d'Altisidore ?

Montserrat fait des bises. En plus, elle est obligée de porter un masque de temps en temps. Altisidore jamais.

Ce changement de prénom nous amène à parler de Cervantès. Altisidore m'apprend qu'elle a fait une licence de lettres, même s'il lui manque quelques modules. Ça ne lui a servi à rien.

Elle me dit qu'on ne devrait pas utiliser le mot "confinement", parce que ça fait maintenant presque deux mois qu'on est bouclés. On devrait dire "réclusion", "emprisonnement" ou "enfermement".

Nous rions un peu, sans aller jusqu'à nous esclaffer.

Mais on s'en fiche de ce qui se passe à l'extérieur puisqu'on est tous les deux ! m'exclamé-je. C'est un peu comme si le monde avait disparu. Tu es désormais Altisidore, alors tu es au-delà du bien et du mal.

Elle a apporté une bouteille de Johnny Walker, on passe du café aux shots de whisky, assis sur le canapé. Je la regarde, elle attend que je l'embrasse de nouveau. Pour rien au monde je n'aurais envie que le baiser qui s'annonce soit frivole, insignifiant, passager, imposé, qu'il résulte de l'insolence du présent, de la contenance ridicule de ce temps présent.

Je deviens nerveux, elle a peut-être pris mon histoire de changement de prénom pour une pitrerie.

Comme si elle entendait mes remords, elle me dit que si Marc avait été une fille et si elle avait su que ce nom existait, elle l'aurait choisi parce qu'il est beau, tout simplement.

Moi je le trouve bien plus joli que Dulcinée, et même que Rita Hayworth ou Marilyn Monroe, lui dis-je.

Nous rions.

Nous nous embrassons, cette fois en nous caressant le visage.

Une horrible malédiction atavique nous vient de la nuit des temps et de l'espèce, selon laquelle il semble admis qu'un homme affirme sa présence érotique devant une femme, même si cette dernière est consentante. Elle me concerne et c'est pourquoi je suis nerveux et angoissé, car j'aimerais changer à jamais cette loi dépourvue de beauté.

Je suis étranger à ma condition d'homme, remplacée chez moi par une nature masculine qui redoute le mystère de l'existence tout en étant ébloui et fasciné par lui.

J'ai envie de l'embrasser sans que ce baiser contienne le sort de ses millions de comparses sans fin heureuse, sans élégance, sans tendresse et sans bonté échangés en cinq mille ans d'histoire amoureuse entre les hommes et les femmes.

Les baisers inélégants et malsains s'inscrivent eux aussi dans une histoire de l'humanité, sans doute la plus expressive.

Je l'embrasse pour la sixième ou septième fois. En vérité

nous ne faisons que ça, et elle effleure tendrement mon visage. Sa caresse est plus belle que mon baiser, que j'essaie de dépouiller de toute luxure et de sexe pressant. Si on retire à un baiser le sexe et le stupre, que reste-t-il ? Un baiser fraternel. Mais si notre baiser est lascif, que proclame-t-on hormis l'intention de perdurer au travers de la chair, d'un corps, d'un butin de guerre ?

Comment embrasser en mettant dans cet acte juste ce qu'il faut de tendresse et d'érotisme ? Quel est le calibrage parfait d'un baiser entre un homme et une femme pour être le plus beau de toute l'histoire des baisers ?

Altisidore résout la question sans cérémonie. : sa langue a débusqué la mienne et l'emporte, vaincue, dans le château de son âme.

Nos baisers sont maintenant luxurieux – quel vieux terme –, gorgés de fluides, de salive, de dents qui contemplent la nouveauté de ces collisions entre les lèvres, les lèvres qui gercent et deviennent des symboles de notre identité.

Nos baisers sont en ébullition, comme ceux des adolescents, qui durent des heures.

56

À la fin du baiser, Altisidore me dit : J'ai parlé à mon ancien petit ami, Francisco. Je l'ai appelé aujourd'hui ; son état a empiré et il a peur de bientôt ne plus pouvoir me prendre au téléphone. Ça a été une très longue conversation, pleine de soupirs, lente à cause des gros efforts qu'il doit faire pour s'exprimer. Il m'a parlé de son fils. Il a rêvé qu'il était adulte et essayait de savoir qui avait été son père. Tout ça, c'était en rêve. Mais, toujours dans son rêve, il n'avait rien mis en œuvre pour permettre à son fils de parvenir jusqu'à lui. Alors il a pensé à moi. Il compte m'écrire une lettre que je devrai remettre à son fils dans vingt ans, après être partie à sa recherche. Mais il n'a pas la force de l'écrire, ne sait pas trop quoi lui raconter, à part qu'il l'aime de toutes ses forces. Quand il m'a dit ça, j'ai fondu en larmes. C'est vrai qu'en général on ne sait pas comment se confier à ceux qu'on aime, leur raconter ce qui nous arrive, alors on n'arrête pas de répéter “je t'aime beaucoup”, comme si c'était une formule mathématique qui contient tout, une sorte de $E = mc^2$ d'Einstein. Je ne crois pas que mes larmes l'aient aidé. Je pensais à Marc tout en me disant que la condition humaine, c'est d'être égoïste, parce que les propos de Francisco m'affectaient. Le hic, c'est que je n'étais pas triste pour lui, mais pour la façon dont ça se répercutait dans ma vie. Je ne sais pas. En tout cas on a eu une pauvre conversation de parents ratés, et j'ai détesté ce virus qui se propage à travers le monde et sert d'alibi parfait aux parents et aux enfants qui ne veulent pas se voir au moment de la vérité. Les enfants qui ne parlent plus à leurs parents ou leur adressent à peine la parole ont là le prétexte idéal pour ne pas affronter le miroir du passé. Ce virus donne une immunité diplomatique ou un truc dans le genre. Ne pas aller prendre la main de ton père ou de ta mère à l'agonie est une sorte d'absolution, et leur fils ou leur fille sont peinards. Même l'indifférence, même le dégoût qu'on peut ressentir pour ses géniteurs devient de l'amour pur. Le fils de Francisco n'est coupable de rien, son ex-femme non plus, le virus leur a ôté toute culpabilité.

C'est merveilleux.

Combien de gens ont dû grâce au virus se sentir libérés et heureux de ne plus être obligés d'aller aux enterrements ni d'assister aux derniers instants d'un proche.

Il n'y a pas de coupables, conclut Altisidore.

Je trouve ça à la fois terrifiant et beau, ai-je murmuré. Ce que tu dis est ironique et plein d'amertume.

Toi, tu vois trop de beauté partout. Tu passes ton temps à remarquer de belles choses. Tu uses et tu abuses du mot "beauté", me censure-t-elle.

Je suis un romantique ridicule, je n'ai pas d'armes pour me défendre.

Moi, ce que j'ai constaté, c'est que Francisco adore son fils, poursuit-elle. Il m'a dit que le mieux à faire, c'était que je lui décrive comment était son père à l'époque où on sortait ensemble. Parce que cette lettre, ce n'est pas lui qui va l'écrire. Je crois qu'il a eu une révélation et qu'il veut que j'invente sa vie. Il m'a dit : "Toute la gentillesse que tu découvriras dans les années qui te restent à vivre, nombreuses, transforme-la en épisodes de ma vie que tu raconteras ensuite à mon fils. Toutes les bonnes choses qui t'arriveront, tu les lui raconteras comme si elles m'étaient arrivées à moi. C'est la mission que je te donne. Je te le demande à toi, Montserrat, parce que je n'ai personne d'autre au monde."

Il veut que tu inventes sa vie. Il s'est rendu compte qu'une vie vécue et une vie inventée, c'est du pareil au même. Je suppose qu'on prend conscience de ça quand on est sur le point de mourir.

Mais ça n'a rien à voir ! Ce n'est pas du tout pareil et tu le sais ! rétorque Altisidore. La vie vécue et la vie inventée sont peut-être vulnérables et subissent les assauts des fantômes de l'imagination, mais elles sont différentes. Qu'elles soient toutes les deux exposées, vagues et fragiles ne les rend pas identiques pour autant.

Tu parles déjà comme un écrivain. Ça ne m'étonne pas. C'est pour ça que Francisco t'a demandé d'écrire sa vie.

Nous nous sourions encore, de manière innocente cette fois. J'ai toujours pensé que les amoureux de fraîche date concluent la totalité de leurs conversations par des sourires, qui sont une sorte de pacte, car ils savent au fond d'eux-mêmes qu'ils s'aventurent en terre inconnue.

Nous nous sommes regardés un moment, pressés de nous aimer et d'emporter au lit l'histoire d'amour de ce Francisco, pour l'accueillir et l'abriter dans nos corps, dans la concavité de nos corps.

Autre baiser.

Autre caresse.

Puis la nudité.

J'ai songé aux caresses.

Que représentent les caresses ?

Les baisers sont plus importants.

Que signifient mes baisers pour toi ? demandé-je à Altisidore.

Je ne veux pas me faire d'illusions. Nous, les femmes, on s'en fait toujours trop, on croit que les liaisons sont durables. Parfois tu me fais peur, mais tu me mets dans un état mental où je me sens bien.

Mes baisers ne sont pas des carrosses en or ?

Ce qu'il ne faut pas entendre ! On dirait que tu n'es au

courant de rien, que tu vis sur ton petit nuage ! Moi je n'ai pas envie de ça !

Je vois les nuages, c'est vrai, comme doivent les voir ceux qui quittent ce monde, que ce soit à cause du virus, du cancer, d'un accident de la route, d'un infarctus ou pour la raison que le destin aura décidée. Je me demande si on accède alors enfin à la liberté, parce que les nuages sont peut-être des baisers.

57

Je me réveille à six heures et vois le corps d'Altisidore à mes côtés. Cette nuit nous avons enfin dormi ensemble. C'est la première fois en ces temps difficiles, un moment merveilleux, du moins pour moi, mais somme toute menaçant car nos deux corps plongent ensemble dans les ténèbres du sommeil et de l'inconscience. Il semblerait qu'Altisidore dorme paisiblement. J'éprouve de mon côté de la peur et de la joie, les bases élémentaires de l'existence. Mais je crois être plus heureux qu'effrayé parce que j'ai envie de voir l'aube se lever et de prendre mon petit-déjeuner avec elle. Cette impatience m'empêche de dormir et me consume.

Je la sens, les corps ont leur parfum, leur odeur.

L'exploration de son corps occupe tout mon esprit. Je n'ai aucune déception, cela m'exalte : ses bras, ses mains, ses cheveux, ses yeux, sa peau, tout est à son degré maximal d'épanouissement.

Son odeur est saine, naturelle, douce.

Altisidore n'exige pas que je fasse semblant d'être ce que je ne suis pas, c'est pourquoi il n'y a aucun engagement entre nous. Nous ne sommes pas des fiancés ou des amants obsédés à l'idée d'instaurer chez l'autre une image idéale, romantique et héroïque de nous-mêmes, bien que nous ayons fait l'amour et ressenti l'effondrement de l'identité qui se produit pendant l'acte. Elle m'a vu nu et je l'ai vue nue. Mais nous ne sommes pas non plus des amis.

Par moments elle continue d'être Montserrat, même si la plupart du temps elle est Altisidore, et parfois Montserrat/Altisidore.

J'ai peur qu'elle me prenne pour un névrosé à cause de ce petit jeu de prénoms. J'ai peur qu'elle me prenne pour

Norman Bates. Qu'elle voie non pas un hommage dans le fait que je l'appelle Altisidore, mais de la folie. Comment distinguer la beauté de la folie ?

Nous avons partagé la nudité de nos corps.

Ce qui a toujours eu de terribles effets dans toutes les sociétés humaines.

Elle était alors Altisidore, une autre femme. Nous devenons tous différents dans ces instants, c'est très mystérieux. Car être nu devant autrui signifie que même ainsi on ne cesse d'être seul.

On passe sa vie à essayer de ne pas être seul, alors on recherche l'amour.

La terreur ne vient pas de la peur de t'offrir ou d'être regardé, mais de la constatation que la frontière entre toi et l'autre est toujours là, la peau étant la frontière. Elle vient aussi du fait que tu ignores quel type de pacte tu concluras avec la personne qui te voit nu, si vous serez des amis, des fiancés, un mari et une femme, des amants ou rien, ou bien des êtres perturbés ou même se détestant l'un l'autre.

L'incertitude liée au pacte nous fait souffrir, or sans elle aucune vie ne peut atteindre la plénitude.

C'est peut-être ça, l'amour à l'âge mûr, qui n'a pas besoin que l'homme ou la femme surjoue. C'est sans doute le meilleur, celui qui est le plus en accord avec notre naturel.

Fini le théâtre.

Finies les interminables parades de drague, d'impatience, de mensonges.

Deux adultes amoureux, certes, mais pas dupes. Autrement dit deux adultes qui savent qu'à la fin ils seront déçus ; deux adultes qui attendent cette déception assis, en prenant un café, le soleil de midi sur le visage ; deux adultes qui ont pactisé à juste titre avec la vie.

Altisidore semble dormir sans angoisse.

Son sommeil paisible devrait me réjouir, pourtant j'aimerais moi aussi m'assoupir aussi facilement qu'elle.

Je me rends compte que nous n'avons pris aucune précaution. Autour de nous une bestiole dévore le monde, alors à quoi bon mettre un préservatif au milieu du festin du virus ?

Comme ce virus est irréel quand on vient de faire l'amour ! En outre, nous ne saurions même pas contre quelle sorte de virus lutter, car ils sont nombreux. Je n'aime pas me rappeler le nom du virus (ce Freston) qui a tué il y a plus de trente ans le chevalier légendaire qu'était Freddie Mercury, grand seigneur de la chevalerie errante, privilège de l'Angleterre.

Notre virus actuel a l'air d'une supercherie politique. Nous pensons tous au virus non parce qu'il est réel, matériel et visible, mais parce que son existence présumée laisse entendre que nous autres, humains, existons tous. L'humanité a un miroir grâce au Covid-19.

Altisidore a été mon miroir et j'ai été le sien.

Et à présent, dans un instant, le jour va se lever et le soleil éclairera cette cabane qui est en fait un bungalow, une merveilleuse maison dans les bois. Il se posera sur la table, dans la cuisine et sur notre lit en envahissant peu à peu cet espace. Le lever du jour a aussi une facette terrifiante qui nous oblige à reprendre notre identité, notre nom. Il nous faut nous habiller, nous laver, nous construire une vie.

Quelle brosse à dents utilisera Altisidore ?

Heureusement, j'en ai une qui n'a pas servi.

Fera-t-elle du bruit en se brossant les dents ?

Elle m'a demandé à plusieurs reprises de lui raconter des détails de ma vie comme elle le fait avec la sienne. J'esquive toujours. Par ailleurs, quel est le passé de don Quichotte ? Que faisait-il à trente ans ? Que faisait-il à quinze ans ? Qui étaient ses parents ? Pourquoi ne parle-t-il jamais d'eux ? Pourquoi ne les évoque-t-il pas ? Où sont leurs tombes ? Embrassait-il sa mère quand il était petit ?

S'est-il rappelé un jour ses baisers ? Pourquoi n'avait-il pas de frères et sœurs ? Que lui offraient ses parents pour Noël ? Don Quichotte est un archétype, un idéal et non un être de chair et d'os. Il n'est pas vraiment un personnage de roman, car en général ces derniers sont humains.

Don Quichotte donne l'impression d'être le fils du Saint-Esprit.

58

Hier Altisidore et moi nous sommes enlacés à vingt heures précises. Après l'étreinte, nous sommes allés applaudir sous le porche. C'était un peu ridicule d'applaudir à proximité d'une forêt où personne ne pouvait nous entendre. Le monde entier applaudit à vingt heures ; les applaudissements permettent d'être en connexion avec l'humanité.

Je crois que nous avons apprécié.

Nous nous sommes enlacés et embrassés, puis sommes restés dans les bras l'un de l'autre sans rien faire. J'ai cherché à déceler une différence entre les deux, mais j'ai sombré dans un abîme.

J'ai regardé les bois en ressentant un bonheur indescriptible, car baisers et bois se concentraient dans le même effort : baisers et bois, bois et baisers.

Notre étreinte s'est enfin conclue par un long baiser. Nous imitions les poissons avec nos lèvres.

À vingt heures précises, nous avons enlacé toute l'humanité. Qui a envie de faire ça ? C'est terrifiant car l'humanité contient le mal et le crime, la justice et l'effroi.

Nos baisers d'hier résonnent encore dans mon esprit, je dois les transformer en souvenirs pour fortifier le squelette de ma vie. Pour moi, les baisers de poisson sont ceux où une lèvre inférieure séduit une lèvre supérieure, et vice-versa. Ils se rapprochent visuellement des mouvements de la bouche des poissons.

Une des mains d'Altisidore repose sur l'oreiller.

Je la touche.

Elle est arrivée hier les ongles vernis de rouge. J'ai regardé ces ongles qui étaient un appel érotique, un acte érotique réfléchi. Pourquoi les femmes se vernissent-elles les ongles ? Pourquoi les hommes se rasent-ils ?

L'ornement est tout dans la vie.

Nous avons besoin de nous parer de toutes sortes d'ornements, quels qu'ils soient, et ce depuis cent mille ans.

Je crois aux ornements.

La mer ornemente la terre, le soleil ornemente la terre et la mer, la lune ornemente la nuit.

Tous sont des ornements.

La lingerie d'Altisidore était elle aussi rehaussée d'ornements, j'essaie aujourd'hui de me rappeler de quelle manière. Francisco lui a demandé d'ornementer sa vie pour qu'elle la présente ainsi à son fils. Je suis ému par l'histoire de cet homme prostré dans un lit d'hôpital, dépendant d'une ancienne petite amie réapparue comme par enchantement ; un homme qui pense qu'un fils ne pense pas à son père et tâche de lui édifier un avenir décent, et cette simple situation, cette croyance en un avenir, révèle toute sa foi dans l'existence, car que quelqu'un à l'agonie songe à l'avenir n'a aucun sens. Il serait plus logique qu'il ne pense qu'à lui, à s'en sortir, à ne pas avoir mal, surtout à ne pas avoir mal. Mais ce n'est qu'une conjecture de ma part.

À quoi pensent les individus qui vont bientôt mourir ?

La télé ne nous en parle pas et rend aux moribonds des hommages gnangnan. La mort à bas prix occupe toute la planète, la mort inélégante qu'on voit dans les médias.

La mort est cependant un acte de connaissance et non de la camelote.

J'approche une main de la table de chevet pour m'emparer de mon portable. Je lis les nouvelles. Aujourd'hui, la nation européenne qui compte le plus de morts est le Royaume-Uni. L'Allemagne reste un modèle, avec la meilleure gestion de la pandémie. Tout le monde cherche à expliquer les raisons créatives du virus.

La question élémentaire est à peu près la suivante : pourquoi le virus s'ornemente-t-il de trente mille morts au Royaume-Uni et de seulement sept mille en Allemagne ? Mais le virus ne répond pas. On dirait un jeu avec des courbes qui montent et qui descendent, un jeu d'apparitions et de disparitions. Le virus décime tantôt un pays, tantôt un autre. Comme s'il se préoccupait des loisirs et détestait l'ennui.

J'allume la lampe torche de mon portable.

J'éclaire la main d'Altisidore en prenant soin de ne pas la réveiller. Elle est tout près de ma tête. Quelle main magnifique ! Toutes les mains sont belles, mais la sienne évoque la bonté. On ne peut pas passer des heures, des mois ou des années à contempler une main. Quand un homme regarde la main d'une femme et que cette dernière le regarde observer sa main, tous deux, homme et femme, finissent par entrevoir la solitude et l'abîme.

C'est alors que surgit l'Obscurité.

Voir sa main est un motif de joie. Mon cœur devient euphorique. Celle femme qui dort à mes côtés est là pour moi, c'est une grandeur universelle. Comment ai-je fait pour avoir autant de chance ? Comment est-il possible que le destin ait choisi un type comme moi pour être aux côtés de la femme la plus merveilleuse de l'histoire de l'humanité, car telle est mon Altisidore.

J'éteins la fonction lampe torche.

Je ne me rappelle plus quand j'ai acheté ce mobile et j'ai oublié le nom de ma compagnie de téléphone. Ont-ils signalé l'amnésie dans le dossier médical de ma retraite anticipée ? Mon Dieu ! Il me semble que oui, qu'en plus du mutisme il y avait l'amnésie, une armée de neurones fatigués qui se suicident sans demander la permission à personne.

Dans un moment, quand nous prendrons notre petit-déjeuner, je demanderai à Altisidore chez quel opérateur téléphonique elle est, et quand elle voudra connaître le mien, je lui dirai que nous sommes chez le même. J'aurai ainsi un minuscule passé commercial à lui offrir, car rien ne révèle autant notre passé et notre place dans le monde qu'une discussion sur notre compagnie de téléphone et la dernière promotion reçue, qui signifie que nous sommes ancrés dans le monde.

Ce qui nous ancre le plus sont les factures. Les compagnies d'électricité, de téléphone, de gaz, d'assurances aimeraient pour cette raison continuer d'envoyer des factures aux morts afin qu'ils ne partent pas, qu'ils demeurent parmi nous.

59

Altisidore a bondi hors du lit avec une énergie sauvage.

J'ai vu son corps nu traverser la chambre à toute vitesse et j'ai été submergé par une violente vague d'amour pour cette femme. J'ai également ressenti une fascination intense, la même qu'ont dû éprouver les premiers *Homo sapiens* face au lever du soleil ou au rugissement de la mer.

Son corps nu courait à vive allure dans la maison : musique, tout était musique, concentration, repli de la matière et de la vie. Altisidore était devenue ce que les physiciens appellent le Big Crunch.

Car son dos, son cul et ses bras en mouvement m'offraient une image nouvelle de son corps qui était pour moi une révélation, une explication générale du cosmos.

Je comprenais la vie.

J'ai songé à un arbre tout à coup capable de marcher.

60

Elle n'a pris qu'un café qu'elle a avalé à la hâte, en courant. Elle a en revanche eu le temps de se doucher, mais vite, toujours au pas de course. Elle devait aller ouvrir l'épicerie. C'est la première fois qu'elle occupe ma salle de bains, fait important à mes yeux, car elle a utilisé mon gel douche et mon shampoing. Qu'a-t-elle pensé en voyant les bouteilles de gel et de shampoing ? Ce ne sont pas de grandes marques, du liquide a séché autour du goulot, ce qui a dû lui déplaire et lui rappeler la vulgarité de l'existence, la pauvreté, l'humilité, l'humiliation, la tempête de la vie ordinaire, qui nous représente plutôt que la passion, la beauté ou l'érotisme.

L'érotisme se consolide dans le luxe.

Nous n'avons pas parlé.

J'ignore si elle devait aller ouvrir le magasin ou si elle préférait quitter les lieux rapidement. Elle n'a rien voulu manger, n'a pris qu'un café au lait en me disant qu'il était excellent.

Heureusement, j'avais acheté de jolies tasses neuves. Elle a bu son café dans une tasse bleue qui n'avait jamais servi. Le temps qu'elle l'avale, je me suis demandé ce qu'elle en pensait. Je suis sûr qu'elle l'a appréciée.

Après son départ j'ai gardé dans les mains la serviette avec laquelle elle s'était essuyée. Elle était légèrement humide, pas trop. J'ai senti la salle de bains, au cas où son odeur s'y serait attardée.

Je suis donc resté là, à serrer sa serviette et à palper l'humidité, une humidité créée par le corps de cette femme.

De cette femme merveilleuse que la vie m'amène sans que personne sache pourquoi. Le virus me l'a présentée, ce même virus qui répand la mort et l'humiliation dans le monde.

61

Rafael Puig m'a dit qu'Edurne, sa petite amie, avait une odeur subtile, spéciale, qui était celle de son parfum. Elle imprégnait sa peau en créant un univers propre autour de la jeune fille. Après leur rupture, il continuait de sentir partout cette fragrance, comme en proie à des hallucinations olfactives. Son odeur était un bouquet illuminant les choses. Dès qu'il la percevait il éprouvait une souffrance atroce à l'idée de l'avoir perdue, une impression de vide désespérant. Mais il a ajouté qu'à l'époque où ils sortaient ensemble, cette odeur lui faisait déjà mal. Elle l'avait toujours meurtri, c'était un mystère qui portait sans doute en lui l'impossibilité d'atteindre l'amour parfait, suggérée par cette senteur. L'odorat était selon Rafael un des sens les plus à même de nous révéler la vérité.

Il a donc souffert avant et après leur rupture. Des années plus tard, je m'aperçois que Rafael était un amoureux platonique. Comme moi. Des êtres bouleversés par l'au-delà que nous ne faisons qu'entrevoir, mais qui nous laisse brûlants d'émotion et par ailleurs insatisfaits.

Rafael m'a dit qu'Edurne était blonde. Autre mystère. Il était si épris d'elle que tout constituait une énigme. Comme ils ne sont arrivés à rien et qu'ils n'ont pas vécu ensemble, le mystère a tout envahi.

Montserrat est brune.

Montserrat ou Altisidore ?

Montserrat est brune.

Altisidore est faite d'obscurité.

Rafael était brun.

Je suis châtain.

Toutes les couleurs du monde.

62

Sans rêverie amoureuse la vie n'est rien et ne vaut pas la peine d'être vécue. Si on n'est pas amoureux, ne serait-ce que d'une illusion lointaine et irréelle, la vie ne sert à rien. C'est de ça, je crois, dont parle le roman de Cervantès. C'est ce qu'il nous dit. On a souvent minimisé l'amour que ressent don Quichotte pour Dulcinée, or le roman de Cervantès est aussi un roman d'amour.

Un roman d'amour. Ce sont les seuls qui comptent.

Les gens pensent que l'amour du Quichotte pour Dulcinée est une de ses dingueries. C'en est une, évidemment, mais grande et véritable. C'est une dinguerie géniale et merveilleuse.

La religion du Quichotte, c'est l'amour. Nous n'avons pas été fichus de comprendre que l'amour de don Quichotte pour Dulcinée est la seule vérité du roman de Cervantès, et nous ne l'avons pas compris parce que nous ne croyons plus à l'amour.

Je pratique toujours la religion de l'amour, une foi qui se matérialise à travers une couleur de cheveux, une main, une lèvre, les rayons du soleil éclairant un visage.

Je regarde la lumière entrer dans la maison, le plus beau spectacle de la vie auquel on puisse assister quand on commence à prendre de l'âge.

Ne rien demander de plus que cette lumière.

Je décèle une fusion nucléaire entre Altisidore et le soleil qui pénètre chez moi. C'est une matinée splendide. L'éclat du soleil rivalise avec le souvenir amoureux qu'Altisidore m'a laissé.

Les mains. Ses mains. Pourquoi sont-elles aussi jolies ? Pourquoi tant de joliesse dans ses mains ?

Les Baisers

Les mains d'Altisidore sont une utopie. Elles annoncent un avenir de fraternité universelle où la beauté et la vie se fonderont.

Mais voir ses mains m'exalte.

Rien que ses mains.

Je pourrais passer cent ans à les regarder.

La forme de ses ongles, leur présence arrondie, la brillance du vernis, l'harmonie entre cette brillance et sa peau, les phalanges qui soulèvent de l'air quand elles bougent, les veines où le sang coule en abondance, les muscles du dos de main, les tendons et les nerfs, les mains d'Altisidore sont une galaxie.

Les mains de cette femme me rendent fou. Rien que ses mains. Qu'y a-t-il dans les mains ? Que vois-je dans les mains ? La liberté. Comment peut-on voir la liberté dans des mains ?

Je vois des acrobaties, des danses, des obscénités.

Les mains sont ce qu'on touche en premier quand on va vers l'autre. La première côte.

63

Je me rappelle notre nuit d'amour, rien qui n'ait été plus beau. C'est du moins ce que je me plais à croire. Mais pourquoi a-t-elle pris la fuite ? Pourquoi est-elle partie comme une flèche ? Pense-t-elle à moi avec autant d'amour que moi quand je pense à elle ? Est-ce de l'amour ? De la simple reconnaissance ? Des paroles illusoires ?

Ni elle ni moi ne sommes jeunes.

Quel est mon âge véritable indépendamment de ce qu'indique ma carte d'identité ? C'est cet âge-là qui importe et non celui de mes papiers. L'âge qu'affirment mon âme, mon désir et ma volonté de tomber amoureux. Je n'ai jamais semblé vieux à Altisidore, j'en déduis donc que j'ai un âge spirituel digne d'amour.

64

Quand je pense à Marc, Altisidore s'évapore et Montserrat apparaît.

Marc deviendra grand, il aura un jour l'âge qu'a sa mère aujourd'hui et ne saura rien de notre idylle. Il ne saura pas davantage qu'un homme a donné à sa mère le prénom d'un personnage du roman de Cervantès. Je trouverais merveilleux que quelqu'un le lui dise.

Que quelqu'un lui dise : Pendant cette ancienne pandémie, en 2020 (tu ne peux pas t'en souvenir parce que tout le monde l'a oubliée), un homme est tombé amoureux de ta mère. Ils étaient confinés par hasard dans le même village, oui, le confinement consistait à empêcher les gens de sortir de chez eux parce que tout le monde avait peur d'un virus (entièrement d'accord, c'est inconcevable aujourd'hui), et la police se chargeait de faire respecter ces mesures (encore plus inconcevable à notre époque). Le fait est que cet homme a beaucoup aimé ta mère, il l'a aimée sur une très courte période, il voyait en elle des choses extraordinaires et c'est pour ça que je te raconte cette histoire. Pour que tu saches que quelqu'un a considéré ta mère comme un être exceptionnel, beau et bon. Il était fou d'elle au point de changer son prénom et de l'appeler Altisidore.

C'est une belle histoire, une histoire du passé. Je ne t'en parle que maintenant car elle ne causera plus de tort à personne, ta mère n'étant plus de ce monde. Alors j'ai pensé que ça t'intéresserait d'être au courant. Si ça avait été ma mère j'aurais apprécié qu'on me le dise.

Mais ce quelqu'un c'est moi, de nouveau.

Ce n'est que moi.

Encore et toujours moi.

Tous les humains se parlent à eux-mêmes, de sorte que nous sommes des entités solitaires engagées dans une conversation bigarrée livrée à l'intérieur de notre âme, si tant est que nous en ayons une.

Nous ne sommes pas si seuls pour une simple raison, c'est que nous ne portons guère de choses en nous.

Être seul, c'est avoir beaucoup de choses en soi.

On est moins seul en n'intériorisant que deux ou trois choses.

Tout dépend aussi du poids de ce qu'on porte en soi.

Certaines personnes n'ont qu'un kilo de pommes de terre.

D'autres ont toute la masse des montagnes, des mers, de la lune et des éléphants.

65

Je suis au supermarché, ganté et masqué de vert. Ce soir, Altisidore vient dîner et je veux lui faire quelque chose de bon. J'ai devant moi du poisson frais et je vois des vins blancs qui iraient très bien avec.

J'achète des darnes d'espadon qui ont un bel aspect et de grosses gambas rouges. J'en ai pour 16 euros.

Je vais ensuite au rayon vins et arrête mon choix sur un albariño, un Terras Gauda à 12,99 euros.

Je mets d'autres articles dans mon caddie : de l'eau minérale – c'est bon marché et volumineux –, de belles laitues – par chères non plus, et elles aussi occupent de l'espace – bien visibles, très appréciées de tous, lumineuses, d'un vert magnifique. Rien n'est plus réel au monde que le vert des salades.

Je fais la queue.

Le code-barre du Terras Gauda n'a pas été lu.

Je me dirige vers le parking on ne peut plus ravi. Aucune alarme n'a sonné, il ne s'est rien passé.

Le virus m'a transformé en tout petit délinquant. Je vole pour me sentir vivant, ne pas m'endormir dans la file d'attente aseptisée où il faut respecter des distances de deux mètres. Quand on vole on ne s'endort pas dans la queue, qui n'est plus ennuyeuse. On a le cœur battant. Ça vaut le coup rien que pour ça.

On ne ressent pas la tristesse pandémique.

On a le palpitant à mille à l'heure.

On est en vie.

Merci Narcisse, d'avoir fait de moi un délinquant. Modeste et discret, c'est vrai.

66

Altisidore et moi sommes en train de dîner.

Il est vingt et une heures.

Aujourd'hui j'ai dû applaudir seul à vingt heures car Altisidore ne pouvait pas venir avant. Je suis sorti devant la maison et j'ai applaudi. Tout le monde le fait. D'après ce qu'on dit à la télé, c'est une coutume qui s'est instaurée dans tous les pays de la planète. Ce soir, mes applaudissements ont légèrement changé de destinataires. C'est le nouvel angélus. Avant, il y a trois cents ans, les gens priaient.

Maintenant on applaudit.

Les destinataires standard de ces applaudissements sont selon les médias les soignants, les forces de sécurité et tous les groupes de personnes et de professionnels qui mettent leur vie en jeu pour protéger les autres. Les plus applaudis sont les soignants. Ils ont l'unanimité, comme de juste. Si tu n'applaudis pas, tu renies l'humanité. Mais ce soir, en ce qui me concerne, il s'est passé quelque chose d'étrange.

J'ai changé de destinataires. Je n'ai pas applaudi les infirmiers mais ce qui s'offrait à ma vue : un chemin vicinal, des arbustes, des arbres, la forêt, la brise, de la boue à côté du chemin, des oiseaux dans le ciel, les faibles lueurs de la fin de journée, l'air partout présent, quelques nuages erratiques.

Je me suis également mis à applaudir ma vieille voiture, ses roues, ses valves, le volant, le numéro de série, le liquide de freins, le vilebrequin, la boîte de vitesses et la reine de la solitude absolue, j'ai nommé la roue de secours, qui ne voit jamais la lumière, vit cachée dans une dimension différente de la nôtre, peut-être là où loge l'Obscurité.

J'ai applaudi la création du monde.

Je viens de raconter tout ça à Altisidore.

J'ai précisé que j'avais agi ainsi en son honneur, pour proclamer la grandeur de sa beauté.

Elle rit mais esquive mes propos grandiloquents pour me dire que mon espadon était délicieux et le Terras Gauda excellent.

Et elle bat des mains.

Tu applaudis qui ?

Toi.

Nous trinquons avant de nous embrasser. Des baisers destinés à éveiller le désir sexuel et qui partent à la recherche des régions lointaines habitées par les pensées de l'un et l'autre. Tels sont désormais nos baisers.

Nous nous aimons ?

Oui, répond-elle.

Tu me mens ?

Oui. Allez, donne-moi encore un peu de cet albariño volé.

Comment tu le sais ?

Tu as laissé le ticket de caisse sur la table. Tout ce que tu as acheté y figurait, sauf le vin. Ne t'inquiète pas, c'est simplement de la déformation professionnelle. Mais ne t'avise pas de piquer quoi que ce soit dans mon épicerie, je te le dis tout de suite, parce que j'ai horreur que mes comptes ne tombent pas juste à la fin de la semaine.

67

Altisidore s'apprête à lâcher une bombe atomique.

Ma mère est mourante, m'annonce-t-elle au petit-déjeuner, car aujourd'hui elle est restée dormir.

Le temps de lui préparer un café et deux croissants réchauffés à la poêle, elle a lâché ça.

Cette bombe atomique dont elle était informée hier soir, mais qu'elle a gardée pour elle pendant toutes les heures qu'elle a passées avec moi.

Comment a-t-elle pu ne rien dire ?

Elle vient d'être admise dans un hôpital de Santander, m'explique-t-elle. Elle vit dans cette ville avec mon frère. Il a trouvé un bon job dans une banque. C'est lui qui m'a appelée. Hier.

“Ce n'est pas la peine de venir. De toute façon tu ne pourrais pas la voir”, a précisé mon frère.

Je suis désolé, murmuré-je, mais je ne veux rien ajouter d'autre et surtout pas lui demander pourquoi elle ne m'a rien dit en arrivant. Je ne veux rien savoir, je ne peux lui proposer que mon silence, aussi profond qu'une marque de respect. J'observe son visage et j'y vois de l'inquiétude et de la culpabilité. Plus de culpabilité que de tristesse. Qu'elle ait gardé ça pour elle, qu'elle ne m'ait rien dit en franchissant ma porte me blesse, mais jamais au grand jamais je ne lui reprocherai quoi que ce soit. J'ai passé l'âge de faire des reproches. C'est fini. Terminé. Les reproches proviennent de l'ignorance et de la superstition.

Nous avons fait l'amour alors qu'elle avait ce secret au fond de son cœur. S'offrait-elle à moi en me donnant non seulement son corps, mais son cœur perclus de douleur ?

Ne m'a-t-elle rien dit parce qu'elle avait envie que le sexe réduise son chagrin en cendres ?

Tu veux beaucoup de café ? me contenté-je de souffler.

Elle ne s'est jamais étendue sur ses parents. Moi non plus sur les miens, mais il est vrai que ma mémoire s'amenuise. C'était parfait ainsi. Non qu'il y ait des choses à cacher, à se reprocher ou à oublier, mais simplement parce que le silence est parfois un espace d'honnêteté intime.

Nous avions décidé de n'évoquer que ce que nous avions envie de nous rappeler, de ne pas nous interroger, de laisser à chacun le choix de raconter ce qu'il désirait à l'autre.

Je croyais que c'était une forme de maturité : ne pas poser de questions à la personne aimée, aucune question, rien. Que la personne aimée ait la possibilité de confier ou non certains pans de sa vie. C'était une liberté qui permettait d'éviter que le passé ne rende le présent insignifiant. Oui, c'est de cela qu'il s'agissait : préserver le présent, reléguer le passé dans le passé. Une renaissance en quelque sorte. Pourtant c'est impossible : nul ne peut s'amputer de son passé et continuer de vivre, à moins qu'il ne souffre d'amnésie.

Je n'ai pas vu ma mère depuis des années, m'a-t-elle dit. Pour ne pas supporter cette fille qui est partie tôt et a mené sa vie loin d'elle, elle s'est livrée à un calcul très simple qui consistait à se concentrer uniquement sur un seul enfant. Et elle s'est focalisée sur mon frère.

Moi je ne pourrai jamais faire ça parce que je n'ai qu'un seul enfant. Marc.

J'interviens : Je ne pense pas que ça ait été simple pour ta mère. Elle eu cette réaction par désespoir.

À peine ai-je prononcé ces mots que je me rends compte que je suis allé trop loin.

Altisidore a fondu en larmes. Nous nous sommes assis devant la télé, et pour ne pas lui montrer que je voyais ses larmes, je suis allé préparer plus de café dans la cuisine. C'est tout juste si je ne rasais pas les murs.

Les tasses bleues éclairaient un peu mon regard. J'ai bien fait de les prendre bleues.

Elle avait les yeux tournés vers la fenêtre, le regard vague. Elle pleurait, inconsolable et nue, car elle n'avait pas enfoui son visage entre ses mains.

Elle pleurait comme une statue, c'est beau.

Elle était très jolie. Moi je ne savais pas quoi faire jusqu'à ce que j'aie l'idée de verser davantage de café dans nos tasses bleues.

Le silence s'est installé.

J'ai vu ensuite de la vapeur fragile et éphémère monter de sa tasse. Merci pour tout, je t'appelle, m'a-t-elle dit avant de prendre ses affaires et de partir. J'ai entendu l'Opel Astra rugir, mais je n'ai pas voulu sortir sous le porche pour la regarder s'éloigner.

J'ai allumé la télé afin de rompre le silence, puis j'ai débarrassé nos tasses.

68

Cela fait moins d'un quart d'heure qu'Altisidore est partie et je me mets à penser que notre amour n'est peut-être qu'un simulacre, une chimère. Car en Espagne et dans le monde entier, l'amour est avéré quand on s'achète un appartement ensemble et qu'on signe une hypothèque pour trente ans.

Le manque de détermination en amour a toujours été mon calvaire. L'amour est fait de détermination.

Comment savoir si nous sommes amoureux alors que ni elle ni moi n'avons acquis de logement ni même de voiture ensemble ?

Rafael Puig et moi n'étions pas non plus de vrais amis. C'était un mirage d'amitié. L'existence serait donc une suite de faux-semblants raisonnables et nécessaires pour échapper à l'horreur du vide absolu.

Des illusions, voilà tout.

En la matière, Cervantès remporte la palme *cum laude*. Invente n'importe quoi, mais débrouille-toi pour que la vie ne soit que passion, comme l'a été celle de ce pauvre malheureux appelé don Quichotte ; malheureux peut-être, mais il a mené une existence véhémente et unique, c'est en tout cas ce qu'il croyait, bercé d'illusions.

J'ai l'impression que Cervantès n'avait pas la moindre idée de ce qu'il écrivait : il se contredit, se mélange les pédales dans son histoire, particulièrement avec le baudet de Sancho. Il commet des tas d'oublis comparables aux miens. On remarque aussi un manque de détermination dans la volonté du pauvre Cervantès, comme la mienne, comme celle d'Altisidore quand elle laissera notre amour défaillir.

Le pauvre Cervantès était déjà vieux. Par moments j'arrive presque à le voir. Je l'imagine comme un grand déserteur, aimable et sans mémoire, qui ne cherche plus à entrer en conflit avec la vie, mais aspire à la paix et au refuge des ombres.

J'ai moi aussi cessé d'entrer en conflit avec l'existence, c'est bon pour les jeunes ou pour ceux qui convoitent des postes dans la hiérarchie du monde, bon pour les Narcisse.

Le vieux déserteur a consacré l'énergie qui lui restait à débroussailler la jungle psychologique de don Quichotte. Ensuite il n'avait plus la force de se relire pour s'assurer que tout était en ordre. Il n'avait pas d'ordinateur où faire une recherche du mot "baudet" afin de corriger ses incohérences. Avec un ordinateur, ça lui aurait pris cinquante minutes ou moins.

Il est facile de penser que Cervantès n'a pas existé, pourtant son roman est là pour nous démontrer le contraire. Comme ni Altisidore ni moi ne laisserons rien, on n'aura pas de mal à affirmer que nous n'avons jamais existé. Bon, il y a Marc, mais d'ici quelques dizaines d'années il aura oublié sa mère, de même qu'Altisidore a oublié la sienne.

Le plus drôle, c'est que les imperfections du roman de Cervantès ne nous importent guère. Aujourd'hui on publie des livres sans la moindre incohérence car toute une industrie se cache derrière : relecteurs et correcteurs professionnels, et cependant tout le monde se fout royalement de la perfection des intrigues et du style.

Si seulement l'imperfection de ma vie et celle de la vie des gens qui ont compté à mes yeux subissaient le même sort que le *Don Quichotte* de Cervantès ! Mais pour ça, il faut avoir du charme.

Altisidore en a. Elle au moins a du charme. Rafael Puig en avait lui aussi.

Je me ressers une tasse de café Illy, ravi de me dire qu'il est gratuit, et ça, ce n'est pas un simulacre.

Le vol est réel.

Les Baisers

Voler est un acte avéré. Aimer, un acte imaginaire.

Ces petits larcins sont une façon discrète de lutter pour clamer que j'existe. Si on me prenait la main dans le sac, on devrait écrire mon nom plusieurs fois, on me demanderait ma carte d'identité, on la scannerait et je deviendrais quelqu'un, j'aurais un miroir.

En revanche, si on me surprend en train d'aimer Altisidore, personne ne me réclamera mes papiers.

J'ai envie de retourner au supermarché.

69

Je me demande ce qu'ils sont devenus, tous les anciens camarades qui logeaient à l'Académie en 1981. Ils ont dû se marier, avoir des enfants, des promotions dans leur travail, et sont maintenant confinés dans leurs appartements. Je suppose qu'ils ont de beaux appartements, peut-être même des maisons.

Ils sont sans doute très bons dans le domaine qu'ils avaient autrefois choisi d'étudier.

L'un d'eux est peut-être mort.

Je vais faire des recherches sur Internet, je finirai bien par retrouver leur trace.

Je commence, je connais les deux patronymes de chacun d'eux. Je tape "Rafael Puig González", accompagné du mot "médecin". Tout un tas de profils apparaissent, mais pas un seul ne correspond. Je vais sur Facebook et Twitter, mais n'obtiens rien. Rien du tout.

Son second patronyme, González, n'aide guère pour approfondir mes recherches.

J'entre les noms d'autres amis de l'Académie. "Santiago Cáceres", "José Luis Otín", "Marcos Ridruejo", "Pedro Medina", "Armando Cañal", "Lucas Velasco". Rien qui les concerne sur le Net. Une chose est sûre, c'est qu'aucun de ces étudiants n'a accédé à la célébrité. Aucun non plus n'est sur les réseaux sociaux.

Où sont-ils ?

Aucun n'a donc triomphé. Ils ne sont devenus ni ministres, ni secrétaires d'État, ni scientifiques, ni artistes, ni intellectuels, ni professeurs d'université, ni directeurs généraux, ni de grands chefs d'entreprise.

Rien.

Est-il possible que ces noms soient une fiction ? Ou que je ne me les rappelle pas avec exactitude ? Que je me souvienne d'un Otín qui était en réalité un Ruiz ; d'un Velasco qui s'appelait Blasco ou d'un Medina nommé Cortina dans la vraie vie ?

La mémoire remet en question les objets et les personnes. L'amnésie et la dégénérescence neuronale altèrent le vécu et le transforment à l'infini, d'une manière incontrôlable qui est à la fois une fille de la vie et une bâtarde de l'Obscurité.

"Incapacité de stocker l'information", disait mon médecin dans son rapport. Mais c'est absurde. Le verbe "stocker" est triste, à croire que mon esprit est un grand entrepôt, ce qui est pourtant appréciable. Je préfère me considérer comme le maître des Entrepôts Universels du Temps, de la Vie et de l'Amour, un important chef d'entreprise qui subit de grosses pertes d'argent de plus en plus sévères et prononcées d'année en année.

Je suppose que si mes amis me cherchaient, ils essuieraient le même revers et ne me trouveraient pas. Pourtant en 1981 nous étions tous solides, nous avions une force corporelle extraordinaire et notre présence ne laissait planer aucun doute. Et nous avions une excellente mémoire, alors qu'aujourd'hui j'ai l'impression d'avoir tout inventé.

Je surfe sur Internet, à la recherche de mes camarades, et tombe par hasard sur un fait étrange en quelque sorte lié à ma quête nostalgique : dans un journal numérique sont publiées des photos de cercueils en carton. La plupart des morts étant incinérés, ce matériau est préférable, explique-t-on. Il s'agit d'un carton dur fabriqué par une entreprise chinoise et exporté en Espagne et en Europe. Ces cercueils sont moins chers et ont le même usage que ceux en bois, sans compter qu'ils sont moins polluants. Ils ne comportent pas de motifs religieux ou autres, païens ou personnels, si bien qu'on peut les personnaliser.

Qu'on puisse personnaliser un cercueil me semble une progression morale.

Le temps viendra où les morts pourront choisir les décorations de leurs cercueils. Certains opteront pour le visage d'Elvis Presley, d'autres pour celui de Che Guevara. Ce sera beau dans la mesure où un symbole de vie et non celui d'une religion perdurera. Comment était le cercueil de don Quichotte ? Cervantès ne le décrit pas et ne décrit pas davantage son enterrement.

Si seulement on pouvait aussi personnaliser sa mémoire !

Pourtant je me rends compte qu'un cercueil en carton ne représente guère l'idée de la mort, contrairement à ceux en bois. Un cercueil en bois de peuplier coûte dans les 2 500 euros, mais il peut monter jusqu'à 3 000 euros si on inclut les frais de port.

On trouve des cercueils en bois écologique à partir de 1 500 euros.

Puis viennent les cercueils haut de gamme, qui sont en général en bois massif, bois de cèdre aux poignées en bronze. Ceux-là dépassent les 3 000 euros.

J'ai payé le cercueil de ma mère en pesetas. Celui de mon père a été financé par ma mère, et il me semble qu'elle n'en a jamais parlé. Qui paiera le mien si je n'ai personne à mes côtés ? Altisidore ? Deviendrai-je un nouveau Francisco dans sa vie ? Francisco a eu de la chance dans son malheur, il a reçu un appel d'Altisidore. Je crains que dans vingt ans ce soit moi qui doive lui téléphoner.

Je lui dirai : Salut Montserrat, tu te souviens de moi ?

Le carton ne traduit guère l'idée de fin absolue, une boîte en carton invitant plutôt au stockage.

Je ne crois pas que les cercueils en carton aient du succès, ils rappellent trop les boîtes de rangement qu'on a chez soi. On ne les associe pas à la corruption de la chair. Ils possèdent la légèreté propre aux objets design aériens et mobiles, voire portatifs. Sans oublier qu'on peut ajouter une touche de frivolité.

Et elle me répondra : Je ne t'ai jamais oublié, je t'aime autant qu'il y a vingt ans.

Alors je raccrocherai.

Et vingt autres années passeront sans le moindre appel, puis vingt autres encore, et ce pendant deux mille ans au cours desquels il n'y aura plus le moindre appel.

70

J'ouvre ma boîte mail et découvre un courrier de Francisco réexpédié par Altisidore. Elle n'a pas effacé l'adresse. Il s'appelle Francisco Salvatierra. franciscosalvatierra1969. Je songe au nombre de Francisco Salvatierra qu'il y a dans le monde. Nos noms se répètent et paraissent liés à l'Obscurité.

Je suppose que 1969 est sa date de naissance.

Les gens deviennent des individus grâce à une date située dans le temps, dans l'immensité du temps.

Je lis son mail.

Chère Montserrat,

Je n'ai presque plus de forces et je dicte de ma voix faible ce mail à une infirmière très gentille et très sympathique. Elle est en train de rire en ce moment, je lui demande de l'écrire. Je voudrais que tu saches qu'il y a des gens vraiment gentils. C'est le cas de cette dame, qui s'appelle Puri. Purificación Castillo. Elle m'a soutenu comme une sœur. Elle refuse d'écrire ça, mais j'insiste, alors elle le fait.

Montserrat, il y a quelques jours ton appel m'a causé une immense surprise, comme un gros coup de chance, comme si la vie m'apportait quelque chose que je n'attendais plus.

Ça ne devrait peut-être pas être ainsi, mais je vais mourir en pensant que tu es l'amour de ma vie, la seule personne que j'aie vraiment aimée. Ces jours-ci, à l'hôpital, j'imaginais toute la journée comment aurait été notre vie ensemble, puis je ne sais pas ce qui s'est passé, mais j'ai commencé à voir cette vie, ou plutôt à m'en souvenir. On ne peut pas toucher les souvenirs, pourtant on les voit.

Puri me dit maintenant qu'elle ne comprend pas pourquoi je suis aussi pessimiste, aussi dramatique. Je lui demande d'écrire ça aussi. Elle a la larme à l'œil, je lui demande de la retenir.

Puri, ce serait bien que je sois simplement dramatique, que la fin ne soit pas proche comme me l'ont dit tes chefs, qui sont francs du collier, mais ne t'inquiète pas. Il est plus difficile d'admettre une situation quand autour de toi on s'acharne à la dissimuler au nom d'une soi-disant humanité, qui au bout du compte ne sert à rien. Ne le prends pas mal, Puri.

Tu sais, Montserrat, ton appel m'a attendri au plus haut point. Je pensais à ta penderie : je regardais tes vêtements, tes chemisiers, tes jupes, tes chaussures, et j'étais mort de tendresse. Je crois que quand un homme est bouleversé par ce genre de choses, c'est que l'esprit de sa mère commence à sortir de son inconscient. Nous, les hommes, nous sommes des victimes amoureuses de leurs mères. Toujours. Je pensais aux voyages qu'on a faits tous les deux et à tes capacités de me comprendre.

Personne ne m'a aussi bien compris que toi, et sachant cela, sachant que tu savais ce qui se passait en moi, ma solitude disparaissait. Je sais donc que je ne suis pas seul.

Toutes nos années de mariage ont été les plus belles de ma vie parce que tu étais là et que tu apportais de la lumière dans nos existences.

Puri me regarde d'un air perplexe, irrité. Oui, Puri, j'ai inventé ce mariage parce que ça m'aide. Je sais bien que Montserrat et moi on n'a jamais été mariés.

Puri me répond en souriant qu'elle comprend. Son expression est de nouveau pleine d'amabilité. Elle dit que tout cela est très beau.

Merci, Montserrat, merci mon amour. Tu as toujours pensé à moi, tu avais une haute opinion de moi, de mon humanité, de ma dignité, de mon honnêteté. Tu avais confiance en moi et tu m'as soutenu dans tout ce que j'ai entrepris.

Quand je m'installais au salon après le repas, tu étais là.

Quand j'avais des angoisses la nuit, tu me prenais la main.

Quand nous regardions la pluie, elle nous emplissait le cœur de lumière.

Nos âmes étaient en paix.

C'est pourquoi même si tu n'es pas avec moi dans cette mauvaise passe, je partirai avec des souvenirs purs.

Puri pleure, mon amour la fait pleurer. Je voulais te dire cette grande vérité : à nous qui sommes en train de mourir, la nature accorde le don d'assimiler ce qui a été à ce qui aurait pu être.

Notre amour a existé.

Je t'aime.

Prends soin de notre fils.

FRANCISCO

71

Montserrat (elle a cessé d'être Altisidore dans la lettre de Francisco, ou disons plutôt qu'elle a été Altisidore pour un homme à l'agonie au lieu de l'être pour moi) n'aurait pas dû me réexpédier ce mail. Elle m'a fait éprouver un sentiment qui s'apparentait à de la jalousie, j'étais jaloux de ce mourant qui quitte ce monde en paix après avoir percé un secret qui me concerne sans que je sache très bien pourquoi : le nivellement entre ce qui a été et ce qui aurait pu être.

La lettre l'explique : le mourant a le don de fusionner avec ce qui a été et ce qui aurait pu être, car au moment de sa mort il assiste à la disparition de tout ce qu'il a été.

Ce sont des dons d'agonisants, soit aujourd'hui près de trois cent mille personnes au monde. Étranges cadeaux du virus ou peut-être de l'Obscurité, parce que pour accéder à ce secret il faut mourir du virus, qui interdit aux familles de venir dire adieu à leurs proches.

Telle est la clé : ne pas être entouré des siens.

Quel que soit l'instant qu'il vit, l'humain est tenu d'y déceler de la beauté et un sens. Plus de beauté que de sens, bien qu'en vérité la beauté soit le sens. Avant le big bang elle était une idée, puis cette idée s'est changée en matière.

Quoi qu'il arrive, l'homme doit respecter cette obligation. Qu'il se trouve dans un camp de concentration de l'Allemagne hitlérienne, pris dans une pandémie, une guerre ou victime d'une injustice, il doit rester humain alors que l'adversité suprême exige qu'il renonce à son humanité.

Avoir eu une épouse, des enfants, des amis, des petits-enfants, une famille, des frères et sœurs, des neveux, et mourir dans un lit d'hôpital à côté d'un infirmier au visage indéchiffrable peut déclencher un délire, des vues de l'esprit, des hallucinations, des plans alternatifs et une confusion entre ce qui a été et ce qui aurait pu être. Cela me semble une mort digne dans la mesure où elle implique un dépouillement, une nudité primitive, radicale.

La lettre de Francisco donne l'impression d'avoir été dictée par un illuminé, un fou. Un de plus, un des nombreux camarades de don Quichotte.

Dans ces cerveaux mourants et déréglés brûle le mystère de la vie. Ils se rappellent des faits survenus cinquante ans auparavant s'ils sont âgés de quatre-vingts ans, ou soixante ans s'ils sont nonagénaires. Leurs souvenirs affluent, ils ont envie de retrouver le temps de leur jeunesse, le temps de toutes les initiatives, le temps de l'action sur la vie et l'existence.

Je veux mourir ainsi.

Je veux mourir en enlaçant la mort si fort que la vie se fâchera contre moi pour l'éternité.

72

Je m'aperçois qu'une ampoule a grillé dans la salle de bains. C'est ce qui s'est passé, elle a grillé. J'envoie un WhatsApp à Altisidore pour lui demander si elle vend des ampoules. Pourquoi cette précipitation ?

Cette ampoule qui ne fonctionne plus dans la salle de bains rompt l'harmonie du monde. Je suis comme ça, je l'ai été toute ma vie, même si la mémoire me fait défaut, hormis pour les événements lointains, comme l'enterrement de ma mère, qui a été traumatisant car j'ai alors pris conscience que nous n'avions pas de famille, pas d'oncles ni de cousins. Seuls sont venus les voisins du premier étage, ce qui m'a permis d'oublier tout cela plus vite. Pío Santos, le voisin s'appelait ainsi, c'est le nom qui était affiché sur sa boîte à lettres, et il était marié à Charo. Pío et Charo m'ont aidé à m'acquitter des formalités et à faire la déclaration au commissariat.

J'ignore ce qu'ils sont devenus ensuite, je les ai perdus de vue.

Charo me prenait parfois par la main.

S'ils sont encore en vie, ils doivent avoir quatre-vingt-dix ans, mais ils sont sûrement morts. Ils n'avaient pas d'enfants, c'est pourquoi ils s'étaient pris d'affection pour moi. J'étais un miroir pour leur couple, ils voyaient en moi une possibilité que l'existence ne leur avait pas donnée. La civilisation ne crée en premier lieu ni la culture, ni la richesse économique ou le progrès matériel, mais la certitude qu'on existe, dont découle tout le reste. Elle crée de la réalité. Des miroirs. J'ai été le miroir de ce couple perdu dans mes souvenirs.

Quand on meurt, la civilisation ne peut plus nous terroriser. Je veux vivre la disparition de l'effroi comme les Français ont vécu la libération de Paris au mois d'août 1944.

Quand on n'obéit pas, on est promis à l'abîme, à la maladie, à la mort.

Mais quand on va bientôt mourir, c'est la liberté.

Et si en vérité tout résultait d'un manque de connaissances, d'une terrible ignorance scientifique, parce que l'adoration de la science est une forme de foi, une autre superstition ? On lutte parfois contre la présence de l'Obscurité en ayant recours aux superstitions.

Du temps de Cervantès, on était convaincu de l'existence de la vie éternelle. Maintenant nous avons d'autres convictions, mais nous nous y accrochons avec la même obstination, sans doute plus sophistiquée en ce printemps 2020, plus évoluée, plus assainie d'un point de vue historique.

Assainie et nettoyée, telle est la superstition actuelle. Assainie et nettoyée comme l'ont été un jour la religion catholique ou le polythéisme antique.

Nous pensions que la science ne faisait intervenir aucune superstition, pourtant elle s'édifie sur le langage humain, qui en est une.

Il faut remercier le hasard quand il nous permet d'admirer les grands spectacles de l'Histoire : guerres, assassinats, révolutions, pandémies, magnicides, holocaustes, croyances.

Alors que tout est essentiellement faux, la lettre de Francisco à Altisidore est vraie.

Nous redoutons tous de perdre la vie, mais la peur que je ressens est pire encore : j'ai peur de ne pas savoir si je ne l'ai pas déjà perdue, peur d'un trou de mémoire radical. Mais nous devons tous mourir un jour, m'a dit Pío ce fameux matin, dans le funérarium au bord de la M-30. Les morts peuvent oublier qu'ils ne sont plus de ce monde et croire qu'ils sont toujours vivants. C'est ce qui arrive aux quarante-sept millions d'Espagnols confinés : nous nous croyons vivants, mais les rouages complexes du mécanisme qui nous permettent d'affirmer que nous le sommes sont sociaux et donc inopérants.

La question qui se fraie un passage parmi les ombres est la suivante : c'est quoi un être vivant ? Et il y en a une autre, plus morale, plus simple et plus terrifiante : que sont devenus Pío et Charo ? Pourquoi n'ai-je pas entretenu notre relation puisqu'ils m'aimaient et qu'ils étaient gentils ? Pourquoi ne suis-je jamais allé les voir ? Pourquoi ne les ai-je pas aimés alors qu'ils m'aimaient ? Pourquoi se rappellent-ils aujourd'hui à mon souvenir ?

Charo avait de belles mains avec de longs doigts aux ongles vernis. Je comprends à présent mon idéal de mains : grandes, avec des doigts de pianiste et des ongles larges, un signe de noblesse, de légitimité.

La légitimité de quoi ?

De la beauté, encore et toujours.

On nous fait vivre sans beauté et nous pleurons dans les ruelles.

Sans beauté, bien nourris, avec tout un assortiment d'antibiotiques, de nombreux médecins, beaucoup d'écoles publiques mais sans beauté, sans une once de beauté nulle part.

À l'époque la main de Charo était belle.

73

Pour me sentir vivant je n'ai rien trouvé de mieux que de retourner au supermarché et d'essayer de voler quelque chose d'une certaine valeur. Cela crée une tension nerveuse dans laquelle s'opère un retour à la vie. Je suis sûr de ne pas être le seul à voler. Je suis devenu un véritable kleptomane. Je suppose qu'il faut ajouter cette manie à mon mutisme, mon anxiété et mon amnésie. J'ai envie d'appeler mon neurologue, qui ne se rappelle sans doute plus de moi.

Je ne suis pas le traitement que les médecins m'ont prescrit. Je n'ai même pas apporté mes médicaments, que j'ai laissés à Madrid. C'est préférable. Altisidore ne risque pas de les découvrir par hasard dans un tiroir, un placard, sur la table ou dans la salle de bains. Le cachet le plus important avait comme effet secondaire des troubles de l'érection, et un autre entraînait la quasi-impossibilité d'avoir un orgasme. Quand j'ai lu les notices, j'ai compris que l'Obscurité avait réussi à s'insinuer dans la prose des grandes firmes pharmaceutiques du monde. Le neurologue ne m'a même pas prévenu. Il devait penser que ce n'était pas nécessaire, ce qui me semble un manque de respect méprisable, à croire qu'en tant que citoyen je n'ai plus de droits érotiques.

Des citoyens qui ont le droit de vote et aucun droit sexuel. Carrez-vous donc votre droit de vote là où je pense et rendez-moi mon érection, telle serait ma devise.

Le seul moyen de me venger consiste donc à voler deux oranges, quelques poires et des pommes, des larcins somme toute banals mais qui ressemblent à des vols médiévaux et s'harmonisent avec ce qui vient de nous tomber dessus : le Moyen-Âge.

Pour bien comprendre le Moyen-Âge, pour le vivre intensément, il ne nous manque plus qu'à voler des fruits, des pommes de terre et de la viande dans les supermarchés.

Pour me sentir vivant j'ai une meilleure idée : me rappeler comment nous avons fait l'amour, Altisidore et moi, mais ça m'est douloureux sans que je veuille l'admettre. Le sexe est fait de connaissances et aussi d'échecs. Celui qui a voulu le transformer en plaisir et en jeu lui a tranché la tête et ses plus jolis membres. Le sexe est un tunnel obscur au bout duquel résonnent les cris des bêtes.

Le sexe est fait de connaissances et d'effondrement, d'holocaustes et d'abominations, d'effroi et de lumière, de visions d'arbres chamboulés – la cime à la place des racines et les racines à la place de la cime –, de destitution, de faim, de dégoût, de pouvoir, d'ombre, de fécondation, de joie, de stupidité, de détérioration des capacités de la mémoire, de liturgies sans apparats, de langues ne prononçant plus les syllabes, de salles de châteaux où des hommes et des femmes ont été pendus aux lustres.

Ce n'est pas du plaisir.

Ce n'est pas un jeu.

C'est la croix, le fouet, la colère et l'espoir.

Le sexe est vert.

Il n'est pas rouge, mais vert.

Quelqu'un a dit ceci : "Vert, que je t'aime, vert." C'est ça le sexe.

Mais en fin de compte la reine du sexe est l'Obscurité.

Nous étions tous les deux nus sur le lit, main dans la main, pourtant les pensées d'Altisidore étaient celles d'Altisidore et mes pensées les miennes.

Nous n'étions pas parvenus à la fusion totale.

Nos solitudes allaient perdurer.

Si nous avions été mariés, nous aurions commencé à parler

des notes de nos enfants, nous nous serions demandé s'il fallait changer de voiture ou si nous mangerions une paella le dimanche.

Au lieu de quoi nous avons gardé le silence.

74

Je marche dans les allées du supermarché, mon masque sur le nez, et d'autres humains ou plutôt des zombies font comme moi, sauf que pour ma part j'utilise le même tous les jours. Je n'en change pas. À quoi bon ? Parce qu'au plus profond de mon être il est écrit que le virus ne peut rien contre moi, je le sais, il ne me touchera pas.

Pourquoi cette certitude ?

Parce que je suis amoureux, voilà, amoureux fou d'Altisidore. C'est la plus petite preuve de foi que puisse exiger la passion. Si les chefs religieux possédaient cette foi minime, Dieu aurait peut-être encore une chance, mais ce n'est pas le cas. Moi j'ai la chance que mon amour existe au travers de cette foi qui m'immunise contre tout. J'aime des mains qui sont partout, des mains qui sont des nuages, des pastèques, des arbres, des mots, de l'air. Les mains d'Altisidore ne sont pas celles de mon Altisidore car elle n'est pas à moi et ne s'appartient pas davantage. Altisidore est un état de beauté qui n'appartient à personne, pas même à la nature.

À qui appartiennent le soleil ou la totalité de l'univers ?

Telle est Altisidore. Une permanence, une présence sans maître.

Les gens achètent du riz, des pâtes, du sucre, du café, de la viande, du poulet. Qu'elles sont tristes, les barquettes de poulet ! Nous ne nous voyons pas tels que nous sommes, des dévorateurs d'animaux élevés en masse, des dévorateurs de viande de poulet qui n'est même plus de la chair de poulet mais de pomme de terre.

Les poulets que nous mangeons ne sont pas réels, ils n'ont pas vécu, ils sont une sorte de colle d'amidon faite avec de la pomme de terre et du riz, mais surtout de la pomme de terre.

La fin de l'alimentation mondiale sera la conversion de tous les aliments en purée de pomme de terre.

Nous nous approchons de la pomme de terre comme seul langage compréhensible, comme le chinois ou l'anglais. La pomme de terre et sa transformation politique en aliment (il faudrait aussi ajouter le sucre) font partie des fondements de la réalité.

Le sucre est encore moins cher que la pomme de terre. Nous pourrions alimenter des millions d'individus avec du sucre et des pommes de terre.

Pour et contre cela, je prie dans les allées. Je chante une psalmodie : Donne-moi de l'amour pour que j'oublie ce monde composé de sucre et de pommes de terre. Et je dis ma prière : J'ai touché sa jambe, ses lèvres étaient humides, c'est du moins ce qu'il m'a semblé, son visage s'est métamorphosé, le changement d'un visage en un autre, c'est bien cela qui est arrivé ?

C'est ce qui nous est arrivé, à Altisidore et à moi ?

Les visages évoluent : le regard change, les pommettes sont de pierre et cessent d'être de chair, l'esprit se pétrifie également, les pensées se changent en douleur.

Et j'ai vu son bateau, la grande embarcation qu'elle a là, au bas du ventre, un navire, un vaisseau qui sillonne les mers.

Tu veux que je m'épile ?

Je ne sais pas.

Si seulement je le savais.

Il ne sait pas, le fou de la beauté ne le sait pas ! s'est exclamée Altisidore.

Je ne sais pas. Peut-être les deux.

75

Me rappeler sans cesse le moment où nous nous sommes pris la main me paralyse, me réjouit et m'obsède, et je me demande qui a fait le premier pas, Altisidore ou moi, je sais que c'est elle mais j'aime évoquer cette image car je crois qu'après avoir épuisé tous les sujets de conversation anodins et circonstanciels, l'instant où l'un des deux décide de prendre la main de l'autre est décisif, si important qu'on a tendance à l'oublier parce que nous vivons dans un monde où on nous dit que cela ne compte pas, que l'instant décisif est différent, par exemple quand on décroche un emploi, qu'on reçoit un prix ou qu'on achète un appartement. Ce genre de choses.

Ma main allait à la rencontre de celle d'Altisidore avec crainte. Et pourtant c'est elle qui a agi la première, oui, elle. Elle a pris ma main. Quand l'amour commence-t-il ? Les gens l'oublient. J'ai la mémoire qui flanche. Il est injuste qu'il en soit ainsi, qu'un seul décide d'entreprendre le voyage d'une main vers une autre main. Cela devrait être un acte partagé à cinquante pour cent afin qu'il soit plus beau et non contaminé par les normes des conventions amoureuses.

J'aimerais maintenant oublier que c'est elle qui a osé et me dire que c'est moi.

Penser que nous avons agi de concert.

Créer une mathématique démente de la volonté de toucher l'autre. Quand le désir de toucher l'autre envahit et dévore ton esprit, c'est le début du rite de la vie.

Quand ce désir colonise ton esprit, c'est le début de la douleur.

76

J'aimerais vivre la plus belle histoire d'amour qui soit, or je suis offusqué parce que je suis vieux ou que je me sens vieux. Le temps de l'amour n'est peut-être que celui de la jeunesse. C'est impossible, les idylles existent forcément au seuil de la soixantaine, qu'il en soit autrement serait une injustice. Et pourtant les insultes fusent autour des sexagénaires amoureux, et la pire des offenses consiste à penser que, comme les quinquagénaires, ils n'ont plus droit aux amours héroïques.

On nous humilie.

On nous insulte.

On nous voit comme les reliefs d'une fête.

Personne n'a cru à l'amour du quinqua don Quichotte pour Dulcinée, hormis Cervantès, qui était un autre quinqua avant d'écrire son roman à soixante ans. Car le *Quichotte* est le roman d'un amour pour une femme.

Chez moi j'avance dans la lecture de ce livre de Cervantès. Le soleil entre dans la maison pendant que je lis. Hier il a plu mais aujourd'hui il fait beau. Cervantès a lui aussi vécu cela, l'alternance inattendue du temps de même que celle du succès et de l'échec. Le mystère du grand roman de Cervantès est son succès. Le succès est toujours mystérieux. Mais la plus grande réussite, c'est la vie, qui reste un mystère. L'univers est également une réussite.

Les mers, les montagnes sont une réussite.

Il y a dans le *Quichotte* des pages presque soporifiques, illisibles, abstruses, surtout dans la première partie, consacrée à raconter les histoires de tout un tas de gens aux noms ronflants. C'est le cas d'un certain Cardenio, d'un certain don Ferdinand, d'une certaine Lucinde, de Dorothée. On y retrace aussi l'histoire du captif, de cet idiot d'Anselme, et il est vrai que les idiots rasoirs ne manquent pas dans le roman. Je pense que le Covid-19 doit avoir des composants similaires : un tas de matériel génétique ou biologique ennuyeux et inutile, infatué et creux, et pourtant il remporte un succès universel, à l'image de *Don Quichotte*, qui a été et demeure un succès planétaire alors qu'il comprend des parties incompréhensibles et répétitives, comme le virus.

L'histoire du virus pourrait donc être la suivante : “En un lieu de Chine, du nom duquel je ne me veux souvenir, il n'y a pas longtemps, demeurait un virus de ceux qui sont à l'origine de pandémies et mènent à l'hôpital, qui sèment une mort ancienne et dont la maigre couronne est la cause d'une pneumonie galopante.”

Succès et vie sont pareils.

Il est des choses totalement absurdes dans le succès de la terre, pour ne nommer que les déserts et les moustiques, ou encore les pépins de raisin, les arêtes de poisson, les troubles de l'érection ou la sécheresse vaginale.

Tout est semblable à ce qui survient dans le *Quichotte*.

Des pages imbitables deviennent des succès monumentaux, telle est la vie. Des jours imbitables dans une passion tempétueuse.

Le sexe est lui aussi un concentré de réussite.

Le sexe est le succès.

Un succès phénoménal.

Le succès du sexe a pour surnom l'érotisme.

De même que don Quichotte a été surnommé le chevalier à la Triste Figure.

77

Le présent ne nous suffit pas. Altisidore m'a confié de nombreux détails de sa vie mais je ne les vois pas, ou alors je les vois flous. Le passé est flou. J'ai besoin de percevoir ces éléments dans la grande étreinte que je lui donne et dans celle qu'elle me donne, celle que nous nous donnons.

Je ne l'ai pas connue enfant.

Je ne l'ai pas connue adolescente.

Je ne l'ai pas connue jeune femme.

Je ne l'ai pas connue quand elle avait la trentaine.

Je la connais maintenant, en pleine maturité, alors qu'elle s'achemine vers la cinquantaine, l'âge où le passé s'adresse à nous comme le ferait un père, une mère ou un dieu.

Au seuil de la cinquantaine, Altisidore répand une pluie sombre qui tombe de son corps et me fait comprendre rien qu'en la voyant que j'atteins la plénitude et la consolation. Sa beauté efface l'égoïsme du monde.

Elle n'a pas cinquante ans mais quarante-cinq.

Elle m'a peut-être menti et a en réalité quarante-huit ans.

Ou quarante-six.

Cette précision est vraiment nécessaire.

Parce que je peux être présent dans ce cheminement : la voir aller de quarante-cinq à cinquante ans. C'est sans doute suffisant.

Sa peau est sombre, sombres sont ses cheveux et sombres ses yeux, et dans cette obscurité vit son âme, qui n'est ni noire ni lumineuse, mais seulement l'âme qui erre face à moi, sans forme ni couleur.

Ses jambes contiennent une macération d'os et de sang ; elles ont marché avant que je les contemple et que je les touche ; elles sont dissociées de toute beauté physique, installées dans un espace où l'âge est un ornement divin.

Sa chevelure longue et noire est la promesse d'un voyage jusqu'à la fin de la vie.

Elle représente la joie, a un lien symbolique avec la mer, les vagues, le monde liquide. Telle est sa chevelure : elle s'étale sans en avoir conscience.

Ses lèvres sont des bateaux, donc une joie. Des bateaux qui se dirigent vers moi, qui voient en moi un port, une plage, une terre désirée.

Sa bouche est le palais de la maturité.

Sa maternité un mystère.

Son fils Marc est mon adversaire.

Je respecte son sexe et elle le mien. Mais qu'est-ce que ça signifie ? Nous l'ignorons. Une certaine pudeur nous vient en aide, nous secourt, nous protège.

Épouse-moi. Deux mots que je ne prononce pas mais que je pense. Pourquoi ? Deux mots qui frisent le ridicule aujourd'hui, mais ce sont les deux seuls qui nous permettent de transformer le sexe en force humaine et les poissons fuyants en une montagne solide au-dessus de la mer.

Je m'imagine lui téléphoner.

Et lui dire : Je t'aime, je veux que tu m'épouses.

Et elle répond : Un amour éternel, c'est ce que tu me demandes ?

Je dis : Oui.

Elle dit : Je veux bien t'épouser.

Mais je n'ose pas. Ça ne se passerait pas ainsi et j'ai peur que sa réponse soit : "Avant il faut qu'on parle de mon fils, il faut qu'on parle de beaucoup de choses, de comment et où on va vivre, de l'homme que tu es vraiment et de la femme que je suis pour toi."

78

On ne fait pas l'amour en public, dit Altisidore en se dégageant de mon étreinte.

On n'en est pas capables.

Assise à demi nue sur le lit, elle poursuit : Même ici, dans cette maison isolée, tu tires les rideaux quand on se déshabille, et il est vrai que tu le fais avec tendresse, en caressant presque les rideaux, au cas où quelqu'un nous verrait, mais j'aimerais bien que tu me dises de qui on se cache. Qu'y a-t-il donc dans l'acte amoureux qui nous oblige à nous cacher ? On le fait sans réfléchir, machinalement, mais on le fait quand même, et c'est sans doute le geste qui nous rapproche le plus de nos ancêtres, de nos parents, nos grands-parents, nos arrière-grands-parents et arrière-arrière-grands-parents. On ne se gêne pas pour manger devant les autres ; en ça les restaurants ont été et restent une grande invention, on va ensemble au cinéma ou au théâtre, les riches vont à l'opéra, mais pour forniquer on se cache. Qu'est-ce que ça veut dire ? Que la fornication est laide ? Pourquoi on fait l'amour dans des chambres fermées, les rideaux tirés ? Il y a forcément une explication et j'ai bien peur qu'elle soit négative. Le mot "forniquer" est d'ailleurs ridicule en soi.

Cela veut dire que l'acte amoureux met notre morale à nu. J'affirme ça d'un ton présomptueux que je me reproche, car plus encore que présomptueux, mes propos sont pédants.

On a peur que les autres nous entendent, déclare Altisidore d'un air sombre. Ou qu'ils voient nos visages changer pendant l'acte. C'est sûrement ça. C'est particulièrement vrai pour les femmes, comme toujours, parce que la métamorphose du visage de l'homme est salutaire, puissante, alors que celle de la femme est une preuve de vulnérabilité, de soumission et même d'humiliation consentie.

Arrête, lui dis-je. Ça me rend triste.

Moi aussi.

Tu veux qu'on aille faire l'amour dans la forêt ?

Oui. Au moins les étoiles nous verront.

Et les arbres aussi, oui. Qu'ils nous regardent !

79

Je me souviens d'une nuit de mai 1981. Il devait être quatre heures, je n'arrivais pas à dormir, j'avais un examen important et j'étais terrifié. Je me tournais et me retournais dans mon lit depuis une demi-heure, j'avais étudié jusqu'à trois heures trente.

J'étais tétanisé.

Tétanisé à l'idée d'échouer, d'être recalé dans cette matière, de rater ma vie, de mourir.

Je suis descendu dans la chambre de Rafael.

Comme toujours, un rai de lumière filtrait par la rainure de la porte. Ce mince filet de lumière me donnait de l'espoir.

Rafael était disponible.

J'ai frappé doucement, je ne voulais pas le déranger.

Entre, m'a-t-il répondu.

Je t'attendais, a-t-il précisé en me voyant.

J'étais un peu gêné qu'il ait anticipé ma venue.

Tu as un examen compliqué et tu as peur, a-t-il enchaîné. Il ne faut pas avoir peur des examens. Je vais te dire une chose : je te vois tel que tu es vraiment, tu ne dois pas être effrayé, on a tous des qualités, quelles qu'elles soient, et tout ce qui compte, c'est que tel qu'on est on ne fasse de mal à personne.

Tu ne feras jamais de mal à personne.

Rappelle-t'en tout au long de ta vie.

Je ne te comprends pas, Rafael, ai-je soufflé en m'allumant une Fortuna.

Tout ce que je veux, c'est que tu te sentes bien. La seule raison valable d'avoir mal, c'est d'avoir blessé quelqu'un, ce qui n'est pas ton cas, crois-moi. Tu peux donc être rassuré : personne ne souffre à cause de toi. Tu t'es peut-être disputé avec ta mère ou fâché avec un ami, mais rien de grave, même si ce que j'essaie de te dire t'échappe pour le moment. Tu n'es coupable de rien, et si ton père a quitté ce monde trop tôt, tu n'es pas responsable. Ton père est mort quand tu n'étais qu'un enfant. Ce n'est pas ta faute. En revanche, il te revient de conserver de beaux souvenirs de lui. Ça, ça te concerne. Et tu dois l'aimer bien que son image se soit effacée. Tu n'as pas à te sentir en faute. N'oublie pas non plus que ta mère n'a plus que toi.

J'ai gardé le silence. J'avais une question pressante à lui poser mais il l'a devinée.

Moi j'ai fait du mal à ma petite amie, oui, et à moi aussi. L'énigme du mal, c'est que son onde de choc touche notre corps. La plupart du temps nous infligeons des souffrances par vanité et parce que la vie consiste à faire souffrir les autres. Parfois le mal prend la forme de l'amour ; nous nous immisçons dans la vie des autres et les autres s'immiscent dans la nôtre, cela remonte à la nuit des temps, depuis que l'*Homo sapiens* existe. C'est une collision, une friction électrique et tellurique entre ton identité et celle d'autrui, une sorte de guerre.

Rafael, tu peux lire l'avenir ? lui ai-je demandé.

Oui.

Et qu'est-ce que tu vois ?

Ton absence. La mienne aussi. Nous ne sommes pas présents dans le futur, nous sommes incapables de le comprendre, mais le futur ne nous aime pas, il ne nous apprécie pas. D'autres gens apparaissent, différents de nous, même s'ils se comportent comme nous et s'il leur arrive des choses similaires. Tout est plus sophistiqué, mais ils meurent comme nous et cherchent à se dépasser au travers des autres, comme nous.

Cette nuit nous n'avons que nous et notre amitié balbutiante face à de nombreux abîmes. Maintenant va te coucher, tu as un examen demain. Considère-le avec espoir, tout l'espoir que tu as en toi. Et aussi avec innocence, parce que tu es innocent.

Rafael m'a dit ça, que j'étais innocent.

Clément et innocent. Si on meurt ainsi, clément, innocent et amoureux, on n'a rien à craindre.

80

Je me réveille en songeant au corps nu d'Altisidore, un corps qui a commencé à vieillir. Ses muscles perdent en densité, sa peau accuse de la fatigue, lasse d'être une peau, une frontière, une limite. Ses yeux observent avec une intensité flottante, des atomes de substances mortes composent son odeur. Les racines de ses cheveux sont blanches, elle doit les teindre. L'âme d'Altisidore est épuisée d'être une âme.

Je n'avais encore jamais eu ces pensées relatives à son vieillissement. Elles m'attristent.

Je l'ai vue vieillir.

Et cela m'a fait très peur.

Même si je sais qu'elle sera la plus jolie vieille dame qu'on puisse imaginer.

Je reste au lit, à écouter les bruits du soleil, car comme nous sommes déjà à la mi-mai, il devient plus fougueux et sa chaleur toute neuve fait grincer le parquet de la maison.

Maintenant je sais pourquoi les vieilles personnes s'accrochent à la vie. Pour sa beauté. Parce que le monde est beau en soi. On fait cette découverte en prenant de l'âge. Il n'y a plus de bruit. Il ne se passe plus rien, hormis les heures qui s'écoulent l'une après l'autre.

Aujourd'hui c'est dimanche, Altisidore vient déjeuner.

Nous nous mettrons à table ensemble à quatorze heures.

Quatorze heures, l'heure absolue.

Hier j'ai volé un excellent vin, un ribera del duero à base de tempranillo à 11 euros. Je ne vole que les vins qui ne sont pas dans la vitrine, c'est ma limite. Encore que, tout bien réfléchi, je pourrais parfaire ma stratégie et demander à un employé d'ouvrir la vitrine où sont exposés les vins et les alcools chers, choisir un Enate merlot à 25 euros et un whisky Glenrothes dix ans d'âge à 37 euros, puis en faisant la queue je glisserais une des bouteilles dans mon sac en tissu. Je pourrais payer l'Enate et voler le Glenrothes.

Je prends un café et allume la télé.

Le virus continue de dominer l'échec de tous les gouvernements de la terre, hormis en Chine. Certains pays tels que la Hollande, le Portugal, l'Allemagne, la Nouvelle-Zélande ou la Corée du Sud gèrent très bien la situation. La gestion du virus ressemble à une rivalité entre nations se disputant le Mondial de football.

Le foot domine de nouveau la réalité, il y a un championnat, là, dehors, où au lieu de marquer des buts les équipes comptent leurs morts.

Une pléthore de Narcisse espagnols et d'autres nationalités donnent des conférences de presse délirantes.

Ils bafouillent.

Ils suent.

L'ennemi de l'Espagne, le sous-développement, n'a pas changé depuis le XVIIIe siècle. La sœur du sous-développement est la misère, la cousine germaine de la misère est le fanatisme rédempteur. Dans l'Espagne actuelle les classes moyennes doivent choisir qui de la gauche ou de la droite les appauvrira. On te donne la possibilité de désigner ton assassin. Aujourd'hui ta responsabilité consiste donc à choisir, et on te dit que tu es très responsable, que ta responsabilité est merveilleuse.

En vérité je consulte toutes les informations relatives au virus parce que j'y vois une distraction susceptible d'éloigner ma pensée du corps et de l'esprit d'Altisidore, qui sont mon obsession. Jamais je n'aurais cru que le virus et la manière de le gérer me serviraient de baume contre l'érotisme.

Je ne sais pas comment qualifier la passion amoureuse.

Que m'importent le virus, les ministres, le gouvernement, l'Espagne et le monde entier dans la mesure où j'ai un amour.

Celui qui a un amour n'a pas besoin du monde.

Pour l'amoureux l'opinion des autres ne compte pas.

Les grands terroristes sont les amoureux. Ils sont à la fois terroristes et pacifistes. Ils ne tuent personne mais ne croient à aucune forme de gouvernement, à aucun pacte social.

Je devrais m'excuser auprès de toute l'humanité, je me sens presque coupable, car pendant que l'Espagne et le monde entier étaient confrontés à la désolation d'une pandémie, je suis tombé amoureux d'une femme rencontrée grâce au virus.

Il a apporté l'amour dans ma vie.

Sans le virus, Altisidore aurait eu l'embarras du choix et se serait concentrée sur un autre homme bien mieux que moi, plus jeune, plus beau, plus grand, plus fort, plus tendre, plus intelligent, plus maître de tout ce qui existe.

Mais... aurait-il été plus amoureux ?

81

Depuis 1945 nous avions oublié l'horreur.

Mais elle est revenue.

Elle a besoin de dates et de catastrophes.

L'amour, en revanche, se passe de chronologie.

Après le virus surviendra autre chose, une météorite qui tombera de l'espace, un événement dont on se souviendra et grâce auquel on continuera d'écrire des manuels d'histoire étudiés dans les écoles.

Le petit écran est saturé de Narcisse.

Le Narcisse d'Espagne s'apparente à un psychopathe cynique et sadique. Celui des États-Unis aussi.

Il y a une mer de Narcisse.

Des Narcisse masqués.

Des Narcisse sadiques.

La première chose à faire pour un humain, c'est de fuir les Narcisse qui passent à la télévision.

D'échapper à l'obéissance.

L'obéissance politique est la grande ennemie de l'érotisme.

Des Narcisse bien habillés, en costume-cravate, rasés de près et portant des sous-vêtements impeccables.

Qui lave et repasse les sous-vêtements du Narcisse d'Espagne ?

Toujours les mêmes.

Fuyons-le.

Les grands ennemis de l'érotisme et de l'acte amoureux sont les Narcisse du monde entier, ces égocentriques onanistes qui renoncent publiquement à l'amour humain et s'appliquent, s'acharnent à nous voler la seule patrie que nous ayons : celle, atavique et biologique, de l'érotisme.

Telle est notre patrie.

Et tous les Narcisse la combattent.

L'amour humain n'a pas de conscience politique.

Que je sois tombé amoureux de Montserrat et de sa métamorphose en Altisidore est un acte d'athéisme profond, un concentré d'individualisme féroce qui s'éloigne à la vitesse de la lumière de toute forme politique de compréhension de la vie.

"Ma seule liberté est la liberté d'être enchaîné à un autre / dont je ne puis entendre le nom sans frissonner, / quelqu'un au nom de qui j'oublie cette existence étriquée", a écrit le poète Luis Cernuda. C'est la seule liberté qui compte.

Narcisse, tu représentes l'existence étriquée.

Narcisse, ennemi de l'amour humain.

L'ennemi du sexe est le narcissisme.

Il est donc aussi l'ennemi de la vie et de la liberté.

82

Je vais au supermarché pour acheter des spaghettis et un bocal de pesto, puis demande à un vendeur de m'ouvrir la vitrine des vins et alcools chers. J'emporte un Viñas del Vero rouge et une bouteille de whisky Glenrothes.

Un inconvénient survient.

Les deux bouteilles ont une boîte, m'annonce le vendeur.

Attendez-moi, je vais les chercher.

Je lui dis que je n'en ai pas besoin.

Il insiste.

Les trouve.

Merde alors.

C'est sûr, il faut les boîtes avec ces bouteilles-là, estime-t-il.

Je pose donc les deux boîtes dans mon caddie et regarde l'employé s'éloigner. J'ajoute cinq kilos d'oranges pour meubler. Je ne vois plus le vendeur nulle part, alors je me risque. Je pose une brique de lait dans le caddie. Du fromage râpé. Une glace pour le dessert, une bonne glace, deux pots de Häagen-Dazs. Puis je vais faire la queue. Je ne vois toujours pas le vendeur qui m'a ouvert la vitrine. J'évalue la taille des deux bouteilles et des deux boîtes et décide de glisser la bouteille de whisky dans mon sac en tissu, un très grand sac. Je réalise cette opération proprement, en songeant qu'un antivol est peut-être collé dans la superbe boîte de whisky et qu'une alarme se déclenchera quand je passerai entre les deux panneaux du contrôle électromagnétique. Je deviens nerveux. Pour augmenter mon stress, l'employé qui s'est occupé de moi réapparaît, mais je ne suis pas sûr que ce soit vraiment lui car les masques transforment les gens en êtres anonymes.

Les Baisers

Je vois mes achats sur le tapis roulant et avance avec mon caddie et la bouteille de Glenrothes dans le sac. Je crois que le port du masque me rend plus téméraire. Je m'empresse de poser les oranges sur mon sac, et dès que le filet dissimule la boîte de whisky, je sais que j'ai réussi mon coup.

83

J'embrasse Altisidore sur la bouche quand elle arrive. Elle me dit que je suis de bonne humeur. Je lui réponds qu'on a un vin et un whisky excellents pour arroser le dîner. Nous mangeons les spaghettis avec le vin et nous lançons dans une conversation animée. Je sais qu'il n'y a aucune raison pour qu'elle soit aussi contente, bien au contraire, et trouve que le vin a sur elle un effet apaisant.

Elle boit plus que moi, a le regard sombre, des failles dans les yeux. Elle s'humanise.

J'ouvre le Glenrothes avec des gestes cérémonieux. Altisidore est ravie de goûter à ce grand whisky. Je lui dis que je l'ai acheté en son honneur, pour l'accueillir comme il se doit. En prononçant ces mots je me sens mal, je n'ai rien acheté du tout et viens de lui mentir. Je m'apprête à tout lui avouer, pourtant je ne le fais pas.

J'aimerais bien que tu me montres le ticket de caisse, mais oublions ça. Un de ces jours je devrai payer ta caution pour te sortir de prison ! s'exclame-t-elle en riant.

Tu fais de moi ta complice, ajoute-t-elle.

Oui, c'est vrai. Je suis en train de devenir un voleur de supermarché, pensé-je. Ce sont mes exploits de chevalier errant qui ne livre pas de grandes batailles, mais c'est déjà quelque chose. Grâce à ça je combats toutes les puissances de la terre et offre mes victoires à Altisidore. Je vole dans les supermarchés parce que je refuse d'obéir.

Je dispose des glaçons dans deux grands verres et y verse le whisky. Ma chère Montserrat, enfin... je veux dire... ma chère Altisidore, nous avons ce merveilleux scotch en cette belle journée de mai, et nous sommes en vie. Nous nous sommes trouvés, nous nous tenons compagnie, je crois que nous avons de bonnes raisons pour instaurer la confiance entre nous et entamer une relation qui ait un sens et un avenir.

Elle boit, esquisse un sourire en guise d'acquiescement.

Elle se ressert.

Tu hésites encore ? Tu m'appelles Montserrat ? J'aime Altisidore, ça me va bien, j'ai l'impression d'être quelqu'un d'autre. Mais ça me fait peur d'être différente. Je me demande s'il n'est pas préférable de rester la même avec toute ma souffrance plutôt qu'être aveuglément une autre.

À cet instant son visage se rembrunit et ses yeux se teintent d'une profonde désolation. Mon frère m'a appelé, dit-elle. Ma mère est morte cette nuit. On l'incinère demain. Sans cérémonie. Sans rien. Il m'a dit que ce n'était pas la peine que je vienne. Son obsession, c'est que je ne m'avise pas de venir à l'enterrement ou à cet ersatz d'enterrement.

Un silence amer s'installe entre nous.

Je ne comprends pas son étrange capacité à dire les choses de manière abrupte, avec une brusquerie ancestrale, atavique, issue de l'Obscurité.

Elle lâche sans crier gare des informations brutales, mais je dois avouer que ce trait de caractère la dote d'une imprévisibilité qui se solde par de la stupéfaction, une force, une force primitive dont la douleur n'est pas exclue. Tout simplement une force qui pratique la tauromachie avec la douleur.

Une larme roule sur sa joue, une seule, qu'aucune autre n'accompagne, une larme solitaire, à croire que la mort de sa mère n'en appelle pas davantage, que cette mort n'est pas fertile et ne donnera naissance à aucun autre élément liquide, aucune larme de plus. Une larme solitaire, presque forcée, sans conviction, tout juste un automatisme corporel.

Au lieu de lui adresser mes condoléances, je lui dis : Tu as le droit d'y aller. Si tu n'y vas pas ton frère gagnera, tu comprends ? Ton frère ou le chaos, je ne sais pas, mais le pire l'emportera. Tu dois y aller. Tu as le temps. Couche-toi tôt et pars dès qu'il fera jour. Je peux venir avec toi si tu veux. Tu sais où c'est et à quelle heure ?

Il faut que je lui téléphone et que je lui demande.

Appelle-le.

Je ne peux pas.

Je vois sa main prendre la bouteille de Glenrothes volé et en verser une bonne quantité dans son verre, et je découvre alors une vague harmonie faite des faussetés de l'existence, qui se résolvent dans une beauté sans superbe, rudimentaire et passagère. Un whisky volé dans la bouche d'une femme à qui la vie a volé sa mère.

Le moment où j'ai volé le Glenrothes à 37 euros me revient en mémoire, car depuis que le virus est apparu, tout le monde est plus aimable dans les magasins. Les gens disent bonjour avec davantage de conviction. "Passez une bonne journée" est devenu très courant, de même que "très belle matinée", "très belle journée" et "merci infiniment".

Je me tourne de nouveau vers Altisidore.

Sa mère est morte.

Tu es très triste ? J'insiste : Je suis désolé, sincèrement désolé.

Oui, je suis très triste et je morfle, mais il y a quelque chose de mystérieux que je n'arrive pas à déterminer.

Je me rappelle un passage du roman de Cervantès, qui parle d'"élever l'âme et de la conduire au ciel".

Je le dis à Altisidore.

Ce qui est étonnant, c'est que les âmes s'acheminent au ciel.

Elle m'embrasse.

Nous nous embrassons et nous caressons tendrement le visage. Nous avons envie d'être tendres car à notre âge, la tendresse dépourvue de mots est le baume le plus précieux qui soit.

84

Alors que nous sommes allongés sur le lit après nous être embrassés, Altisidore me dit : Je me sens à la fois coupable, en colère et effrayée. C'était ma mère, putain ! C'est toute une partie de ma vie qui s'en va, et je suis là, avec toi, un adorable étranger, sans nouvelles de Marc que je devrais appeler pour lui annoncer la mort de sa grand-mère, ou au moins le dire à mon ex, qui le lui expliquerait avec délicatesse. Je devrais me suicider. Je devrais m'arracher les cheveux. Je devrais boire jusqu'à ce que mort s'ensuive.

Mon ex et ma mère ne se sont vus qu'une seule fois. Je pense tout le temps à l'unique fois où ils se sont vus. C'était à Madrid, dans un de ces restaurants de la Ronda de Atocha, avec le menu du jour écrit à la craie sur un tableau vert, à l'entrée. Nous avons déjeuné ensemble avec ma mère, mon frère et sa femme, mon ex et moi. Nous avons pris le menu du jour à 12 euros. Il y avait de la paella et un vin imbuvable. J'ai commandé une paella, mais quand le serveur me l'a apportée et que je l'ai goûtée, j'ai compris que j'étais complètement seule dans la vie. Ça m'a fait l'effet d'un courant d'air glacé, le goût de la paella dans ma bouche avait ouvert une porte secrète. Puisque c'est moi qui avais voulu présenter ma mère à mon mari, je les ai invités. J'ai payé pour tout le monde. Depuis ce jour-là j'associe la paella à la désolation, à la solitude, ma solitude. La solitude quand elle a le même sens que l'échec. J'ai regardé le visage de mon mari, celui de ma mère, et j'ai aussitôt été certaine que ça ne marcherait pas. À cause de mon mari ou plutôt de ma mère, qui avait remarqué que cet homme n'avait pas envie d'être mon mari. Les mères savent tout. Un homme doit avoir envie d'épouser une femme, une femme installe cette volonté dans son cœur et l'accepte. Or mon mari ne voulait pas être mon mari, ou peut-être juste temporairement, de la manière la plus passagère, insignifiante et volatile possible. Je crois que lorsque j'ai réglé l'addition, ils ont tous eu pitié de moi, ils pensaient que ma tentative de fonder une famille ne valait même pas qu'on mise un euro dessus. J'aurais pu m'acheter un manteau ou une paire de chaussures pour le prix de ce déjeuner, ça aurait été une dépense plus justifiée. Ma mère m'aurait trouvée plus jolie et mon mariage aurait peut-être duré plus longtemps, j'aurais été plus désirable aux yeux de mon mari.

Je te jure que je n'exagère pas.

Je pense que ma mère ne m'a jamais beaucoup aimée. Elle a reporté toute son affection sur mon frère. Moi je l'adorais, je la vénérais. Ça m'est égal qu'elle ait renoncé à me voir, j'imagine que ça a été très douloureux pour elle de prendre cette décision. J'ai tout compris au cours de ce déjeuner qui rassemblait ma famille autour d'une paella, ce plat qui m'a révélé que mes proches se résumaient à cinq ou six étrangers dont il ne restera plus rien à la fin des temps.

Ne me sers jamais de paella, je t'en supplie, conclut-elle en m'embrassant. Elle glisse une main dans mon pantalon. Elle n'est pas comme ça en temps normal. Elle m'embrasse sans se soucier d'elle-même et je vois dans ce geste un royaume, celui de la santé.

Le sexe est l'espace où toute pédanterie est démasquée, ridiculisée, exterminée.

Le sexe est la matérialisation de la santé, son miroir.

Altisidore, Altisidore, Altisidore. Je la nomme trois fois à voix haute mais elle ne m'entend pas, elle prend possession de ma chair et plonge avec avidité ses mains dans mon foie, mes poumons, mon cœur.

Elle passe sa langue sur mes yeux, dans mes oreilles, saccage mes frontières, les postes de douane, les fortifications, les tranchées jusqu'à ce que, tout à coup, je me voie. C'est ça le sexe.

Je me vois.

Je vois un homme qui soulève le soleil avec ses mains terreuses.

Je vois mes mains en flammes.

Moi j'aurais aimé être son mari, je l'aurais proclamé au monde entier, mais voilà, la vie est absurde.

85

Tout ce que nous voyons est en passe de devenir invisible. Certaines choses ne sont plus visibles tandis que d'autres apparaissent avec pour finalité de disparaître. Aujourd'hui, 18 mai 2020, l'entropie a commencé à corrompre le cœur du virus. On entrevoit sa fin. Comme nous les virus se dégradent.

Mon amour pour Altisidore est lui aussi une entropie.

Je suis allé en voiture jusqu'à la Gran Vía madrilène. Cela m'a pris quarante-cinq minutes. Je me suis garé dans un parking, il ne m'a pas fallu descendre très bas car il était désert et je m'en suis réjoui, j'ai pu choisir ma place comme si le monde m'appartenait, comme si j'étais un potentat, puis je me suis dirigé vers une librairie. C'est possible maintenant. Personne ne m'a arrêté. Aucun policier ne m'a demandé quoi que ce soit.

La police, aïe, la police ! La police est peut-être elle aussi une illusion, car je n'ai vu aucun agent depuis longtemps. Non. La police n'a rien d'une illusion, elle est au contraire le degré maximal de vraisemblance auquel puisse prétendre un système politique quel qu'il soit. J'irais même jusqu'à dire que politique et police sont comme mari et femme. Un couple marié, nuit de noces incluse.

J'ai enfin atteint la place de Callao. Des gens marchent, leur masque sur le nez. Nous ressemblons aux bandits d'un western de série B.

Mais je suis ravi de me promener et je chante, je chante à part moi.

Si au lieu de porter des masques chirurgicaux nous en avions des vrais pour cacher nos visages, nous transformerions ce cauchemar en joyeuse mascarade, la liberté reviendrait et les Narcisse n'auraient plus de pouvoir ni sur nous, ni sur les passions humaines.

Je chante parce que je suis amoureux et qu'au bout du compte, quand tout sera terminé, je pourrai étaler mon amour au grand jour.

Les amoureux ont un immense besoin d'être contemplés par les autres, de dire au monde entier qu'ils sont amoureux, chose impossible pendant une pandémie.

L'amour n'accède au zénith que s'il est socialisé.

La seule beauté possible du mariage consiste à rendre la passion publique. Messieurs-dames, je vous communique une passion.

J'entre dans la librairie.

Et comme je suis amoureux et porte Altisidore dans mon cœur, la tristesse qui règne dans cet endroit ne m'affecte pas. Je trouve les masques parfaits pour voler dans les supermarchés, pas dans les librairies.

Voler dans ces temples du savoir, ces églises laïques, ne serait pas correct.

J'examine des livres en gants bleus, au cas où j'aurais envie d'en toucher un.

Je remarque une édition du roman de Cervantès différente de la mienne. Les caractères sont plus gros. J'en lis une page au hasard, on dirait un autre livre. L'ouvrage est plus grand, les pages plus agréables.

Je l'achète.

Je mets du gel hydroalcoolique avant de payer, après aussi.

Je regagne le parking, sors vers la Gran Vía, remonte la rue Princesa, m'approche lentement de Moncloa. J'aime rouler à trente kilomètres à l'heure, on apprécie mieux Madrid à cette vitesse-là. Je me dirige vers la M-30, prends la route de Castille, et après quelques voies de contournement de la ville d'une laideur jaune et terrifiante, je m'engage sur la route de Sotopeña.

À la radio on passe “My Baby Just Cares for Me”, interprétée par Nina Simone. On dirait une chanson de l’Âge d’Or, une mélodie ancienne qui remonte à l’époque où le monde était un grand lieu de vie, de rires, d’amour et de plaisirs.

J’ai hâte de rentrer, j’ai l’impression de revenir d’une guerre.

Je me gare enfin devant ma cabane, ma jolie maison au milieu des bois, et retire les clés du contact.

J’entre.

Je pose le roman de Cervantès à côté du roman de Cervantès. J’ai déjà deux exemplaires du même livre, pourtant différents. Les caractères et leur agencement sont peut-être les mêmes, mais moi il me semble que ces deux ouvrages n’ont rien de similaire.

Je songe à acheter une autre édition du *Quichotte*, j’aurais ainsi trois, quatre ou cent ouvrages différents du même roman.

L’entropie a elle aussi touché le roman de Cervantès, une découverte qui me rend mélancolique. Certains passages sont en effet incompréhensibles, l’entropie y a fait de véritables ravages. Parfois la grammaire qui structure les phrases et les idées me fait tourner la tête. Les mots du roman sont pareils à des vis dont le pas est usé. La syntaxe cervantine m’angoisse. L’entropie est un virus qui s’insinue dans les mots et les change en voyelles et en consonnes sépulcrales.

Le roman laisse une sensation de moisi, d’humidité qui ne s’atténue que lorsque don Quichotte prend la parole. Du reste ce n’est pas lui qui parle, mais Cervantès. Comme Rafael Puig, Cervantès était ésotérique. Ils aimaient tous les deux la voyance et l’au-delà.

86

Je crois que Cervantès, conscient qu'il allait bientôt mourir ou se mourait déjà, a inventé don Quichotte pour qu'il s'exprime à sa place quand il ne serait plus de ce monde.

Il arrive qu'on ne comprenne pas ce que dit don Quichotte.

Les livres qu'il a lus – ou plutôt qu'a lus Cervantès – ne se trouvent pas sur Amazon. J'ai essayé d'en acheter un, c'était impossible. Cela aussi me surprend. Tous les romans de chevalerie constamment cités dans le roman de Cervantès ne sont proposés à la vente dans aucune librairie d'occasion. Le seul plus ou moins facile à dénicher est *Amadis de Gaule*, que je n'ai pas l'intention de lire pour tout l'or du monde. L'entropie de ces romans est infiniment plus puissante que celle de *Don Quichotte*.

Je vois l'entropie marcher toute nue sur la terre.

Je crois que c'est une des formes les plus stupéfiantes de l'Obscurité.

J'allume la télé, le président du gouvernement espagnol, autrement dit Narcisse, apparaît. Le virus de l'entropie brille sur son visage, car tôt ou tard il perdra des élections et sera remplacé par quelqu'un d'autre qui l'exécrera.

J'aimerais infliger un châtiment à Narcisse.

Le condamner à lire tous les romans de chevalerie cités dans le *Quichotte*, à commencer par *Amadis de Gaule*, qui me semble être le meilleur ou en tout cas le plus célèbre. De cette manière nous l'encouragerions un peu à devenir un chevalier errant, la plus belle fonction qu'on puisse occuper au monde.

87

À la télé j'entends l'histoire d'un nonagénaire qui est mort son smartphone à la main pendant qu'il discutait avec ses petits-fils. Il s'appelait Conrado López, dit le journaliste avant de raconter sa vie : il était maraîcher et éleveur de poulets dans un village près de Séville. J'imagine son existence, une vie pleine d'espoir soixante ans plus tôt. Je vois le jour où on lui a accordé son prêt pour son élevage.

Il était veuf.

Il avait une fille qui a eu deux fils, ses petits-fils.

L'un d'eux prend la parole.

Il dit que son grand-père est mort tout seul, sans eux, sans sa famille, qu'on l'a maltraité, qu'il n'y comprend rien et se sent impuissant, qu'il ne veut même pas penser aux dernières heures qu'a vécues son aïeul, à la solitude qu'il a dû éprouver. Il ajoute que c'était un homme bon qui ne méritait pas cela et se demande qui est le responsable de toute cette souffrance insensée.

Il fond en larmes devant les caméras.

On dit maintenant sur le petit écran que le port du masque est désormais obligatoire. Il consacre la victoire de toutes les religions, qui détestent le visage humain et exècrent l'érotisme consubstantiel à la vie sur terre. Et voilà que la chaleur s'est installée sur la totalité de l'Espagne, où règne une grogne politique invertébrée, des manifestations dans les rues, des concerts de casseroles contre le gouvernement, des masques jetés sur les trottoirs qu'ils émaillent comme les petits buissons de Phyllis noble disséminés le long des routes désertiques.

Et le journal télévisé se poursuit à toute berzingue.

Le plus intéressant est toujours le manque d'héroïsme politique.

Il n'y a pas de héros.

Seulement des Narcisse, la vacuité globale à l'état pur.

Notre Narcisse se fout du virus, car lui aussi est amoureux, mais de lui-même. Les amoureux ne voient pas le virus. Je suis amoureux d'Altisidore, Narcisse de sa petite personne.

Narcisse aime-t-il sa femme comme j'aime Altisidore ?

Les femmes des Narcisse sont des “femmes de” et non des amantes. Des collaboratrices, des secrétaires, des conseillères, des complices, des coprésidentes, des compagnes de séances photos et autres apparitions en public.

Il n'y a pas de passion.

Par conséquent pas de beauté.

Conrado López me fait vraiment beaucoup de peine. J'ignore en quoi je pourrais l'aider là où je suis, dans cette maison au milieu de la forêt, mais j'aimerais être avec lui et ses proches, lui dire qu'il ne se sente pas seul, qu'il ne souffre pas. Je suppose qu'on a inventé les oraisons et les prières pour ce type d'occasion, lancer en l'air des paroles réconfortantes, des mots que le vent emporte vers leurs destinataires, ceux qui souffrent.

Je note son nom sur un papier que je pose à côté de l'ordinateur : Conrado López, la beauté absolue. Je reprends le papier et le glisse au hasard dans le roman de Cervantès, comme si *Don Quichotte* était un cimetière, et le papier portant le nom de Conrado un petit cercueil blanc.

88

Je prends la voiture pour aller au supermarché. Je ne sais plus à quand remonte ma dernière visite au magasin d'Altisidore, sans doute à loin. Je crois que je n'apprécie guère de la voir derrière un guichet, parce qu'elle redevient alors Montserrat, l'épicière amie des policiers municipaux. Elle se transforme en Aldonza Lorenzo et me brise le cœur, même si, dans sa vie d'Aldonza, elle éveille aussi en moi de la tendresse.

Cette fois je vais au Corte Inglés, où l'atmosphère est des plus agréables et les produits triés sur le volet, ça se voit immédiatement. Bien achalandée, la poissonnerie est un étalage de puissance et une petite armée de serveurs s'empresse auprès des gens. J'ai toujours l'impression que les poissons que nous mangeons sont faux ou faits de pomme de terre et de farine de blé. Ici ça sent le vrai poisson.

Je n'achète rien, l'odeur de poisson représentant une menace dont j'ignore la nature, mais une menace quand même, une menace de putréfaction dans les vingt-quatre heures qui suivront, une putréfaction biblique.

Quand elle imprègne la peau humaine, l'odeur de poisson est tenace. On a beau se savonner, elle persiste. Les vendeurs de poisson le savent et utilisent des gants épais, professionnels.

À croire que les poissons cherchent à laisser une trace de leur mort, de leur horrible martyre, sur la peau de leurs bourreaux.

Exact.

C'est ça.

Je m'arrête au rayon des fruits et légumes.

La quantité de fruits qui s'étend devant moi est incroyable.

De même que personne ne surpasse l'Espagne en nombre de morts du Covid-19, personne ne l'égale dans le domaine fruitier : melons, pastèques, pêches, raisin, bananes des Canaries, ananas, pamplemousses, abricots, oranges, pommes, poires, mandarines et aussi des figues, hors de prix.

Les figues sont ésotériques, elles sont reliées au passé et à ceux qui en ont mangé des décennies auparavant. La figue, un fruit qui plaît à l'Obscurité.

Je fais des achats saugrenus qui attirent vraiment l'attention. Je ne prends qu'un spécimen de chaque fruit à l'exception du melon, de la pastèque, de l'ananas et du raisin.

Je me dirige vers le rayon parfumerie. Je dois offrir quelque chose à mon Altisidore, que je n'achèterai pas car une bataille s'impose pour l'obtention de ce trophée, un cadeau qui doit résulter d'un combat. Il n'y a pas beaucoup de clients. Peu de vendeuses. L'offre de parfums et d'eaux de Cologne est impressionnante. Je me promène dans les allées jusqu'à ce que je prenne conscience que je dois porter mon choix sur un classique, ma façon de considérer l'amour et la vie étant très classique, et je ris intérieurement.

Je suis un classique.

Je suis un ancien.

Je glisse dans la poche de mon manteau un flacon de *Chanel N° 5* avec une froideur démoniaque et repars avec mon butin sur lequel est collée une languette électromagnétique. Ça va sonner dès que je franchirai les deux panneaux du contrôle antivol. Je m'en contrefous, mais au dernier moment je me mets à trembler de crainte d'être arrêté.

On va enfin me demander mes papiers.

Je vais enfin atterrir au commissariat.

Mon amour pour Altisidore va enfin me conduire en prison.

C'est une preuve d'amour.

Je fais un pas en avant.

L'alarme se déclenche, beuglante, retentissante, paralysante.

Je m'immobilise, espérant être découvert, verbalisé, arrêté, menotté, immolé dans l'amour.

Un vigile me dit : Allez-y, allez-y, n'ayez pas peur, ça débloque, ça fait des heures qu'on est dessus, mais elle se déclenche sans arrêt et ça fout la trouille à tous les clients.

J'ai risqué ma vie pour toi, Altisidore, mais le destin m'a porté secours. Je marche dans les allées avec mon merveilleux cadeau gagné à l'issue d'un combat loyal.

De retour à la maison je range le flacon de *Chanel N° 5* dans le placard de ma chambre, à côté de mes chemises, un endroit important à mes yeux, puis pose mes achats sur la table du séjour : une pomme, une poire, une mandarine, une pêche, une banane, un pamplemousse, un abricot, une orange.

Je rends ainsi hommage à tous les morts du virus.

J'essaie de me concentrer sur l'unité, l'identité.

J'essaie d'individualiser la matière et la vie.

Les États et les gouvernements ne le font pas. Les gouvernements ne voient des morts que leur masse, alors je tente de faire le contraire en achetant ces humbles fruits que les humains n'apprécient jamais dans leur unicité.

Nous les concevons au kilogramme : un kilo de pommes, deux de bananes, trois d'oranges. Nous ne pensons jamais à une seule pomme, cela relève de l'impossible. L'État raisonne de même avec les humains qui se meurent. Il nous considère comme une masse.

Il évalue les morts en milliers d'hommes et de femmes, tout comme nous quand nous parlons de fruits au kilo.

Je pense qu'à Madrid ou dans toute autre ville d'Espagne ou du monde entier, aucun consommateur n'a jamais acheté une seule pomme, une seule banane ou une seule orange chez un primeur.

Les Baisers

Il n’est pas deux pommes identiques.

C’est prodigieux.

Elles ont des teintes, une maturité de peau, un goût différents. Deux pommes n’ont jamais la même saveur. Chaque pomme, chaque mandarine, chaque banane est unique et inimitable. Il y a d’innombrables mystères auxquels nous ne prêtons plus attention. C’est peut-être la raison de l’irruption du virus.

On ne peut faire ce genre d’emplettes que dans un supermarché. Ce serait impossible dans une petite épicerie. Le vendeur croirait qu’on se moque de lui, qu’il a affaire à un fou, au démon en personne ou à un chien vert.

Il nous regarderait comme on regarde les aliénés.

89

J'observe mes deux éditions du roman de Cervantès.

J'en prends une et cherche un chapitre de la deuxième partie que j'ai lu il y a deux semaines, et m'aperçois que je l'ai complètement oublié. Je lis et relis le *Quichotte* parce que j'oublie aussitôt les passages parcourus, ce qui accentue le côté fantomatique de ma présence ou fait progresser l'idée terrifiante que mon existence et ma vie sont aussi irréelles qu'un enchantement.

C'est alors que je repense à mon traitement médicamenteux, resté à Madrid.

Mon neurologue, le praticien qui a donné son aval pour ma préretraite, me l'avait dit. Il m'avait prévenu que j'aurais d'éventuelles difficultés de lecture. Il m'avait dit également que je risquais d'avoir des problèmes de vocabulaire, de ne pas trouver les mots que je cherchais.

Pour désigner Altisidore, j'ai seulement besoin d'adjectifs, ce n'est pas trop demander à l'entropie dans laquelle est plongée ma pauvre mémoire.

Cervantès a découvert une pierre philosophale originale sous la forme de l'enchantement. Mon amnésie est peut-être l'œuvre d'un enchantement et je sais qu'elle prendra de l'ampleur. Tout ce que nous sommes incapables d'expliquer provient de volontés mystérieuses qui transforment le monde et surpassent les lois de la physique.

Le monde actuel, cervantin, est l'œuvre de magiciens tortueux qui ont jeté un sort à la race humaine. Derrière tout ce que le virus a infligé à la planète et aux sociétés humaines se cachent le géant Malambrun et ses ensorcellements.

Les Baisers

En fin de compte, je peux m'appeler Félix-Mars d'Hyrcanie, et Montserrat est bien entendu Altisidore.

Tout humain a besoin d'un bien-aimé pour mener sa vie, sans quoi elle est inaccomplie.

90

Rafael n'est jamais venu dans ma chambre ni dans aucune autre d'ailleurs. Nous nous retrouvions souvent à plusieurs dans une chambre pour y discuter, mais Rafael n'a jamais mis un pied dans celle de qui que ce soit. Je crois qu'il ne savait même pas comment étaient les autres chambres de l'Académie.

On ne le voyait pas davantage dans les couloirs, la cuisine ou la salle de télé, excepté le fameux 23 février qui nous a réunis. Il venait déjeuner et dîner au réfectoire, mais sautait souvent le repas de midi. Sachant qu'il étudiait jusqu'à sept heures ou huit heures du matin, don Carlos le dispensait de cette obligation.

Il paraissait absent et pourtant, à l'Académie, c'était un personnage central. Pourquoi ? Tout tenait peut-être à sa façon de parler, tendre et posée, au climat plein d'étrangeté qu'il instaurait autour de lui. Le fait est que, sans être visible, sa personnalité nous influençait tous, surtout moi.

Il m'a fait un jour une confidence : un après-midi, il avait été tenté de monter me voir un moment, mais il avait eu peur de m'interrompre en plein travail.

J'ai pensé que ce n'était pas la vraie raison, qu'il craignait plutôt que les autres le voient et redoutait de créer un précédent.

Il a proposé qu'on sorte prendre un café, nous sommes allés tous les deux au Triana. C'était début juin, il faisait un temps magnifique. Nous nous sommes installés autour d'un guéridon que le patron du café venait d'acheter.

Nous avons commandé des bières.

Le printemps à Madrid est une époque merveilleuse, a dit Rafael. D'ici dix ans, tout ce qu'on a sous les yeux aura changé. Dans cette rue pleine de terrains vagues où on se trouve maintenant, je te parie qu'on construira des immeubles bien moches, car la laideur nous poursuit partout où on va.

Dans deux siècles, a-t-il continué, la laideur architecturale sera considérée comme une forme d'esclavage aussi répugnante que celle qui se reflète aujourd'hui dans les bateaux négriers du XIXe siècle. Il n'y a pas moyen de sortir de l'esclavage. Où qu'on soit, il nous traque. Ces barres d'immeubles qui seront bientôt là ne sont pas évaluées en fonction de leur dimension esthétique ; on les considère seulement comme un endroit acceptable où dormir, manger, regarder la télé et se doucher le matin, mais elles sont une insulte à l'âme humaine. Tous ces blocs qui grandissent comme des champignons dans la banlieue de Madrid symbolisent le triomphe de l'esclavage et de la laideur, un des plus grands délits de notre pays, qui consiste à disséminer des lotissements à l'architecture monstrueusement malade et psychotique. C'est pour ça qu'on est si déséquilibrés : on est encerclés par la laideur des immeubles. Tu as déjà vu un immeuble récent qui soit beau, toi ? Il n'y en a pas. Ils sont tous à vomir. L'architecture est un esprit, pas simplement de la brique, mais ça, on nous le cache. L'architecture est sacrée.

Rafael était venu quelquefois à nos apéros au Triana, le dimanche après-midi, mais c'était la première fois que nous sortions ensemble de l'Académie, rien que lui et moi.

Il avait chaussé ses lunettes de soleil, fumait une Ducados, moi une Fortuna.

Il a retiré ses lunettes en disant : Toute cette irréalité qui nous environne et le futur qui nous guette ressemblent à deux corps en train de lutter. L'irréalité et le futur, et cent autres dimensions de l'espace et du temps. Voir tout cela est à la fois merveilleux et profondément inutile. Je t'en parle parce que tu es la seule personne en qui j'aie confiance, je sais pourquoi mais je ne peux pas te le dire. La voyance est à la portée de n'importe qui, ce n'est pas un don mystérieux, juste une propension à essayer de savoir. Elle naît de la curiosité, de l'attention et de l'admiration qu'on a pour ce qui s'étale sous nos yeux. Tout le monde peut être un voyant s'il est amoureux de la vie. Le problème, c'est que les gens ne le sont pas. Le seul danger, c'est de tomber dans les griffes de l'Obscurité. Être extralucide, c'est tenir compte de l'amour qu'ont éprouvé les morts, le respecter, l'accueillir dans son cœur. C'est pour ça que j'arrive à voir les morts. Parce que je vois l'amour qu'ils ont ressenti de leur vivant. Je sais que ça te met mal à l'aise et que tu me crois un peu brindezingue. Oh, ne t'inquiète pas, je ne suis pas fâché, moi aussi je penserais la même chose, mais j'ai voulu qu'on sorte de l'Académie pour t'expliquer pourquoi et tu vas comprendre que c'est très simple : je vois les morts parce que tout ce qu'ils ont aimé perdure, reste dans l'air, suspendu dans les arbres, incrusté dans la porte d'une maison, les murs d'une pièce, les vêtements qu'ils ont portés et qui finissent dans des friperies. On peut voir les morts dans ces endroits-là. Moi je les vois, je parle avec eux. Ils me demandent ce qu'ils doivent faire de l'amour qu'ils ont accumulé quand ils étaient en vie, alors j'essaie de les détourner de cette question sans réponse, de dévier leur pensée vers d'autres zones, pour qu'ils prennent du repos, qu'ils évitent de souffrir et de mourir de nouveau, plus de maladie cette fois, mais de beauté, de beauté pure.

C'est la conversation la plus poétique que j'ai eue avec Rafael, la plus étonnante, la plus énigmatique. J'ai compris ce qu'il me disait et qui a totalement dissipé les appréhensions que j'avais de sa personnalité ésotérique. Enfin, pas totalement car je devais me protéger de ce monde si intense qui remettait en cause la réalité.

Me protéger de l'Obscurité.

Étant habitué à bavarder avec lui au cours de nuits confuses, je trouvais étrange de le voir à la lumière du jour, un après-midi de juin, mais il y avait aussi de la douceur et de la joie dans le fait que nous ayons quitté sa chambre et choisi un endroit qui donnait un nouvel élan à notre amitié.

Le futur est merveilleux, a dit Rafael.

Nous avons commandé une autre bière.

Puis il m'a parlé de ses professeurs de médecine en précisant que cette discipline était une des clés qui permettaient de s'introduire dans les corps, mais pas la seule.

Nous avons bu une troisième bière, puis une quatrième à la tombée du soir, l'heure où la lumière cède la place à l'Obscurité

C'était le 2 juin 1981.

À ses côtés il me semblait appréhender différemment l'alternance entre la lumière et l'ombre. J'ai vu le soleil quitter l'espace et l'Obscurité prendre possession de ces lieux déjà sombres, où la lumière et l'Obscurité exerçaient cependant une danse que je pouvais contempler.

Tu les vois danser, pas vrai ?

Sa question m'a remué.

Comment tu le sais ?

Parce que tu es un amoureux de la vie.

Tu viens de parler d'une des clés qui permettent de s'introduire dans le corps humain. Quelles sont les autres ? lui ai-je demandé.

L'amour et la mort, m'a-t-il répondu dans un sourire, en refoulant un rire.

Le sens de l'humour aussi ?

Bien sûr ! Tout ce qu'on a devant nous est aussi une comédie. Avec une grande part d'Obscurité, ça, c'est certain.

Qu'est-ce que tu vois maintenant ? Dis-le-moi.

Le XXIe siècle.

Et c'est comment ?

Il y a des hommes, des femmes, comme toujours des hommes et des femmes qui vivent et qui meurent, il y a d'autres systèmes politiques, de gros progrès, mais en 2020 je vois la peste.

Le roman de Camus ?

Oui, c'est ça.

Et 2020, c'est comment ?

Une année qui n'a rien de particulièrement beau, les années suivantes non plus. La beauté était indissociable de la nature, enfin... je veux dire que si on allait maintenant tous les deux sur la côte méditerranéenne, on arriverait à Valence en moins de cinq heures et on apprécierait la mer dans toute sa puissance. On a qualifié de beauté tous les spectacles de la nature : les océans, les montagnes, les fleuves, la neige, le soleil, la lune, le vent, eh bien tout ça va disparaître petit à petit. Mais pour l'instant on est en 1981, c'est bientôt l'été et on va tous partir en vacances...

Il faut d'abord qu'on passe nos examens, j'en ai des tonnes. Là, je devrais être en train de potasser.

Oui. Moi aussi. Mon dernier examen est le 12 juillet, j'en ai pour un moment.

Je trouvais agaçant que la faculté de philosophie et de lettres, où je passais ma licence d'histoire, ferme ses portes dès le 30 juin, alors que dans les autres disciplines les étudiants planchaient jusqu'à la mi-juillet. C'était la preuve que les études littéraires ne représentaient pas grand-chose, ce que les professeurs et le doyen de cette faculté se chargeaient de nous confirmer par leur empressement à clore l'année au plus vite pour aller sur les plages.

Cet après-midi de juin, Rafael Puig a vu 2020, et dans cette année de nombreux faits qu'il a préféré taire, surtout ceux qui me concernaient.

Voir l'avenir, ce n'est pas aussi dur que ça, a-t-il répété.

Il apparaît quand tu te concentres profondément sur le présent. Si tu t'abîmes dans le présent, il arrive un moment où le temps te laisse entrevoir quelque chose de vraiment trop terrifiant.

Qu'est-ce que c'est ?

Le temps n'existe pas, il dépend de la volonté des humains, c'est pour ça qu'on souffre tellement en tant qu'espèce. Ce que tu as devant toi, c'est cette volonté, pas le temps. Cette volonté sans temps est douloureuse. On ferait mieux de ne pas différencier le passé, le présent et le futur, comme le font les lions, les baleines, les loups, les éléphants, les fourmis et les arbres. Le temps est une création de la conscience humaine. L'univers est glacé, privé de conscience et donc de temps. Il n'est qu'Obscurité.

J'avais l'impression que Rafael venait d'avoir une révélation surnaturelle.

Je voulais qu'il précise sa pensée, qu'il cesse de s'égarer dans des propos philosophiques certes très intéressants, mais qui avaient besoin d'être étayés par des images, des représentations. Rafael, donne-moi des exemples concrets, raconte-moi ce qu'on fait, toi et moi, en 2020, ce qu'on est devenus, si on est encore en vie, si on a été envahis par les extraterrestres, si la Troisième Guerre mondiale a éclaté.

Mon énumération l'a fait rire. On est toujours en vie en 2020, on est vieux, c'est sûr, mais vivants ; je dois te prévenir de ne jamais essayer d'aborder cette connaissance à laquelle tu pourrais accéder, je veux dire… savoir quand tu vas mourir. Certains individus connaissent la date de leur mort, mais tu ne dois pas t'aventurer sur ce terrain, promets-le-moi. Personne ne se souvient de sa mort, sauf eux, ceux qui savent à quel moment ils vont disparaître. Il n'y a pas d'amour ni quoi que ce soit d'autre dans cet endroit. N'y va pas. La mémoire repose sur un renoncement : aucun humain ne peut se rappeler sa mort. Nous

nous souvenons de tout sauf de ça. Promets-moi que tu n'iras pas là-bas.

Promis, je n'irai pas. D'ailleurs je ne sais même pas comment on y va, je suppose qu'il ne suffit pas de monter dans un bus. Mais s'il te plaît, dis-moi ce qu'on fait en 2020.

Je vais te raconter ce que je vois : une lettre qui a beaucoup voyagé, c'est moi qui te l'écris, elle est signée de mon nom, depuis un pays lointain, exotique. Tu es amoureux d'une femme, tu viens de vivre une grande histoire d'amour, cela fait des années que nous ne nous sommes pas vus, de longues années au fil desquelles chacun a fait ce qu'il a pu de sa vie, et un beau jour tu reçois cette lettre ; je ne vois pas ce que j'y écris mais je sais qu'elle contient de belles choses, et même si nous sommes restés longtemps sans nouvelles l'un de l'autre, nous n'avons aucune vanité, c'est sans doute ça qui compte, nous ne pensons pas à nos vies de manière vaniteuse, nous n'avons pas envie d'étaler devant nous nos triomphes ou nos échecs par rapport aux codes de cette époque future ; c'est merveilleux que nous ne soyons pas vaniteux, ça signifie que nous n'avons commis aucun délit contre la vie. Ça te suffit ?

Tu es sûr que tu ne peux pas voir ce que tu dis dans ta lettre ?

Il a ri de mon insistance.

Je vois quelque chose de plus important que ce qu'elle dit, je vois qu'elle est déjà écrite, ce que je trouve sidérant, prodigieux. Cette lettre est déjà écrite, je l'ai écrite dans le futur parce que le temps n'existe pas quand on a le cœur plein d'amour, de tout l'amour du monde.

C'est joli, ça.

Il a ensuite changé de sujet. Nous croyons à la science parce qu'elle se transforme en progrès et améliore notre existence. Par conséquent nous sommes prêts à gober toutes ses stratégies et ses incroyables velléités, mais à part régler la vie sur terre, elle n'apporte aucune réponse à ce qui importe vraiment. Nous nous soucions tellement de ne pas avoir froid en hiver, de nous faire opérer d'une hernie, d'extirper une tumeur, de guérir une rage de dents ou de voyager en huit heures d'un continent à un autre, que nous considérons la science comme un dieu. Remarque, il n'a rien de mal, ce dieu, et nous y avons beaucoup gagné, nous vivons très bien comme ça, parce que nous sommes des corps avec des besoins. Oui, c'est ça, nous sommes des besoins terrestres.

Euh, c'est un peu normal, non, que la vie sur terre intéresse la plupart des Terriens, non ? ai-je lâché en m'autorisant une pointe d'ironie.

Rafael a gardé le silence.

Il est temps de rentrer à l'Académie, a-t-il soufflé.

L'architecture est sacrée, dis-je aujourd'hui.

91

Quand je contemple le corps nu d'Altisidore, je me rends compte qu'il est moralement plus parfait que celui d'une femme de vingt, vingt-cinq ou trente ans, et il en devient d'autant plus séduisant physiquement.

L'architecture est sacrée, me dis-je.

Car lorsque je parviens à pénétrer ce corps, je ne pénètre pas seulement un joli corps, je traverse aussi l'expérience temporelle qu'il a accumulée.

L'architecture d'Altisidore est sacrée.

Qu'est-ce que tu regardes comme ça ? me demande-t-elle.

Elle ajoute : Tu devrais plutôt me toucher au lieu de me regarder.

Et elle sourit.

J'analyse cette demande. Elle a raison, je devrais la regarder moins et la toucher davantage, pourtant si je la touche je ne pourrai pas la regarder comme je le souhaite, la regarder étant un mystère et la toucher la mort de ce mystère.

J'observe, désireux de discerner le passage des ans sur cette chair. J'observe comme Rafael m'a dit de le faire. J'observe pour attirer l'amour sur ce qui est observé.

En posant les yeux sur un corps, on voit le passage des ans, un spectacle érotique supérieur, empreint d'une beauté exténuante.

La chair qui n'est plus toute jeune raconte des histoires, chante des chansons que moi seul suis en mesure d'entendre.

Mais je finis par poser une main sur son ventre.

Je lèche des zones qui me semblent avoir été endommagées par l'âge.

Je frôle ses sourcils avec les miens.

Et j'embrasse sa bouche comme si j'embrassais un nuage.
Nous faisons l'amour longuement.
Et elle s'endort.
Moi je n'y parviens pas.
Alors je regarde ses pieds.

Je m'obstine plusieurs fois à percer le mystère d'Altisidore pour l'adorer, l'aimer davantage, et tombe dans des abîmes qui me précipitent dans d'autres abîmes.

Pourquoi avons-nous des corps si différents ?

Je sais bien que l'évolution a marqué nos caractéristiques physiques, faisant de l'homme un chasseur et de la femme une reproductrice, c'est du moins ce que disent les anthropologues et la science, mais ça ne me suffit pas. Les corps des hommes et des femmes, très dissemblables, abritent des éléments secrets, leurs contrastes contiennent un message des étoiles, un message du cosmos.

Je regarde mon anatomie et la compare avec celle d'Altisidore. Il est vrai que nous avons chacun des mains et des jambes, des yeux et des cheveux, des épaules et des pieds, une poitrine et un cul, mais ils ne sont pas pareils. Je pense à mon cul, plutôt petit. Les hommes ont un petit cul. Celui d'Altisidore présente des courbes extraordinaires, comme s'il était une cathédrale baroque et le mien une petite église romane.

La courbe face à la ligne droite, il y a là un mystère corporel.

Éteins la lumière, je n'arrive pas à dormir, exige Altisidore, qui vient de se réveiller.

Je m'exécute mais ne trouve pas le sommeil.

Je reste perdu dans mes pensées.

Je me dis que si elle me quittait pour un autre, cela ne m'affecterait pas, je serais presque tenté de l'en remercier, des sentiments qui me surprennent parce que je ne les comprends pas.

Manuel Vilas

Je célèbre la beauté d'Altisidore sans me l'approprier. Si je ne la voulais que pour moi, je commettrais un délit contre la vie.

Lequel ?

Je l'ignore, mais le savoir me permet enfin de m'assoupir.

92

Je me relève.

Il fait encore nuit noire.

Mon Dieu, comme le jour est long à venir ! Et s'il ne se levait pas ?

Les draps du lit sont tout froissés, Altisidore cachée entre les plis.

Je vais dans le séjour en tâchant de ne pas faire de bruit, ouvre le roman de Cervantès et constate que je suis presque arrivé au bout, mais comme j'oublie tout ce que je lis, je le reprends du début. Si vous oubliez vos lectures, ne vous inquiétez pas et recommencez. L'important c'est que vous n'ayez pas d'angoisses. Elles sont beaucoup plus graves que les trous de mémoire qui les suscitent, alors relisez comme si vous faisiez un exercice à répétition et ça passera, m'a dit le neurologue.

Il est évident que Cervantès va tuer don Quichotte, il aurait pourtant pu le laisser vivre. Pourquoi l'achever ? Pour qu'aucun écrivain ne le lui vole.

Il préfère le tuer plutôt que de le laisser partir chez un autre écrivain.

En quoi est-il essentiel de ne pas se faire voler ou importer chez quelqu'un d'autre ?

C'est une question de possession, de propriété privée.

De nouveau gagné par le sommeil, je songe que la propriété privée doit être primordiale pour que Cervantès soit capable de tuer un homme bon, le pauvre Alonso Quijano[01], qui lui appartenait, afin d'éviter qu'il ne tombe entre les mains d'autrui.

01 — Véritable nom de don Quichotte.

Don Quichotte est à moi, le seul moyen de certifier cette possession consiste à lui donner la mort. Seul celui qui l'a créé peut le faire.

C'est triste, très triste.

Il aurait pu lui laisser la vie.

Un livre aura beau être puissant, il ne pourra jamais rivaliser avec la lumière du soleil.

Je retourne au lit, Altisidore s'est réveillée.

Rendors-toi, lui dis-je.

Obéissante, elle ferme aussitôt les yeux.

Que le virus disparaisse de la terre, dis-je.

Que la joie universelle étincelle, dis-je.

Moi je me contenterais de pouvoir dormir.

Et je m'endors.

93

Nous nous réveillons en même temps et la lumière du jour se promène dans la maison comme un dieu qui nous accompagnerait en silence. Elle éclaire la couverture du roman de Cervantès, juste au milieu, et aussi ma chemise et un pull d'Altisidore.

Nous allons dans la salle de bains.

D'abord Altisidore.

Je l'entends tirer la chasse d'eau.

Puis moi.

Je mordille avec tendresse et désir sa lèvre inférieure et imagine comment cette lèvre était il y a dix ans et comment elle sera dans dix ans. L'interdiction sociale de vivre un amour en pleine maturité avec autant d'intensité que lorsqu'on avait vingt ans est une des grandes injustices de ce monde. J'aimerais que notre amour ait la même innocence, la même ingénuité et la même vigueur que celles de nos vingt ans.

Qui a dit que c'était impossible ?

Dieu ?

Platon ? Aristote ?

Marx ?

Freud ?

Où est-ce écrit ?

Alors j'embrasse Altisidore et entre dans sa bouche en ayant peur d'être désagréablement surpris par ce que je vais y trouver, une crainte qui m'amène à penser à la sienne, hypothétique, quand elle entrera dans ma bouche, une peur sans doute similaire à la mienne.

Nous nous apercevons tous deux que nous nous sommes brossé les dents avec une bonne dose de dentifrice. Nous sentons cette pâte, un menthol industriel qui supprime l'odeur âcre de notre haleine.

En découvrant ce menthol synthétique je m'immobilise, inquiet à l'idée que nous avons tous deux conscience de ne plus être jeunes. Quand ils s'embrassent, les jeunes ne se soucient pas de s'être lavé les dents. La jeunesse n'a pas d'odeurs corporelles.

Contrairement à la vieillesse.

À un âge avancé on s'en fichera, le temps des baisers sera révolu.

Que nous nous soyons lavé les dents en ayant peur de décevoir l'autre me touche, car nous doutons de nos corps qui risquent de fléchir, il nous faut donc les surveiller pour que les baisers montant de nos entrailles soient propres.

Je rêve d'étiquettes lumineuses collées sur des dentifrices et disant : “Baisers à la rose pour seniors”, ou “Baisers doux, merveilleux, sains et propres pendant huit heures”.

Les frontières de l'odeur sont celles de l'identité. En tant qu'humains, nous ne sommes pas prêts à accepter l'odeur de notre décomposition organique. Je pourrais imaginer un acte amoureux où l'homme tolère l'odeur de putréfaction de sa bien-aimée et vice-versa. Il ne faut y voir aucune mélancolie mais au contraire un miracle de la vie, un autre grand miracle de la lumière du soleil qui dévore nos corps.

Oh putain ! On y est allés fort sur le dentifrice ! s'exclame Altisidore en riant.

94

Je sais qu'Altisidore s'apprête à me dire quelque chose. Il y a du café frais et j'ai fait du feu dans la cheminée. J'ai dû mettre non pas un mais deux cubes à la paraffine pour l'allumer, j'ai dû ensuite me laver les mains.

L'enterrement a été célébré par un prêtre masqué, m'annonce Altisidore, que j'écoute en m'essuyant les mains avec une serviette.

J'ai eu mon frère au téléphone, il m'a tout raconté.

Il était affectueux, gentil, tendre.

Il m'a dit que je ne devais surtout pas me sentir coupable d'être restée ici. À son insistance j'ai compris qu'il m'aimait un peu. Il m'aime, mon frère, peut-être pas beaucoup, mais assez pour moi.

Il y avait mon frère, le cercueil et rien d'autre. Nous n'avons pas pu avoir une dernière conversation, nous réconcilier et faire nos adieux, je ne sais pas, moi… dire quelques mots, rester main dans la main pendant qu'elle aurait pris des nouvelles de son petit-fils. Elle est morte comme si Marc n'avait pas compté dans sa vie. Je me fous qu'elle m'ait rayé de la carte, mais elle aurait pu s'intéresser à son petit-fils. Ça, c'est douloureux. Je ne sais pas vraiment pour qui j'ai mal, si c'est pour moi ou pour elle, ou alors pour la tristesse qu'elle a dû ressentir en voyant qu'elle perdait son petit-fils, parce que mon frère n'a pas d'enfant. Et j'ai mal en pensant que Marc n'aura pas de grand-mère qui puisse lui raconter des contes de fées, il ignore qui elle est et qui elle a été.

Il te reste ton frère, lui dis-je. Tu peux tout reconstruire à travers ton frère. Marc sera à la fois son neveu et son petit-fils. Je pense que cette situation touchera l'esprit de ta mère et que la boucle sera bouclée, tu seras apaisée. Fais ça, bats-toi pour ça, pour que ton frère compte dans la vie de ton fils, ça fera revenir ta mère dans son cœur.

Tu es bon.

Je prends sa main et ses yeux s'écarquillent comme deux volcans en éruption, mais terriblement effrayés, sur lesquels je pose mes lèvres.

Si elle savait à quel point je lutte contre l'Obscurité !

Je regarde de nouveau son corps, cette énigme vivante. Sa chevelure noire. Ses lèvres. Ses dents. Je porte l'intimité d'Altisidore comme si je portais une croix, je ne trouve pas les mots pour expliquer cela. Parce qu'elle hésite à se dévoiler devant moi. Qu'elle mette du vernis à ongles et du rouge à lèvres sont les marques de cette hésitation.

Maintenant elle vaporise sur elle mon *Chanel N° 5*. Sur son corps, ce parfum fleurit de façon troublante.

Elle ne m'a même pas reproché de l'avoir volé.

Je ne l'ai pas volé.

Je l'ai obtenu après avoir livré une grande bataille contre le capitalisme, comme l'aurait fait le chevalier à la Triste Figure.

Et sans cela, sans ses ongles, ses lèvres, sa peau et son parfum Chanel, je l'aimerais malgré tout. Comment lui dire que ce n'est pas nécessaire, qu'elle n'a besoin de rien faire, qu'elle ne me doit aucune fioriture, aucun embellissement, que nous irons au-delà de la civilisation et ses dogmes, au-delà de toute forme de marivaudage ?

Pourtant c'est impossible, ce n'est qu'une utopie intellectuelle.

Oui, mais alors, comment lui dire qu'il faut qu'elle se maquille ?

Le seul moyen qui me vient à l'esprit pour lui faire comprendre que je la désire sous toutes les formes qu'elle revêt est toujours le même : la demander en mariage, pourtant je ne le fais pas.

Le mariage est parfait mais il ne dure qu'une journée.

Des mariages de vingt-quatre, quarante-huit, soixante-douze heures.

Des baisers qui s'étalent sur soixante-douze heures.

95

Après l’amour, j’aime que nos pieds s’entrelacent, jouent, se touchent de manière presque innocente. J’aime aussi prendre ses mains dans les miennes. Se prendre la main et garder le silence.

Il arrive que ce jeu de pieds m’effraie, car il se pourrait qu’elle n’aime pas les miens et réciproquement. J’adore les siens mais je souffre d’avance à l’idée qu’un jour ils puissent cesser de me plaire.

Si seulement je savais faire des tresses, je tresserais les cheveux d’Altisidore.

Elle les lâche sur l’oreiller. Elle a un front large, net, serein. Je l’observe pendant qu’elle consulte son téléphone.

Je contemple à nouveau ses pieds, et devant leur réalité tangible, leur anatomie, leur peau, leurs orteils, je me dis que je les ai connus grâce à la pandémie. Maintenant je suis sûr que je les aimerai toujours, si bien que ma détermination à la demander en mariage gagne en force.

Pieds et pandémie. Grâce au virus, ces pieds sont désormais à côté des miens.

Je ne me lasse pas de les regarder. Comment cette architecture a-t-elle pu s’édifier ? Rafael l’a déjà dit : l’architecture est sacrée. Pourtant je trouve que mes pieds n’ont rien de prodigieux alors que les siens contiennent tous les miracles du monde.

Le beau temps étant revenu, j’ai ouvert la fenêtre et une brise fraîche s’insinue dans la maison, qui nous oblige à poser sur nos corps une couverture fine, agréable, légère.

Tu as confiance en moi ? demandé-je à Altisidore.

Avoir confiance, les termes secrets qui se cachent derrière l’amour. Elle te plaît, cette phrase ?

Il y a une grande beauté dans la confiance, lui dis-je pendant qu'elle se lève et se dirige vers le frigo, où elle prend une pêche.

Pas la peine de la laver, c'est déjà fait.

Elle rit, la pêche dans une main. Elle la porte avec élégance, et il me semble que la pêche le sait. Elle a l'air heureuse d'être là.

Tu es sûr qu'il n'y a pas de virus sur sa peau ?

Mords dedans.

Je la vois ouvrir la bouche et planter dans le fruit ses dents blanches et bien proportionnées. Sa bouche devient orangée. J'essaie de calculer combien de morsures féminines sont nécessaires pour venir à bout d'une pêche.

Elle mord une deuxième fois dedans, séparant le fruit en deux moitiés, puis se recouche, la bouche dégoulinante de jus.

Altisidore a des dents harmonieuses aux proportions canoniques dont la blancheur symbolise sa confiance dans la vie. Pourquoi sont-elle si symétriques ? Cette symétrie d'incisives, de prémolaires et de canines suggère un chemin qui mène à un lieu arboré avec des cours d'eau, des fleurs, des graines.

Délicieuse, cette pêche, celles que je vends sont moins sucrées. Tu l'as achetée où ?

Je l'ai volée.

Tu es très doué, on va finir par dévaliser des banques ensemble, il faudrait passer à l'acte maintenant, ce serait le moment idéal pour faire un hold-up le visage masqué, sans éveiller les soupçons.

Qu'elle nous imagine en Bonnie & Clyde me fait penser qu'elle ne m'épousera jamais, qu'elle ne me considère pas comme l'homme de sa vie, ne voit pas en moi de racines profondes, d'ancrage dans la terre ferme. Pourtant elle m'aime, mais ce sont deux choses différentes.

Il n'y a pas deux pêches de la même saveur, elles sont toutes uniques, comme toi et moi, lui dis-je.

Tu es fou mais tu as raison : il n'y a pas deux pêches qui soient pareilles.

96

Altisidore sort du lit et marche pieds nus jusqu'à la poubelle où elle jette le noyau de la pêche. Elle le laisse tomber de sa bouche, ouvre le frigo et en sort la bouteille de vin blanc.

Un verre de blanc à la main, elle se lance dans un de ses longs monologues qui semblent s'adresser à l'univers en pleine expansion : Nous, les femmes – oui, ne me regarde pas comme ça, j'aimerais bien te voir à notre place –, on vient au monde en attendant qu'un homme donne un sens à notre sexe, légitime notre présence dans la nature et fasse de nous des mères. Pour une femme, survivre n'est pas un acte existentiel mais économique. En fait, être une femme est un sale truc et le restera toujours, parce qu'on ne peut pas dire à la nature : "Eh, toi, arrête de nous faire des coups foireux, sois solidaire, cool, fais preuve de justice sociale et prends conscience que tu dois être progressiste et égalitaire." Ce n'est pas vous, les hommes, qui êtes nos ennemis. Personne n'est l'ennemi de personne. Ça t'étonne, ce que je dis là, hein ? Il n'y a pas d'ennemis dans la nature. Quand un lion mange un zèbre, il n'y a rien de grave, pas de douleur mais un cycle biologique qui s'accomplit et rien d'autre, rien que ça. Ce sont nos yeux qui considèrent le zèbre avec compassion et le lion avec crainte. Le zèbre est un malheureux, le lion un gros salopard, mais aucun des deux ne ressent quoi que ce soit. C'est ça, la liberté, putain ! En tout cas c'est ce que je crois. J'étais heureuse à la naissance de mon fils et pendant ma grossesse parce que la nature était à moi, elle me soutenait comme elle a soutenu la première femme de notre espèce. J'avais l'impression d'être importante, j'occupais une place dont j'étais si fière que je ne sais même pas quels mots employer pour décrire cet état. Car être mère, c'est ça aussi : tu as l'impression d'être importante, la vie se prosterne devant toi. Tu sais, je pense beaucoup à la nature, qui n'est que l'invention de codes rendant la vie possible. Elle nous en fait baver comme elle en a fait baver aux dinosaures. Elle en fait baver aux girafes aussi. Tu as pensé aux girafes ? C'est nul d'être une girafe, un animal complètement disproportionné, avec un cou difforme surmonté d'une petite tête ridicule. Je trouve que la girafe est l'animal le plus extravagant de la création. Nous, on ne ressent pas l'érotisme de la même manière que vous. Sur ce coup-là, la nature s'est bien foutue de vous. Elle ne vous a pas gâtés non plus : vous pensez tout le temps à baiser et ça finit par être douloureux, angoissant et frustrant. Vous êtes obsédés par ça, ça vous démange entre les cuisses. Il y a pourtant un moment merveilleux où les hommes et les femmes peuvent vaincre la nature, et ce moment s'appelle l'amour. Là, la nature a la trouille. L'amour fait partie de la nature, c'est vrai. C'est une de ses créations, mais il ne respecte pas les limites qu'elle lui a fixées. Même la nature a peur de ce qu'elle a inventé sans se l'être proposé, autrement dit l'amour. Et maintenant on est ici, toi et moi, comme deux survivants qui veulent avoir leur chance et qui se bercent copieusement d'illusions, qui rêvent d'amour et d'être amoureux. Ça me plaît que tu m'aies surnommée Altisidore, j'aimerais toujours être Altisidore, mais je ne suis pas sûre d'être à la hauteur de ce nom, je risque tôt ou tard de redevenir Montse. Que tu m'aies transformée en Altisidore est la plus belle chose qui me soit arrivée ces derniers mois, parce que je me sens de nouveau aimée. Quand on est aimé, on a l'impression d'être important. Mais ce ne sont que quelques mois, pas des années. Je ne sais pas pourquoi j'ai cette certitude, même si je m'imagine parfois que notre histoire sera plus longue, ça arrive à beaucoup de femmes, ça m'est déjà arrivé une fois, on a peur qu'une histoire ait une fin tout en voulant qu'elle se termine.

Elle se tait et me regarde en souriant. Elle vient de passer un pull gris à col roulé qui sent *Chanel N° 5*. Ce pull lui va merveilleusement bien, il fait ressortir l'ovale de son visage. Je me demande ce qu'elle a contre les girafes, que pour ma part j'aime bien, mais je comprends que ce n'est pas le moment de parler girafes avec elle.

Je nous ressers du vin.

Elle m'assène ces longs discours pleins de vigueur que j'écoute bouche bée. J'adore l'écouter, elle est alors totalement libre. Les mots lui donnent de la liberté. Peu importe ce qu'elle me dit, même quand elle parle de girafes. Ce qui compte, c'est qu'elle prenne la parole, qu'elle me l'adresse, car pendant ce temps je me sens bien et me repose de moi-même, de ma condition d'homme.

Elle retire le pull qu'elle vient à peine d'enfiler, se dénude, enlève ses sous-vêtements. Elle veut qu'on fasse encore l'amour.

Elle n'a rien dit.

Elle se dénude, tout simplement.

Elle se rhabille aussi vite qu'elle s'est déshabillée et je la contemple comme si j'assistais à la résolution des mystères de l'univers.

Je prends son col roulé et le respire, trouvant prodigieuse la façon dont son odeur m'envahit.

Je le plie pour éviter qu'il se froisse.

97

Je pense aux différences entre le linge de corps masculin et la lingerie féminine. Je regarde son soutien-gorge et mon T-shirt, puis la couleur de sa culotte et celle de mon slip.

Pourquoi ses sous-vêtements me font-ils aussi peur ?

Pourquoi son soutien-gorge est-il aussi incompréhensible à mes yeux ? Ça m'échappe. Je l'examine à plusieurs reprises, comme s'il s'agissait d'un dinosaure, d'une espèce animale inconnue.

Je deviens nerveux. Comment élever tout ça au rang d'eucharistie ? Faire de cette vie ordinaire un autel de beauté et de plénitude ? Cela semble impossible.

Comment dissocier à jamais l'amour de la dépendance ?

98

Altisidore se promène à présent toute nue dans la chambre pour aller chercher un verre d'eau.

Il n'y a que toi et moi au monde et dans tout l'univers, mon amour, lui dis-je.

Quand tu dis "mon amour", tu n'y crois pas, répond-elle.

Si, j'y crois, pensé-je.

Quand je te regarde je veux ne plus avoir envie de regarder quoi que ce soit d'autre, ni gens ni objets, lui dis-je. Surtout pas les gens. Que ta présence m'apporte un bonheur et une sérénité absolus, qu'elle efface les injustices, les souffrances et les inégalités qu'il y a sur la planète. Qu'elle impose la justice et la beauté, comme l'air qui tombe du ciel, gorgé d'eau et de lumière.

Personne ne m'avait encore jamais rien dit d'aussi beau.

Elle m'embrasse.

Un baiser gorgé d'eau et de lumière.

Qu'est-ce qu'on serait sans nos baisers ?

On va se brosser les dents ? propose-t-elle en riant.

99

Quand j'avais une famille et qu'on allait tous ensemble à l'hôtel en vacances, bref quand tout allait bien et qu'on partait souvent, je ne supportais pas notre union, un groupe de consommateurs composé d'un mari, d'une femme et d'un enfant, me dit Altisidore. Cette union était standardisée, on ressemblait à un produit garanti à vie. Au buffet à volonté, le personnel souriait à la famille qu'on formait au lieu de nous adresser un sourire à chacun, ce qui pour moi était une humiliation. Quel genre d'humiliation, je l'ignore, pourtant j'aimerais bien faire encore partie de cette famille aujourd'hui, parce que je n'ai plus rien. Je n'aime pas ma vie d'avant, mais je n'aime pas non plus celle que j'ai maintenant. J'ai tout de même appris à voir en toute chose le côté merveilleux qu'il y a à être en vie, sans trop savoir ce que c'est au juste. Le divorce ne m'a pas volé cette impression de sécurité, il m'a volé mon fils. Enfin, ce n'est pas vraiment le divorce, plutôt le talent de mon ex à minimiser l'importance que j'avais dans la vie de Marc, c'est ça qui me tue. Ça me tue de ne plus avoir ça. C'est de l'orgueil et aussi un besoin de possession, mais c'est aussi une responsabilité et de l'amour.

Le jour où Marc se rendra compte de ce qu'a fait son père, mon ex, pour m'interdire de jouer mon rôle de mère en lui cachant mon amour, en me méprisant, le jour où Marc découvrira qui est son père, il aura mal et j'espère bien être auprès de lui pour défendre mon ex et ses mensonges.

100

Nous nous embrassons de nouveau, que faire d'autre pour valider le fait que nous sommes des amants ? Nous hésitons sur l'intensité à donner à ce baiser. Aujourd'hui Altisidore s'est verni les ongles d'un rouge brillant, plus brillant que le précédent.

C'est ça : les amants ratifient leur complicité au moyen des baisers. S'ils s'embrassent, c'est que le pacte est toujours en vigueur.

Nous nous enlaçons, nous nous caressons.

Et nous regardons le plafond quelques minutes.

Les baisers sont des décharges électriques. Quand nous en échangeons, cela signifie qu'il y a du courant, de la lumière.

Les baisers sont un certificat.

Ils nous indiquent le bon fonctionnement du réseau électrique.

101

Les masques te renvoient ton haleine et tu finis par savoir qui tu es à force de sentir l'odeur de ton souffle, qui peut être bonne ou mauvaise. Tu es le seul à pouvoir en juger. Tu es le seul à pouvoir émettre un avis : tu as bonne ou mauvaise haleine. Ta conclusion sera forcément vraie puisque personne ne viendra la réfuter ou l'appuyer.

Tu reçois en permanence ta propre substance.

Tu n'entres pas en communication avec le monde.

Tu entres en communication avec la production d'air de ta bouche. Les masques sont condamnés à sentir constamment ton haleine.

Tu as beau te brosser les dents et avoir une excellente santé buccale, ton odeur est celle d'un corps, or tous les corps tendent à la putréfaction, c'est implicite dans notre existence, ils annoncent l'entropie qui se solde au bout du compte par le vieillissement et la décomposition. Avoir un corps, c'est avoir un billet pour l'entropie et l'Obscurité.

Altisidore m'embrasse cependant avec passion et moi de même, et ses baisers comme les miens ne contiennent aucun reproche.

Les baisers et l'érotisme en général sont eux aussi condamnés à l'entropie, à l'oxydation, au crépuscule.

Nous sentons tous notre corps, et bien qu'il soit jeune, il est le théâtre de combustions, d'inflammations, de fontes de résidus, de transformations d'aliments, de séparation de nutriments et de graisses, tout a tendance à sortir par ta bouche et le masque est là, à se nourrir de toi.

Bien sûr que les masques sont une insulte à la vie.

La nature nous humilie donc ainsi ?

Si oui, c'est que nous sommes confrontés à un paradoxe

qui veut que le salut de la vie passe par son humiliation. En étant au moins conscient de cet état de fait, on est en bonne position pour nous observer tels que nous sommes, nous, les humains.

J'ai vu Altisidore se brosser les dents avec force et précipitation avant de faire l'amour.

Avec fureur.

Nous sommes des amants qui nous brossons les dents avec rage.

Je me suis surpris à me les brosser avec autant de force et de précipitation qu'elle.

Ni elle ni moi ne voulons de baisers corrompus.

Nous nous douchons aussi avec fureur.

Nous vivons un âge de l'amour qui a conscience de soi, de ses limites, de ses conditionnements. L'amour avec un miroir, une réalité qui me déplaît.

Aimer comme à vingt ans est impossible.

À moins d'être don Quichotte de la Manche.

L'amour devient par conséquent crépusculaire et craintif.

Elle ne m'épousera pas, je le sais.

Elle finira par sceller un pacte avantageux avec sa solitude, et Marc lui servira à signer cet arrangement.

À ses yeux je ne suis pas un arbre comme ceux de la forêt voisine.

Je suis un nuage.

102

Les première, deuxième et troisième fois que j'ai fait l'amour avec Altisidore, j'ai ressenti autant d'angoisse que de plénitude. À croire que la puissance de sa sexualité pouvait me consumer comme une allumette.

Me réduire en cendres.

Me détruire.

Ou, pire que la destruction, me rendre fou.

Il y a quelque chose de délirant et tu ne sais plus où tu en es.

Qu'est-ce que tu fais là, dans une posture que tu n'as jusqu'alors jamais adoptée, une attitude qui défie la raison ?

Pourquoi gémis-tu ? Est-ce ridicule ?

Qu'est-ce que tu attends ?

Que signifient ces cris de plaisir ?

C'est pourtant là que se consolide l'ouragan de la vie, et tous ses composants confluent vers cette rencontre entre deux humains.

Altisidore a-t-elle eu les mêmes impressions ?

Les gens cherchent à se protéger pour que l'acte ne leur brûle pas l'âme. Une de leurs protections est de nature sociale et consiste à faire du sexe un jeu de plaisir. Il me semble qu'Altisidore y a eu recours.

Pas moi.

Je ne me retranche pas derrière des protections issues des valeurs d'une époque donnée, sans quoi la liberté serait inaccessible. Le sexe remonte à la nuit du monde, que ceux qui ont envie de le rendre frivole parce qu'ils sont politiquement gênés le fassent. Mais le sexe est l'espèce, l'algèbre organique de l'espèce. L'érotisme vient de la peur, de mille peurs éventuelles, la peur qu'on te dise par exemple qu'on n'a pas envie d'être avec toi, qu'on n'est pas attiré par toi, qu'on n'éprouve rien pour toi, la peur qu'on te mente, qu'on te dise qu'on t'aime ou qu'on ne t'aime pas, mais quoi qu'on te dise, l'humiliation et la peur perdurent. Quand elles s'évanouissent, c'est que tu viens de faire l'amour avec ta sœur ou ton frère, ce que deviennent les amoureux et les amants dont la passion s'effrite.

Ton mari devient un frère bien-aimé.

Ta femme devient une sœur bien-aimée.

La soif d'érotisme n'aboutit qu'à la mort ou peut-être à un virus tel que celui-ci, qui représente également la mort.

103

Être amoureux, c'est ne pas regarder le journal télévisé ni même concevoir qu'il se passe autre chose au monde que ton amour.

Être amoureux, c'est être révolutionnaire.

Une désobéissance permanente.

Tu ne t'intéresses qu'à la lumière du soleil, et la nuit à la lune.

Les événements historiques cessent d'exister.

Ils cèdent la place aux mains, aux yeux et aux baisers suspendus dans l'espace et le temps.

Les jambes d'Altisidore, je dois y penser davantage. Mais Altisidore pense-t-elle à mon corps ? Elle n'a jamais dit que mes jambes lui plaisaient. Moi non plus je ne les aime pas. Elle doit apprécier mon corps car souvent, très souvent, elle me griffe, pétrit ma peau, écrase ma poitrine, presse ma langue, me tire les cheveux. Elle me fait mal, très mal, mon dos est rougi, mon cou couvert de bleus, ma langue brisée, mon sexe douloureux.

Elle aime donc mon corps mais elle ne le dit pas. Comment lui demander de l'exprimer sans la blesser, autrement dit sans avoir l'air d'un homme ?

104

Quand nous avons fait l'amour les fois suivantes, les défis corporels se sont intensifiés avec la visite de nouvelles zones où la peur de l'inconnu perdurait. L'angoisse montait, comme pour les alpinistes qui découvrent des cadavres gelés au cours de leur ascension de l'Everest. Puis, il y a quelques jours, j'ai constaté que je pénétrais dans un espace de tranquillité et de confiance et que l'effroi se dissipait.

Le corps d'Altisidore n'était plus une révélation pour moi, le mien ne l'était pas davantage pour elle.

Ce n'était plus une révélation, je pouvais donc être à ses côtés sans que mon cœur soit sur le point d'exploser, sans que je sois plongé dans un état anxieux et célébratif, un mélange de joie et de douleur.

Sans chaise électrique.

Sans vil garrot.

Sans fusillade.

Sans guillotine.

Sans crucifixion.

Je saluais encore cette sérénité il y a cinq minutes, le temps qui s'est écoulé depuis que nous avons fait l'amour pour la dernière fois. Mais à présent je ressens autre chose, une impression de vide. L'effroi a évidemment cédé le pas à la nostalgie. Et la sérénité au vide, qui laisse présager l'indifférence.

105

L'indifférence n'est peut-être pas déjà là, mais je l'ai vue passer un instant devant nos corps. Ça n'a duré qu'un moment. Elle était là, c'est arrivé quand j'ai pris le rouleau de papier hygiénique pour nous essuyer. Nous avons toujours utilisé du papier toilette, pourtant il ne m'était jusqu'alors jamais apparu comme singulier, spécifique. Je ne m'en étais pas soucié auparavant.

Je ne le vois que depuis cinq minutes.

J'ai pris conscience d'autres détails dont je ne m'étais pas préoccupé quand je n'étais pris de terreur que devant la nudité pleine de défi d'Altisidore.

Je suis certain qu'elle voit la même chose. Qu'on soit un homme ou une femme, on perçoit de la même manière l'atténuation des passions, l'étiolement de l'émotion et l'atténuation de l'insolence du sexe. Nous l'avons donc senti tous les deux, car elle comme moi avons vu ce à quoi nous ne prêtions pas attention avant : la vulgarité du papier toilette, qui soudain occupait toute la chambre où nous venions de faire l'amour

Nous aurions peut-être pu prévoir des serviettes et tout aurait été réglé. De bonnes serviettes en coton.

Le papier hygiénique nous a expulsés de notre royaume doré. Pourquoi nous en sommes-nous rendu compte il y a cinq minutes à peine ?

106

Comme si Altisidore lisait dans mes pensées, elle me dit : J'avais pensé à l'amour et à sa capacité de remplir mon existence d'envies de vivre, je voulais tomber amoureuse de toi, mais le problème, c'est que ni toi ni moi on y est arrivés. Moi aussi je me voyais vivre avec toi une relation durable.

Je lui réponds : Il faut que chacun y mette du sien pour que cette histoire se termine comme la pluie cesse de tomber du ciel, c'est la plus jolie fin qu'on puisse concevoir, quelqu'un qui dit : “Tiens, il ne pleut plus”, comme il dirait : “Il fait jour”, ou “Dis donc, il est déjà six heures du soir”.

107

Altisidore sort du lit en percevant sa nudité non plus comme une splendeur mais comme une honte. C'est la première fois que ça arrive. L'érotisme est lui aussi touché par l'entropie. Le mystère a pour nom "entropie", qui gagne nos corps à travers l'oxydation.

Elle va aux toilettes pour en ressortir aussitôt, habillée, tirée à quatre épingles, très bien coiffée, en regardant droit devant elle. Sa chevelure envahit la chambre, ses jambes édifient son corps, et voir comment ses belles jambes sont en réalité le support de tout ce que j'aime me confond.

Elle me regarde un instant.

J'y vais, il faut que j'ouvre le magasin, me lance-t-elle.

Elle ne sourit pas.

J'entends le moteur de l'Opel Astra et elle part sans m'avoir dit au revoir, car les humains ne finissent jamais une histoire d'amour comme la pluie cesse de tomber du ciel.

108

Je reste là, à regarder le rouleau de papier hygiénique, en me disant qu'il faut quelques mois, peut-être un an, deux, trois ou quinze, pour que les objets consolident leur présence. Des objets tels que des draps froissés, les chaussures usées d'Altisidore, la présence irritante de mon déodorant, une brosse à dents, une tasse de café qui traîne, un yaourt vide, la cuiller encore dedans et le couvercle soulevé comme un petit navire symbolisant la dégradation domestique, un coupe-ongles, un pantalon de jogging au lieu d'une robe, des chaussons au lieu d'escarpins, des vêtements d'intérieur sortis de la machine à laver, un peigne, un cheveu, une odeur dans les W.-C. qui ont cessé d'être des toilettes pour devenir une cuvette avec une lunette. Je suppose que nous n'avons vu passer l'indifférence à côté de nous que l'espace d'une seconde. Elle n'aboutira que plus tard à la fatigue, à l'ennui, à la chute de toute passion, à la chute du désir et à l'arrivée désolatrice du désamour.

Dans quelques semaines, peut-être quelques mois ou deux ans, Altisidore redeviendra Montserrat. Je me dis et me répète cela comme un moine qui se lèverait à quatre heures pour prier Dieu, l'implorer de ne pas retirer son soleil au monde.

Je trouve bon qu'il en ait été ainsi, que tous deux, dans un acte de sévère anticipation, ayons échappé aux cris, aux estafilades et aux insultes.

Dans peu de temps (sa précision dans une formule mathématique aurait été bien plus essentielle pour l'humanité que la théorie de la relativité) viendra le jour où ta présence me paraîtra insupportable, où elle sera une injure à la passion de la vie ; il est donc préférable que notre histoire se conclue immédiatement, nous sommes-nous dit sans rien nous dire.

Exact : nous n'avons rien dit et sommes donc restés dans le royaume des baisers.

109

Sans érotisme la vie est une erreur.

110

L'érotisme dure trois mois, l'amour trente ans.

111

Notre histoire a duré trois mois. Et il est vrai qu'avec les restes de ces trois mois, avec le carburant que nous avions en réserve, nous aurions pu nourrir un amour de trente ans sans jamais dépasser les trente kilomètres à l'heure, alors que la vitesse de l'érotisme est celle de la lumière.

Altisidore est partie effrayée, parce que la vérité nous brise. Les grandes histoires d'amour sont toutes des mensonges, même s'il en existe sans doute une vraie, celle entre don Quichotte et Dulcinée. Cervantès nous a déjà mis en garde contre l'idéalisation de l'amour. Il nous a dit qu'il était impossible, hormis dans l'espace de la folie, de la comédie, de l'impitoyable plaisanterie.

Montserrat/Altisidore, voilà mon intrigue.

Mais que s'est-il passé réellement ?

Rien, il ne s'est rien passé.

Un rouleau de papier toilette a occupé la chambre, c'est tout.

112

Quand nous faisions l'amour je l'embrassais et touchais son corps, priais pour le connaître, priais les étoiles pour qu'elles transforment l'orgasme en force et en fondement, en esprit et en liberté, mais ce qui s'avançait vers nous était une puissance animale fille de la nuit de l'espèce, issue de la pure animalité, car c'est ce que nous sommes.

J'aurais dû implorer l'Obscurité, je n'ai peut-être pas osé. Parce que pour tout dire l'orgasme ne contenait pas autre chose qu'elle, l'Obscurité.

Nous demandons depuis trois mille ans la conversion de l'orgasme en érotisme et en beauté. Ça n'a pas été possible, excepté pour les fous. Les personnes avisées divorcent, les trouillards s'obstinent dans des relations de couple avachies qui apportent la paix, nécessaire pour vivre.

La vie continue, elle renvoie partout de la lumière.

L'érotisme existe depuis toujours. C'est un regard, quelqu'un qui te regarde et te sourit, une invite, un cœur à genoux.

J'essaie maintenant de me rappeler le visage d'Altisidore quand l'orgasme approchait, mais il était flou. Parfois sa chevelure m'empêchait de le voir. J'essaie dans mon imagination d'écarter ses cheveux de son visage.

Je le fais mais je ne vois pas ses traits.

L'Obscurité me vole le visage qu'elle avait en atteignant l'orgasme.

Personne n'a rien vu.

Alors que je me proposais seulement d'entrevoir de la beauté.

113

Altisidore m'envoie un long WhatsApp. L'habileté de ses doigts à rédiger ces messages sans oublier un point ni une virgule me fascine. Elle m'écrit qu'elle veut fêter la fin du confinement. Le gouvernement a décrété la sortie de l'état d'urgence.

Viens à la maison, lui proposé-je.

Elle vient, j'entends le moteur de l'Opel Astra un quart d'heure plus tard.

Elle entre, nous nous embrassons.

Nous nous enlaçons.

Je t'aime, me dit-elle.

Et moi encore plus.

J'ai apporté une bouteille d'albariño bien frais.

Contrairement à toi, je l'ai payée.

Nous buvons.

Nous parlons.

Nous rions.

Nous nous embrassons.

Les baisers et leur saveur, à chaque fois différents, comme les pêches, les oranges ou les kiwis, nous ensorcellent, nous alarment, nous captivent et nous déçoivent.

Quel est le goût des baisers quand ce ne sont plus les premiers ?

Nous étions sur le point de faire l'amour quand Altisidore a dit qu'elle devait aller dans la salle de bains. J'étais très excité et voyais dans cet émoi un espoir, un retour de la passion. Elle m'a ensuite rejoint dans la chambre et s'est étendue sur le lit.

J'y suis allé moi aussi, c'était mon tour, j'avais comme elle besoin de me laver, le sexe à l'âge mûr nécessitant toujours une hygiène préalable, et j'ai vu dans la cuvette des toilettes un petit bout d'excrément qui m'a inspiré une incroyable déception. J'ai tiré plusieurs fois la chasse.

J'avais envie de pleurer.

En sortant de la salle de bains je me suis empressé de gagner la porte pour quitter la maison. En la fermant j'ai entendu Altisidore me demander : Tu viens ?

J'ai marché dans la forêt de manière erratique et désespérée, empruntant des sentiers labyrinthiques que je ne connaissais pas, me perdant entre des rochers que je n'avais pas l'impression d'avoir vus lors de promenades précédentes. J'attendais qu'elle s'en aille pour pouvoir revenir.

Je regardais la fine cime des arbres, qui me semblait tout à coup rougeoyer sous des lueurs crépusculaires. Des oiseaux chantaient dans les branches, exécutant des parades nuptiales et préparant leurs nids, et j'appréciais la verdure mystérieuse des bois dans laquelle j'aurais pu me couler pour me changer en couleur, n'être plus qu'une couleur.

Qu'elle s'en aille, s'il vous plaît, que Montserrat/Altisidore s'en aille et ne revienne jamais, murmurais-je aux arbres en sachant qu'au fond je parlais aussi pour moi, qui suis composé de la même matière organique qu'elle, qui ai un corps identique produisant les mêmes odeurs et les mêmes excréments.

Qu'adviendrait-il de nous sans le romantisme ? Je sais à présent que je suis un romantique, un rêveur, un innocent.

Qu'aurait fait don Quichotte ?

Il pensait que sa Dulcinée était un être céleste, sans ombres corporelles, pourtant c'est de ces ombres que naît l'érotisme, la grande et unique force de la vie, qui prend sa source dans les excréments.

Lorsque je suis rentré une heure plus tard, la voiture d'Altisidore n'était plus là. J'ai poussé la porte et me suis rendu directement dans la salle de bains, j'ai ouvert le couvercle des toilettes. La tristesse organique était toujours là, j'ai tiré la chasse à plusieurs reprises, mais elle ne s'évacuait pas. Je suis allé chercher une bouteille d'eau de Javel dans la cuisine et en ai versé le contenu sur l'excrément, que la terre a fini par engloutir.

Je me suis lavé les mains avant d'aller dans le séjour.

Altisidore avait écrit un mot sur une feuille de papier. "Je t'ai attendu presque une heure, je t'ai envoyé un WhatsApp auquel tu n'as pas répondu, j'espère qu'il n'y a rien de grave, appelle-moi, mon joli, je t'aime."

En lisant "je t'aime" et "mon joli", je me suis senti moins seul au monde. Ça aussi c'est important, vraiment important.

Se sentir moins seul n'est pas de l'érotisme mais aide à aimer la vie et à être bien. C'est important.

J'ai pensé la demander en mariage et m'efforcer d'être déterminé, parce que l'amour est toujours là, bien que l'érotisme faiblisse.

L'amour est là, c'est ça qui compte, parce qu'il est réel. Nous veillerons l'un sur l'autre, nous serons toujours ensemble à tout moment. Je pourrais même devenir le beau-père de Marc, nous formerons une famille.

Je prendrai soin d'elle.

Nous serons heureux.

Nous ne serons plus jamais seuls.

Quand elle sera vieille et malade, je lui apporterai son sirop, ses cachets et tous les traitements du monde que je poserai sur la table de nuit et je resterai là, un thermomètre à la main, car c'est ce que font les maris dignes de ce nom.

Je pousserai son fauteuil roulant avec élégance, comme si nous étions des danseurs.

Nous nous vêtirons de rouge et nous promènerons dans nos fauteuils comme deux anges rembrunis par la colère.

114

Deux danseurs en fauteuil roulant, chacun choisit sa propre mort, son propre vieillissement. Deux danseurs pour qui il devient difficile de lire les gros titres des journaux ou de se livrer à de petits calculs mentaux, d'additionner le prix d'une baguette de pain et d'un paquet de sucre.

Peu après notre rencontre, Altisidore m'avait dit qu'elle avait été une passionnée de danses de salon. Et qu'elle savait danser le tango. Elle avait apporté plusieurs DVD de célèbres danseurs argentins que nous regardions sur mon ordinateur.

Tout ça, c'était au début de notre relation, quand elle venait me livrer des produits de son épicerie.

Un soir, nous nous sommes déguisés en danseurs de tango et elle m'en a appris les rudiments. Elle s'est alors métamorphosée. Quand elle a passé sa robe coupée dans un tissu à paillettes, qu'elle avait apportée dans un sac, et mis ses talons avant de se farder les yeux et de se vernir les ongles des pieds et des mains, j'ai eu une révélation et j'ai compris beaucoup de choses. Je pense qu'à travers le tango elle m'enseignait une des manifestations les plus complexes du désir, à savoir la tristesse.

Le soir, nous regardions souvent les grands danseurs de tango sur l'écran de mon portable. C'est la danse la plus érotique qui soit, elle rappelle constamment l'impossibilité de la plénitude. C'est ce qui arrive dans la vie des hommes et des femmes. Le tango est une danse maudite qui souligne le côté amer de l'érotisme humain. Pendant qu'Altisidore se déguisait en passant sa robe et chaussait les talons qui dessinaient un socle argenté sous ses pieds, l'érotisme brillait.

Elle m'avait apporté un costume de danseur.

Et m'a dit que l'essentiel, dans le tango, c'est l'*abrazo*

et la *caminata*. Et m'a montré comment faire une *barrida*, un *voleo*, une *quebrada*, un *gancho*, un *ocho*, un *corte*, une *sacada*, un *giro*.

Il me semble qu'elle me disait des choses qu'elle se disait aussi à elle-même. Ces choses, je les vois maintenant. Elle me disait que l'érotisme se montre dans toute sa splendeur tant qu'il n'a pas abouti. Le tango était une façon de nous dire adieu.

Elle me disait par ailleurs que tout en m'aimant beaucoup, elle voyait en moi non pas un mari ou un partenaire stable, mais un danseur éthéré. Je crois que je cause toujours ce genre de déception, indissociable de ma personne et liée à mon incapacité à prendre des décisions. Or l'amour exige de la détermination, et moi je passe mon temps à danser, je me perds dans la danse des corps et dans les mots.

Le tango est diabolique, d'une beauté à la force destructive, un défi entre un homme et une femme visiblement issu de la nuit de l'espèce ; tous les danseurs que nous voyions sur l'écran avaient des mines théâtrales et des regards de braise.

Nous considérions tous deux le tango comme une forme de renoncement au mariage, une façon de nous dire que seul le désir importe, car dans la vie l'érotisme ne peut pas s'accomplir. Il doit demeurer une utopie du cœur pleine d'enchantements et d'envies virevoltantes de posséder l'autre sans le posséder.

Le tango, c'est faire l'amour sans le faire, un désir exalté par la danse.

Je me rends compte aujourd'hui qu'en réalité elle ne pensait pas comme moi. Elle cherchait un amour durable dans le temps et moi une beauté atemporelle. Elle cherchait un humain et moi un archétype. Elle cherchait le soleil et moi une étoile plus petite.

115

Altisidore me téléphone à midi de l'épicerie.

Purificación, l'infirmière qui s'est occupée de Francisco, vient de m'appeler, m'annonce-t-elle. Elle m'a appris qu'il est mort ce matin, très tôt, elle a pensé qu'elle devait me mettre au courant.

Je suis désolé, Montserrat, je ne sais pas quoi dire.

Tu m'as appelée Montserrat, je n'aime pas ça, dit Altisidore.

Et elle ajoute : Je lui ai demandé si la famille de Francisco s'était occupée des obsèques et j'ai été sidérée par sa réponse. Elle m'a dit qu'il n'avait pas de famille, que dans ce cas on applique le protocole des “morts anonymes”. Tu y crois, toi, à l'existence d'un truc pareil ?

C'est assez beau, mais... tu veux dire que Francisco s'est inventé un fils et une femme ?

Apparemment, oui, mais bon, ça n'intéresse personne ou peut-être toi et moi, et encore. Pour nous, cette histoire ou ce mensonge n'est qu'une anecdote irréelle, et j'imagine que pour Purificación, c'est une histoire de plus parmi les innombrables anecdotes qu'elle a dû accumuler dans sa vie professionnelle. De temps en temps, elle en raconte une à ses enfants, à son mari ou à ses frères et sœurs.

Ou à ses amants, suis-je intervenu.

Ça, ça m'étonnerait, a fait Altisidore avant de raccrocher.

J'ai songé ensuite au désespoir de cet homme qui s'est inventé une famille, et à mon indifférence quant à sa famille réelle ou hypothétique. Il était sans doute perturbé mentalement, il n'avait pas l'intention de mentir, mais je suis probablement la seule personne sur terre à rester concentrée aussi longtemps sur une ombre qui, pour finir, sort peut-être tout droit de l'imagination d'Altisidore.

Qu'elle-même ne soit pas une ombre me suffit.

Tout être humain confronté à la mort a le droit de réinventer son existence, de mener une vie d'une durée de deux minutes, ce n'est qu'une question de foi, celle que possèdent les gens qui croient à l'immortalité de l'âme, en Dieu, à la résurrection de la chair, au Jugement dernier, à la libération du prolétariat, à la lutte des classes, aux anneaux de Saturne, aux extraterrestres ou aux neutrons, cette foi-là.

Habité par cette foi, Francisco s'est improvisé une vie différente de celle qu'il avait vécue, et il l'a fait alors qu'il était sur le point de s'éteindre.

C'était un artiste.

Je rappelle Altisidore.

Je t'écoute.

Je crois que cet homme était un artiste.

Tu es dingue, me répond-elle. Aussi dingue que lui, mais je t'aime. Et elle coupe la communication.

116

Ma vie n'est faite que de l'attente de sa venue, de son apparition devant ma porte. Si seulement il était possible de se passer des mots. Altisidore est brune, c'est une certitude, pourtant elle me semble parfois blonde ou je la vois blonde. Comme si elle pouvait être les deux. Elle a de grands yeux noirs. Mais parfois ils me semblent marron et même bleus, car ils ne sont pas fixes et paraissent toujours sur le point de se transformer.

Ses bras sont délicats, longs et doux, mais plus douce encore est sa peau, celle de son ventre par exemple. Les premiers jours je me suis senti impur en touchant son ventre, on aurait dit la peau d'une enfant, puis j'ai compris qu'elle n'avait pas vieilli. Il n'est pas de corps, masculin ou féminin, qui ne comporte quelque part un signe évident, une marque surnaturelle. Dans la peau d'Altisidore j'ai vu l'empreinte de forces surnaturelles.

C'est sans doute à cause de ce papillonnage constant du surnaturel que je pense si souvent à Rafael Puig.

Mais... est-ce que je connais bien Altisidore ? Est-ce que je sais vraiment comment est son organisme, son corps, son sang, son cerveau, sa mécanique humaine ?

Comment s'exprime-t-elle ?

Elle est tantôt douce, tantôt dure.

D'une douceur perverse.

D'une dureté honnête.

Tel est l'alliage de son caractère, mais tomber amoureux me semble difficile avec l'âge. Je m'aperçois que je ne l'ai jamais entendue crier, ce qui me confirme que nous n'avons jamais été mari et femme. J'en rirais presque

Hier elle m'a dit au téléphone : J'aime être avec toi,

même si je sais que te le dire ne te suffit pas, à moi non plus d'ailleurs. Tu voudrais avoir l'assurance absolue que nous sommes amoureux alors que tu devrais te contenter que je passe te voir tous les jours et que je dorme avec toi. Je sais que tu aimes par-dessus tout que je t'avoue mon amour.

Elle a raison.

J'aime quand elle me dit que je compte plus que tout, mais c'est vaniteux de ma part et ça me déplaît.

Elle m'a fait d'autres confidences au cours d'une conversation téléphonique de deux heures : Mon ex ne m'a jamais demandé de l'aimer comme ça, il n'a jamais eu tes aspirations. J'ignore au juste de quoi il s'agit et je crois que tu ne le sais pas plus que moi. Tu veux mon corps, mon âme et autre chose dont je ne connais pas le nom, tu pourrais peut-être me donner des précisions.

Si seulement je le savais...

Ça n'a pas de nom mais une musique.

Imagine qu'on se quitte, lui ai-je dit, qu'on reste quelques mois ensemble et qu'on se sépare, qu'on se retrouve quinze ans plus tard après s'être perdus de vue. Qu'on se croise par hasard dans un supermarché pendant qu'on fait nos courses. On se regarde. Tu as un paquet de riz dans la main et moi du sucre, ou l'inverse si tu préfères : moi un paquet de sucre et toi de riz ; on oublie aussitôt ce qu'on a dans la main ; on reste interdits, on cherche dans notre tête ce qu'on va bien pouvoir se dire, mais surtout on se demande si l'autre a pu aimer un homme – dans ton cas – ou une femme – dans le mien –, tout en sachant que non. On pense que ces quinze ans ne nous ont pas permis de résoudre l'énigme de l'amour.

Tu es dingue. Ce que tu attends de moi, autrement dit mon âme, m'émoustille, oui, excuse-moi d'être vulgaire, mais ça me chauffe, ça me fait carburer au lit. Toi aussi.

Je pourrais renoncer à ton corps, lui ai-je dit. Non seulement renoncer à te faire l'amour, mais à t'embrasser, à te prendre la main ou à te regarder dans les yeux si ça augmentait la beauté de notre amour.

Tu es dingue, complètement dingue, mais j'adore t'écouter, même si tu m'injectes du poison dans le cœur et si tu me pourris les entrailles avec ton sang noir.

Moi : Pourquoi désirer ton corps si je perds sa beauté en le possédant ?

Elle : Tu es fou mais continue, continue jusqu'à ce que nos portables nous fondent dans les mains comme une glace sous le soleil du mois d'août.

Moi : J'aimerais écrire un million de pages, composer une symphonie ou tourner un documentaire de trois heures sur la couleur de tes yeux et la douceur de ta peau, mais je n'ai aucun talent, et savoir que je ne suis pas doué me donne envie de mourir. À quoi bon vivre si je ne suis pas fichu de rendre cette beauté ? À quoi me sert-il de vivre, pourquoi vivre si je ne peux pas passer l'essentiel de mon temps sur cette vague sanglante belle et désespérée ?

Elle : Je ne te crois pas, ta voix me fait mal, mais c'est tout ce que j'ai pour l'instant.

Moi : C'est pourtant vrai que je songe à mourir quand je ne sais pas comment t'adorer.

Elle : Quelle connerie ! Tu ne veux pas m'adorer, tu te cherches une drogue très bizarre. Je ne sais vraiment pas quoi penser de tout ça, je ne sais pas ce qu'on peut faire, je ne sais rien et toi non plus. Je n'ai envie que d'une chose, c'est de voir la mer.

Moi : On finit toujours par choisir ce qui est dangereux pour notre survie, et quand on survit on se demande pourquoi on a survécu, pour quoi faire. Moi aussi j'ai envie de voir la mer.

Elle : Je sais pourquoi. Je veux survivre pour m'occuper de mon fils, alors tu peux préférer la destruction, pas moi, et ça tu le sais parfaitement, mais je te le répète pour que tu ne l'oublies pas : tu peux t'immoler au nom de ta soi-disant beauté, moi je dois vivre pour mon fils. Et je me fous de voir la mer.

Moi : Jamais.

Elle : Quoi, "jamais" ?

Moi : Ça ne peut pas être autrement, je ne te laisserai jamais choisir autre chose.

Elle : Tu n'as aucune autorité, ton "jamais" sonne creux, il est vaniteux.

Moi : J'ai décidé de vivre pour toi.

Elle : Je veux voir la mer.

Moi : Je veux voir la mer.

Elle : Je m'étais dit que toutes ces semaines je resterais avec toi, que je t'aimerais, que je serais près de toi et te regarderais vivre en m'aimant.

Nous avons raccroché.

Altisidore se moque de moi comme la vraie Altisidore s'est moquée du pauvre don Quichotte, ai-je songé.

Je me perds dans mes pensées. Ceux qui gouvernent le monde sont-ils amoureux ? Les chefs de gouvernement, les présidents de la République, les rois, les ministres, les dirigeants de holding, les directeurs de banque, les maîtres du monde ? S'ils ne sont pas amoureux, quelle sorte de danse exécutent-ils ?

Je ne suis sans doute qu'un pauvre diable mais je suis amoureux et je danse, je suis un danseur car on peut voir la vie ainsi, à partir de la danse et de la manière dont on danse dans la lumière du soleil.

La vie me récompense bizarrement, elle me tire de la grisaille absolue parce que je suis amoureux de cette femme.

Un amoureux ne peut détester personne.

Il ne déteste même pas la souffrance qu'il ressent en étant amoureux.

Si tu chasses l'amour de ta vie, il ne te reste plus qu'à

t'acheter une Mercedes ou un logement plus spacieux, à gravir les échelons dans ton travail, à haïr ceux qui t'en empêchent et à continuer d'aspirer à la notoriété et à l'achat d'autres propriétés.

La notoriété publique, sociale, politique, et les propriétés.

Moi je veux seulement être amoureux.

Aimer Altisidore.

Les gens ne sont plus amoureux, ils ont expulsé l'amour de leur existence. À quel moment les sociétés, leur morale et leurs politiques ont-elles décidé que tomber amoureux n'était pas un objectif dans la vie ? À quelle époque malheureuse ont-elles décidé que l'amour n'avait rien à voir avec le succès ?

L'amour est dissolvant.

L'amoureux ou l'amoureuse ne travaillent pas bien, ils n'arrivent pas à se concentrer sur leurs objectifs professionnels, ils ne sont pas à leur affaire. En outre ils n'ont aucune pensée politique. Ils ne savent rien. Ils ne lisent pas. Ils n'achètent rien. Ils ne voyagent pas. Ils ne consomment pas. Ils ne cherchent pas à améliorer la société. Ils sont égoïstes, se contentent d'être amoureux.

Je ne suis pas venu au monde pour lutter contre l'injustice.

Je suis né pour tomber amoureux d'une femme.

Ou même pas d'une femme.

Mais d'un autre humain qui n'est pas moi, voilà, c'est exactement ça.

117

À la fin du confinement, Altisidore aimerait qu'on réalise ensemble un de ses désirs. Elle veut aller à la mer.

Elle a déjà une idée de l'endroit.

Ce serait une façon élégante de nous dire adieu. Bien qu'elle ne le dise pas, je le devine.

De grands adieux qui feraient intervenir le corps, l'âme et ce que nous avions encore à vivre et à découvrir ensemble. L'invocation d'un avenir sans elle ou lui est toujours contenue dans les adieux des amoureux ou des amants. Cet avenir qu'ils ne connaîtront pas ensemble existe comme un plan alternatif qui se consumera à jamais dans les entrailles de chacun d'eux, de même que le soleil flamboie sans raison objective.

L'endroit qu'elle a choisi est l'hôtel Voramar, à Benicasim, dans la province de Castellón de la Plana. Elle a déniché une offre intéressante pour une chambre avec vue sur la mer. Elle me dit que c'est un hôtel célèbre qui a été un hôpital pendant la guerre civile, surtout pour les soldats des Brigades internationales. Ernest Hemingway et le poète espagnol Miguel Hernández y ont dormi. Tout est sur Internet.

Je découvre ensuite que d'autres gens y sont descendus, comme l'écrivain américain John Dos Passos, ou des hommes politiques tels que le maréchal Tito et Juan Negrín.

Altisidore me dit qu'on prendra sa voiture car elle trouve à raison que la mienne n'est pas fiable.

Le vendredi 3 juillet, nous partirons donc à neuf heures. Elle a obtenu quelques jours de congé et ne retournera travailler à l'épicerie que le 9 juillet.

À l'épicerie de Montserrat, pensé-je.

Elle sera enfin Altisidore en permanence, me dis-je.

Elle est contente. En plus, grâce à la pandémie, elle a obtenu des prix défiant toute concurrence. Grâce au virus, les hôtels quatre étoiles sur la plage proposent des prix avantageux, et elle a tenu compte de mes préférences. Pour choisir une chambre, elle a hésité entre celles qui avaient vue sur la mer et celles qui avaient vue sur la montagne. Il y avait 20 euros de différence. Elle s'est lancée dans des recherches approfondies et efficaces en consultant les avis d'autres clients sur différentes pages Web. Le Voramar avait une très bonne note partout, ce qui la ravissait.

Selon elle, les chambres avec "vue sur la montagne" dissimulent une vue sur la route. Elle m'annonce ça comme si elle venait de résoudre le mystère de la très Sainte Trinité. Je songe à la quête de la beauté, qui est bien réelle et non imaginaire, car à l'hôtel Voramar comme dans tous les hôtels de la terre, ils savent parfaitement que voir la mer et ne pas la voir, ce n'est pas pareil. Voir la mer se rattache à la beauté et à l'étonnement, l'argent étant le seul moyen de les évaluer. Quand on les évalue avec de l'argent, on les valorise et on les comprend. L'argent rend les problèmes les plus complexes compréhensibles, de là son succès.

Si la beauté ne coûte rien, on ne la voit pas.

Pour perdurer, la beauté doit avoir un prix.

Son existence est fonction de son prix.

Nous prendrons notre petit-déjeuner et irons à la plage masqués, un vrai univers de zombies, dit Altisidore. J'ai besoin de ces vacances, le chagrin me pèse.

118

Nous avons mis plus de six heures à nous rendre à destination, avec une pause pour déjeuner et prendre un peu de repos. Altisidore avait préparé des empanadas, des beignets de morue et coupé une pastèque. Nous avons mangé sur une aire assez désolée, il faut le dire. Les poubelles débordaient de détritus nauséabonds qui s'éparpillaient par terre. Il n'y avait pas d'arbres pour dispenser de l'ombre. Les poubelles étaient remplies de masques. Une vague de chaleur s'était abattue sur l'Espagne, une chaleur poisseuse et poussiéreuse, une invitation à ne rien faire, à se cacher du soleil, à partir à la recherche d'une grotte bien fraîche, d'un fleuve, d'une allée ombragée, comme je suppose qu'a dû le faire l'*Homo sapiens* il y a cent mille ans.

Toute sa générosité était contenue dans ses acras et ses empanadas, cela se voyait. Ses longues mains brunes ont ouvert le tupperware et m'ont tendu le premier beignet, qui était délicieux. J'en ai pris une moitié et lui ai donné l'autre, qui s'est perdue entre ses dents d'une parfaite symétrie.

Ses mains saisissaient la nourriture et la glissaient dans ma bouche.

Un peu de jus de pastèque a coulé sur sa lèvre, puis sur sa peau.

Nous étions heureux au milieu du désert.

Nous avons repris la route, l'air conditionné à fond. Bien que son Opel Astra soit un vieux modèle, il fonctionnait parfaitement.

Nous avions quatre CD que nous avons passés pendant toute la durée du trajet : John Coltrane, Franco Battiato, Nina Simone et Amy Winehouse.

Hier j'ai eu mon fils au téléphone. Il va bien, il a été très tendre avec moi, a-t-elle dit en conduisant.

Je n'ai pas voulu lui poser de questions, mais j'ai songé au fils inventé de Francisco. Qu'est-ce qui peut bien pousser un moribond à s'inventer un fils qui ne l'aime pas ? Marc n'était pas une invention, Altisidore m'avait montré des photos de lui.

Nous traversions la péninsule Ibérique, en route vers la Méditerranée, je sentais les flammes du soleil comme si cette première chaleur réclamait ses droits, comme si nous n'étions que du feu et remontions le temps jusqu'à la seconde qui avait succédé au big bang.

Je regardais les mains d'Altisidore sur le volant, elles me semblaient à la fois robustes, propres, saines et élégantes. Les mains en disent long sur les personnes. Elles disent tout. Chaque main a cinq enfants avec son caractère, sa physionomie, son aspect, sa délicatesse.

Je considérais ces mains comme le mystère le plus perturbant de la vie.

Pourquoi voyais-je en elles la beauté absolue ?

La beauté non seulement humaine, mais politique, oui, à croire que ces mains étaient le territoire d'une république de citoyens libres, accomplis, amoureux, bons, sans peur.

Le mystère de la vie est dans tes mains, comme un hiéroglyphe mystique, ai-je dit à Altisidore.

Elle a éclaté de rire. Cette image m'a permis de changer de sujet et de la détourner de l'élégie de son fils, qui risquait de nous attrister.

Puis le silence est revenu, empli sans doute du souvenir de Marc. Ne voulant pas la voir souffrir, je lui ai dit : Je crois que la pandémie a séparé des millions de pères et de mères de leurs enfants, je l'ai entendu à la télé et je l'ai lu dans les journaux.

Mais toi tu n'as pas d'enfants, m'a-t-elle répondu.

J'ai ressenti aussitôt un vide surnaturel qui m'a fait comprendre pourquoi Francisco s'était inventé un fils et, très vite, j'ai cessé d'avoir cette impression de vide.

Quand on n'a pas d'enfants l'abîme est plus profond. Quand on en a, l'abîme se transforme en angoisse.

Elle dit vrai, je n'ai pas d'enfants, personne à qui téléphoner pour demander de l'aide, un service ou un week-end à partager. Mes gènes se perdront à jamais. Pour couronner le tout je suis fils unique, une fin de race.

Ça aurait été comment, d'avoir un enfant, de le voir grandir, s'éloigner, vieillir aussi ? La péninsule Ibérique emporte ces interrogations.

Nous mettons plus de six heures pour arriver à destination. Quand nous voyons enfin la porte de l'hôtel, nous nous garons juste à côté, il y a une place.

119

D'un simple coup d'œil sur l'hôtel je m'aperçois qu'il a été édifié au bon endroit, d'un côté de la plage, ce qui en fait un lieu magnétique avec ses palmiers et sa simplicité architecturale, ses grandes fenêtres paisibles et ses quatre étages seulement.

À la réception nous sommes bien accueillis.

Altisidore sourit, enthousiaste, pendant que nous nous enregistrons.

La carte d'identité d'Altisidore leur suffit, ils n'ont pas besoin de la mienne.

On nous assigne la chambre 104 en nous précisant qu'il faut descendre d'un étage pour s'y rendre. Altisidore fait la grimace, déçue et de mauvaise humeur. Elle objecte que nous avons réservé une chambre avec vue sur la mer, la réceptionniste le lui confirme, c'est bien le cas.

Nous y pénétrons et constatons en effet que la mer s'étend devant la baie vitrée, mais c'est un rez-de-mer. Ce qu'on entend par "vue sur la mer" est en général un point de vue panoramique, pourtant notre déconvenue du début devient vite une célébration, nous prenons conscience que cette chambre est pleine de charme. Autre leçon de la vie, son imprévisibilité.

On nous perçoit comme mari et femme, c'est mignon et nous en sommes enchantés. Il y a deux lits dans notre chambre. Je choisis le plus proche de la terrasse, Altisidore me laisse cette possibilité, ce privilège, et j'en déduis aussitôt que son ex-mari a été cruel avec elle, qu'elle a eu envers lui des gestes généreux qu'il n'a pas su apprécier à leur juste valeur.

Ravis, nous découvrons un hamac suspendu sur la terrasse. Dès qu'elle le voit, Altisidore s'y allonge et s'y balance.

Les Baisers

Nous sommes à présent confrontés à nos bagages, à nos trousses de toilette, au placard. Nous hésitons comme deux collégiens, ce qui nous porte à croire que la passion n'est pas éteinte, loin s'en faut. Elle demeure, car lorsqu'on change d'endroit on change de corps, de sorte que ce qui était une liturgie d'adieu s'accompagne mystérieusement d'un regain de baisers, de caresses, de sexe.

Je m'aperçois soudain que j'ai été stupide, un authentique abruti, un romantique idiot.

Je suis toujours passionné.

Je suis toujours amoureux.

Je désire toujours son corps et son âme, et elle les miens.

120

Je vois encore la grande falaise du désir dans notre chambre de l'hôtel Voramar, à laquelle s'ajoute la présence des passants près de la balustrade de notre terrasse. Ils ont une vue imprenable sur nous, au rez-de-chaussée, près d'un bar élégant contigu à la plage.

Je crois que ça nous excite tous les deux.

Ça nous fait vraiment triper.

Nous nous installons sur la terrasse en ayant l'impression d'être assis au bar, la balustrade et les deux mètres qui nous séparent de l'établissement délimitant la frontière.

Si nous le voulons, nous pouvons faire l'amour devant tout le monde.

Nous pouvons choisir l'intensité, rester dans nos lits ou rapprocher nos corps de la terrasse, tirer les rideaux entièrement, à demi, ou bien les laisser ouverts.

Nous mettre nus dans le hamac et faire l'amour là, à la vue de tous.

L'exhibition nous contamine : baiser en s'exposant au monde, au soleil, au ciel, aux arbres, aux oiseaux, aux nuages, à l'air libre, dans le vent, c'est vraiment ça la vie. Ça l'a été pendant des millénaires.

Nous comprenons que cette chambre abrite l'énigme de notre identité sexuelle.

La Falaise, dis-je à Altisidore. C'est le nom que je vais donner à notre chambre.

Je crois que nous pourrions rester deux cents ans au bord de la Falaise, assis l'un en face de l'autre, au cours d'un été qui durerait deux siècles, pour tenter de résoudre l'énigme de notre identité sexuelle, cent ans pour décrypter la mienne, cent autres pour lever le voile sur celle d'Altisidore.

Les Baisers

La Falaise est là, elle nous entend parler.

L'énigme de notre identité sexuelle est la seule qui existe, tout le reste est frivolité, économie et industrie.

Ministères de l'Économie et des Finances, de l'Industrie, de l'Environnement, tout le reste n'est que ministères.

121

Je m'emploie à regarder le visage d'Altisidore sous différentes lumières du jour et cela me consume, me comble de joie, me stigmatise. J'ai beau l'embrasser, toucher son sexe et elle le mien, je n'arrive pas à étancher ma soif. Je ne peux pas accéder à son âme, le dernier refuge de son identité et de sa substance, je ne peux pas marcher nu dans son esprit, dans son Obscurité.

Je ne peux pas me glisser dans sa peau.

Pourtant je suis sûr de vouloir être elle.

Je le veux, oui.

Me métamorphoser en elle sans que mon identité envahisse ou atteigne la sienne, afin que nos deux identités cheminent ensemble, cohabitent dans le même corps : le sien.

122

Nous sommes assis sur la terrasse de la Falaise et profitons de la lumière et de la mer. Nue dans le hamac, elle lit un roman d'Isaac Asimov. Je ne veux pas perdre une seule facette de son visage. Quand elle a ouvert sa valise et rangé ses vêtements dans les tiroirs, j'ai vu qu'elle avait acheté de la lingerie neuve exclusivement pour moi. Comment se l'est-elle procurée ? Sur Amazon sans doute.

La valise, la Falaise, le placard, la salle de bains, les lits et l'air sentent *Chanel N° 5*.

Sa valise est importante, Altisidore rend tout important. J'ignore si mes affaires comptent à ses yeux. Comment lui poser la question ? Comment formuler cette interrogation ?

Quand je regarde sa valise, une vague de tendresse me submerge. J'imagine les dizaines de fois où elle l'a faite seule, sans l'aide de quiconque, sans personne à qui demander combien de jours durera l'absence, quelles tenues emporter, s'il fera froid là où elle va.

Faire sa valise tout seul est la porte ouverte à la culpabilité.

À l'Obscurité.

Je caresse sa valise.

Qu'est-ce que tu fais ? s'exclame-t-elle. Tu es dingue !

❶❷❸

J'aimerais aspirer comme un vampire tout l'amour que Marc éprouvera un jour pour sa mère d'ici quelques années.

Je m'en abreuverais comme un cannibale.

C'est ce que faisait Dieu quand Il existait : Il s'insinuait dans les entrailles et répandait Son amour partout.

D'ici quelques années, ce fils adorera sa mère, il l'aimera avec une dévotion merveilleuse.

Je le sais.

Et le cœur de Marc sera l'autel de la tendresse.

D'ici quelques années. Dix, quinze, peut-être vingt.

124

L'hôtel Voramar est complet : beaucoup de gens, y compris nous, veulent de nouveau profiter de la vie, mais tous sont masqués. Certains ont des masques colorés, d'autres en portent même deux.

Regarde toutes ces serveuses masquées, me dit Altisidore. C'est terrible, l'humidité, le travail, la chaleur, un salaire de misère et en plus, le masque ! Quand est-ce que ces gens de vingt ans pourront profiter de la vie ? C'est un drôle de monde que celui qui les attend. Je vais demander à la réceptionniste de nous donner une chambre dans les étages supérieurs.

La nôtre a son charme, riposté-je. On a l'impression d'être dans deux endroits à la fois : sur la terrasse du bar et chez nous.

C'est vrai. En plus tu l'as surnommée la Falaise. J'adore vraiment ça, chez toi. Tu changes le nom de tout.

Nous nous embrassons, j'essaie de m'y prendre avec intensité et m'arrange pour que tout le monde nous voie, faisant tout mon possible pour atteindre sa langue.

Nous étalons enfin notre amour aux yeux de tous. L'amour est social, mais les gens qui nous voient sont des inconnus.

Nous n'avons personne à qui communiquer notre amour.

Nous ressemblons à deux fantômes amoureux.

125

Je serre ses mains dans les miennes et baise ses doigts. Les doigts des femmes sont très différents de ceux des hommes, prodigieusement différents et pourtant identiques.

Les mains humaines sont à la fois semblables et dissemblables. Les siennes ont un côté fragile, une fragilité qui cède vite la place au sexe et au désir.

Dans tes mains je vois ton âme qui cherche des fenêtres ou des portes pour sortir un moment, s'en aller cinq minutes, lui dis-je. Avec un peu de concentration, si tu ne te laisses pas distraire, tu la verras, ton âme, s'autoriser de toutes petites sorties.

Tu es dingue.

126

Ça va ?

Oui. Je t'aime. Et toi, ça va ?

Oui. Je t'aime.

Chacun demande à tout bout de champ à l'autre comment il va. Comment nous allons. Les couples de longue date ne se posent pas cette question insistante, qui est propre aux amants et vise à s'assurer en permanence que leur passion est intacte

Si on a un avenir en tant qu'amoureux, telle est la question.

Savoir si on restera toujours au sommet de la passion.

127

Les draps propres et lisses de l'hôtel Voramar accueillent nos corps nus, peau et tissu en parfaite harmonie, comme s'ils étaient unis.

Ici même s'amorce un processus d'éternité, me dis-je.

Altisidore met ses sous-vêtements neufs, faisant revenir la passion de nos premières fois avec une intensité si forte que j'en viens à penser que l'entropie du sexe était un mensonge élaboré par mon cerveau égoïste.

Je n'arrête pas de me plaindre.

Sur la Falaise, nous inventons des jeux érotiques.

Nous parlons du voile pubien.

Et rions beaucoup.

Nous nous promettons d'être toujours nus sur la Falaise.

Je garde pour moi les questions que je n'ose pas lui poser sur son sexe.

Des questions compliquées dont le but ne consiste qu'à expérimenter la possession de son sexe, autrement dit à me glisser dans sa peau.

Posés sur la table, nos masques perdent brusquement tout leur sens, on dirait des kleenex dont la fonction est d'essuyer mon sperme.

128

Si seulement on pouvait convenir d'une liturgie ou même d'un protocole quand on fait l'amour, on chasserait la laideur et on protégerait la beauté pour installer le règne de la joie et de la lumière. C'est peut-être ainsi que les premiers *Homo sapiens* ont décidé d'inventer l'amour, pour que le coït s'élève au-dessus de leurs excroissances et de leurs fluides, dont la fonctionnalité biologique les accablait de honte, et que cette liturgie atteigne un ciel imaginaire, toujours imaginaire.

Ce ciel imaginaire a amené d'autres complications, car nous autres, humains, nous résolvons un problème en trouvant une solution magique et éblouissante qui se solde dix minutes plus tard par des drames sans précédent, et nous continuons de nous étendre de la sorte dans l'espace et le temps.

129

Quels rapports as-tu avec ton sexe ? lui demandé-je après avoir surmonté mon immense pudeur.

Il est là, il fait partie de moi, mais je ne passe pas non plus mon temps à y penser, dit-elle en éclatant de rire, avant de me retourner la question.

Nous observons un instant nos sexes.

Je lui réponds : Je ne sais pas, il est là. Parfois j'en ai honte, mais il fait quand même partie de mon corps, qui est d'une certaine manière lui aussi un inconnu.

130

Après avoir fait l'amour – une expression creuse et gênante, mais aucun terme n'est représentatif, aucun terme ne convient –, nous allons nous baigner au bord de la plage, portant notre masque sur le nez jusqu'au rivage, ce qui est au moins aussi ridicule que de dire “faire l'amour”.

Mais les autres termes, vulgaires, ne me correspondent pas.

Ils ne nous correspondent pas.

Ou ils nous correspondent tellement qu'ils finissent par ne plus nous correspondre.

Altisidore veut se baigner seins nus, elle attire les regards de certains hommes, qui se posent sur elle à la dérobée. Ils la désirent et ils en souffrent, ce qui me ravit car ce qu'ils désirent m'a été offert.

Qui me l'a offert ?

Le virus ?

Dieu, le destin, le hasard, le néant, la vie, l'Histoire, des hallucinations, la folie, Cervantès ?

Elle mesure 1,71 mètre.

Sa nudité la fait paraître encore plus grande.

Je crois que je vais mourir de bonheur.

Ses 171 centimètres résonnent dans tout l'univers.

C'est une déesse.

Grâce à Dieu, je mesure 1,78 mètre.

Mille mercis à mon père et à ma mère.

Si je mesurais 1,81 mètre, je crois que je serais parfait.

Seulement dix centimètres de plus.

Parfois, quand je me voûte un peu, nous sommes presque au même niveau car Altisidore se tient toujours très droite.

Je pense à ce cadeau en me baignant. Au fond de moi, je

me sens incapable de retenir cette splendeur convoitée par d'autres hommes. Je manque de lucidité et d'intelligence pour cela.

Les seins lâchés d'Altisidore m'évoquent une énergie primitive, le bas de son maillot est très ajusté, à peine une fine bande de tissu. Elle semble étrangère aux passions silencieuses que son corps fait naître.

Comme si elle ignorait que sa nudité est liée à celle du soleil, de la lumière et de l'eau.

Ai-je le pouvoir d'inspirer les mêmes émois aux épouses des hommes qui reluquent Altisidore ?

Nous nous embrassons quand l'eau nous arrive à la taille. La mer est calme. Je songe à nouveau au mariage. Il n'y a pratiquement pas de vagues. Autour de nous, personne ne parle français, anglais ou allemand. La pandémie a expulsé les touristes étrangers.

On ne voit partout que des touristes espagnols, ce que nous sommes nous aussi, et je m'identifie à eux, je suis l'un d'entre eux, comme tous les individus de la classe moyenne espagnole, qui font ce qu'ils peuvent pour ne pas descendre plus bas, jour et nuit, ne pas dégringoler d'un échelon ni s'affaler dans la misère.

131

Quand je la pénètre, ses soupirs ne sont pas de même nature que les miens. Je pose mes mains sur ses fesses, Altisidore écrase ma poitrine de ses paumes. Pour elle, pour son plaisir, il est important de m'opprimer la poitrine, les doigts bien écartés.

On dirait qu'elle veut voler ma chair.

On dirait que je veux dominer ses entrailles.

Plus doucement, vient-elle de murmurer.

Deux mots qui contiennent le mystère du plaisir, nous sommes elle et moi à la recherche de notre plaisir, de l'utopie de l'orgasme.

Embrasse mes doigts, demande-t-elle.

Mais ce n'est pas ça qu'elle veut. Elle veut que je lui mange les doigts. "Manger" est le verbe de l'amour. Elle a dit "embrasser" par pudeur. Mes doigts vont jusqu'à sa bouche et les siens jusqu'à la mienne, nous transposons dans nos doigts une version miniature de nos corps. Les doigts d'Altisidore et les miens nous conduisent à l'excitation mais aussi au danger, car il y a là une équation, un rapport difficile à équilibrer entre l'excitation et le plaisir.

Je veux que ton corps s'apaise, me dit-elle. Une jolie façon de me pousser à éjaculer.

Pour que nous atteignions l'orgasme, je dois contempler des courbes et elle une ligne droite.

Si nous étions deux inconnus, comme les premières fois, il y aurait dans cet instant du coït plus de vent, plus d'effroi, plus de contemplation de l'abîme.

Nous venons jusqu'ici pour assister au voyage de la mort vers le néant, j'introduis une main dans son sexe et son voile pubien s'entortille par petites grappes, sortes de reliques des millions d'amants qui ont existé avant nous.

Tu veux que je te dise des mots cochons ? propose-t-elle en riant.

Oui, tous. Tous les mots les plus offensifs, les plus luxurieux, les plus obscènes.

Tu veux que je gémisse encore plus, que je hurle, que je me bouffe les lèvres, que j'ouvre la bouche.

Oui, bien sûr que je veux.

On ignore pour quelle raison Cervantès a choisi le prénom d'Altisidore. Dans son roman, il s'agit d'une adolescente qui n'est pas très grande, contrairement à ce qu'induit ce nom composé de *Alta* ("grande") et d'*Isidore*.

Je pense à cela à la fin de notre utopie charnelle, nous gardons le silence et je vois le pied d'Altisidore au loin, ses ongles délicatement vernis de rouge.

Le voile pubien est sans doute l'aspect le plus extrême de notre nudité.

Les seins et la forme du cul d'Altisidore aussi.

Tu l'aimes, mon cul, n'est-ce pas ? me demande-t-elle en envisageant une deuxième utopie. Je lui réponds que j'ai l'intention de rebaptiser l'orgasme.

Ah oui ? Et tu comptes l'appeler comment ? Mais merde, tu changes le nom de tout, tu es saint Jean-Baptiste et c'est probablement pour ça que je t'aime, parce que je t'aime à la folie, et si ça se trouve, toi tu m'aimes encore plus.

Je suis un innocent, pensé-je.

Je veux que tu le bouffes, dit-elle.

Je veux que tu boives, que tu manges tout ce que je suis, que tu respires tout ce qui sort de moi, poursuit-elle.

Je veux que tu me fasses pareil, mais avec toute la fougue de la jeunesse dont je manque.

Je songe à ma jeunesse perdue.

Impossible de ne pas faire l'amour avec toute la violence du monde, dit-elle.

Je vais bouffer ta queue, ta grande et longue queue.

Je la regarde.

Tu vois comme elle grandit entre mes mains ? Au fait, tu ne m'as pas dit le nouveau nom de l'orgasme.

L'utopie, je vais l'appeler comme ça.

Ah... ça... je crois que je comprends.

L'utopie de ne pas être seul, c'est pour ça que j'ai choisi ce nom.

Tu te sens encore seul après avoir léché mes seins comme un malade ? Tu n'as pas le droit de dire ça, et si tu te sens seul après que j'ai avalé ton sperme alors que tu n'osais même pas me demander de le faire, il vaudrait mieux que je me lève, que je sorte de cette chambre et que j'aille passer la nuit sur cette plage de merde.

Je prends sa main et la baise.

Je lui dis : Tu t'appelles Altisidore, qui contient le prénom Isidore, dérivé d'Isis, la déesse de l'ancienne Égypte.

Déesse de quoi ? demande Altisidore.

De tout ce qui existe. De la nuit et du jour, de la vie et de la mort.

Super, ça me plaît ! Oui, c'est bien moi ! Mais si je suis cette déesse, tu ne peux pas te sentir seul avec moi, à moins que tu ne croies pas toi-même à ce que tu racontes.

J'y crois. Tu es Isis.

Alors baise-moi encore. Ta queue est grande, lourde, rouge, ferme.

Et toi tu as une concavité amère, liquide et rocheuse, immense, pour ne pas dire gigantesque, rosée, analphabète, impérissable, inculte, déracinée, douloureuse, menaçante, chaude, capable d'absorber toute la vie de la planète.

Fais-le, fais-le comme si tu appuyais sur le détonateur de cent mille bombes atomiques assez fortes pour faire sauter tout l'univers, ce putain d'univers.

Un putain d'univers, oui.

132

Une dimension inhabituelle du mariage m'est révélée, celle du couple comme transformation du moment présent en éternité.

Et, autre révélation foudroyante, je me rends compte qu'Altisidore et moi sommes un couple sans passé. J'ignore pourquoi, mais être sans passé implique aussi de ne pas avoir d'avenir, d'autant moins à notre âge.

Je vois les hommes au regard lascif regagner un peu plus tard les serviettes et les parasols où les attendent leurs femmes bien en chair et plus toutes jeunes. Ces couples-là ont un passé. On ne peut pas tout avoir : soit un passé, soit une passion. Avoir les deux semble impossible.

Ils convoitent le corps de mon Altisidore.

Moi je convoite leur passé.

La convoitise nous tient éveillés et nous maintient en vie, mais elle nous fait également souffrir, car c'est une forme de douleur.

133

Je ne sais pas pourquoi, mais ces scènes se déroulent déjà au passé.

Nous sommes restés longtemps dans l'eau, à nager, plonger, nous enlacer, rire, nous embrasser, et à travers nos baisers je cherchais à toucher et à posséder tout ce qui excitait ces hommes, mais je craignais que la bouche et la langue d'Altisidore me renvoient à l'entropie, à la dégradation, qu'elles cessent de m'ébranler devant l'abîme, de sorte qu'au bout d'un moment il n'y avait plus rien à faire, la baignade n'était que la répétition de la baignade, et ça m'a ébranlé.

Il était temps de sortir de l'eau.

La passion du bain s'était amoindrie, l'entropie était de retour.

Ce n'est pas faute d'avoir essayé, mais nous ne tenions pas à deux dans la cabine de la Falaise, si bien que nous nous sommes douchés séparément. À moitié nus, nous nous sommes ensuite installés sur les fauteuils en osier de notre terrasse plutôt que de nous allonger dans le hamac. Autant dire que nous étions exposés aux yeux de tous. Il y avait là, sur cette terrasse, une merveilleuse intersection entre l'espace public et l'intimité, un filtrage érotique indéniable. La mer est elle aussi un filtrage érotique du ciel, le ciel filtre le soleil, les étoiles et les planètes, et ainsi de suite selon un ordre ascendant et sans fin.

Ou dont la fin est un humain portant un masque sur le visage, l'ultime abomination, car il ne constitue pas une noble protection contre la mort. Au contraire il défigure, représente la lâcheté, la paresse, la soumission, le triomphe de l'ennemi de l'érotisme.

Mais sur la Falaise les masques gisaient par terre comme

des objets tristes que personne n'avait pris la peine de mettre à la poubelle.

Quel est le plus grand ennemi de l'érotisme ?

Je l'ignore.

Peut-être l'envie de vivre très vieux, une aspiration nouvelle dans le monde, une nouveauté touchant plus de sept milliards d'humains qui rêvent de devenir nonagénaires, car le capitalisme de l'âge, de l'avarice de l'âge existe. Le désir de passer la barre des quatre-vingt-dix ans est l'ennemi juré de l'érotisme. Je ne suis pourtant pas sûr de ce que j'avance, je n'ai aucune certitude.

La mort et la misère attendent ceux qui choisissent de mener une vie passionnée ; quant à ceux qui préfèrent la sénescence, ils connaîtront un effacement progressif de l'existence, ce qui bien entendu peut se révéler merveilleux.

Je ne sais pas.

Nul ne sait ce qu'est la vie humaine.

On ne sait pas pourquoi, ni quand ni comment, mais le fait est que les baisers donnent un sens à tout. C'est ce que nous faisons, Altisidore et moi.

Voilà pourquoi nous avons décidé de nous abriter sous la peau de l'érotisme, qui équivaut à l'action. Certains humains se sacrifient pour leur prochain, ce qui est érotique aussi : celui qui nourrit un affamé ou donne à boire à un assoiffé reçoit l'impact de la vie en plein cœur, semblable à une balle de feu fraternelle, mystérieuse, à genoux, une forme interne de vie, une dislocation de l'énergie qui s'accélère et fait exploser le ciel débordant de passion.

Les gens se droguent avec ce qu'ils peuvent. Nous, sur la Falaise où nous restons longtemps nus, main dans la main, nous buvons de la bière glacée en jouant avec le ventilateur vissé au plafond, qui comporte trois vitesses.

Grande, moyenne et lente, c'est passionnant.

134

Altisidore a pris une pension complète.

Comme deux seigneurs, nous nous rendons au restaurant, mais il faut faire la queue. Nous nous étions pourtant inscrits à un des deux services du dîner, le premier à vingt heures quarante-cinq, le second à vingt-deux heures trente. Nous avions choisi ce dernier, mais tous les clients de l'hôtel étant espagnols, ils ont eux aussi tous préféré cet horaire.

Nous patientons avec d'autres couples masqués, pour la plupart accompagnés de leurs enfants. Les lieux ne comportant pas le moindre étranger, les habitudes inimitables des Espagnols règnent en maître, comme de parler à grands cris en faisant une omission légendaire du silence et du respect de l'autre, qui n'a peut-être pas envie d'entendre les conversations de la famille voisine et voit dans le calme une bénédiction, un don, un besoin vital.

Nous n'attendons guère, moins d'un quart d'heure, puis la serveuse nous trouve une table, une des meilleures, à côté d'une immense baie vitrée derrière laquelle s'étend la mer.

Les plats sont bons, nous mangeons sans échanger un mot, à croire que nous n'avons rien à nous dire, aucun sujet de conversation. C'est notre premier dîner au restaurant et ce dépaysement nous embarrasse, nous n'arrivons pas à communiquer.

Nous résolvons ce manque de communication au lit, en faisant l'amour, en nous baignant dans la mer ou, lors du trajet en voiture, en parlant du voyage et en écoutant de la musique, mais à présent les mots ne sortent pas.

Nous regagnons la Falaise, les gens ont déserté les terrasses, nous sommes enfin seuls, à écouter le bruit de la mer, presque tumultueux.

J'ai peur, me dit Altisidore, j'ai l'impression de ne rien faire de bien, j'ai vraiment peur, mon amour. Je regrette tout dans ma vie, sauf Marc. Je regrette d'avoir eu peur du monde extérieur, d'avoir été lâche, de ne pas avoir été fichue de me battre pour mon fils, de ne pas avoir cassé la gueule à mon ex, qui a agi comme il l'a fait parce que je l'ai laissé faire et que je n'ai pas eu la force des fauves, des lionnes féroces.

Elle me prend la main, en quête d'un refuge, car la tempête du passé vient brusquement de se réveiller dans son âme et qu'elle a besoin de protection, un des grands mots de l'amour, puisque les amoureux doivent se protéger. Le monde est intraitable. Altisidore traîne la souffrance liée à la mort de sa mère et à l'absence de son fils, deux personnes qui peuplent l'esprit de cette femme aussi bonne qu'humiliée par l'existence.

Je mets de la musique sur mon téléphone portable afin de l'apaiser. Le plus bel air de l'univers, “Lascia ch'io pianga”.

Nous nous couchons chacun dans un lit, main dans la main, la fenêtre de la terrasse grande ouverte. La brise marine pénètre dans la chambre et, à cet instant, nous acceptons nos heurs et nos malheurs.

Altisidore dort nue. Elle le faisait aussi chez moi, à Sotopeña, mais ici c'est différent. Sur la Falaise, sa nudité semble atteindre une plus grande perfection, accéder à un rang plus élevé grâce à la présence de la brise, de la mer et de la lumière, la lumière qui descend de l'univers parce qu'elle se sent appelée par nous deux, les amoureux.

Marc ne connaîtra jamais la splendeur de sa mère, contrairement à moi.

Ces 171 centimètres qui sont à mes côtés et la fragrance de *Chanel N° 5*. Les ongles de ses orteils vernis que la lune éclaire en ce moment. Des pieds robustes et solides aux veines chargées d'un sang sain et fécond.

Si je pouvais envoyer un message à Marc à travers le

temps, un mot qui lui parviendrait dans trente ans, je lui dirais : Ta mère est quelqu'un d'exceptionnel, et sa beauté est le spectacle de tendresse le plus puissant qu'il m'ait été donné de voir, supérieur à la mer, aux lois de la physique, supérieur à la vie et à la mort. Cependant il m'est impossible d'y assister éternellement.

Ta mère est un mystère en expansion qui a lieu maintenant, à mon époque et non à la tienne, à une époque que tu ne connaîtras jamais car jamais tu ne verras ta mère telle qu'elle est en ce moment, une connaissance qui te tuerait. Sache en tout cas que son expansion a bel et bien existé, je crois que c'est suffisant.

Aie pitié de ta mère, comprends-la.

Tu es le fruit de ses entrailles, tu dois avoir une photo d'elle dans ton portefeuille afin que son image t'accompagne en permanence, car être son fils a été la grande chance de ta vie, garde cela à l'esprit dès que tu sortiras ton portefeuille, à tout moment, que ce soit dans un magasin, un bar, un restaurant, une station-service, un hôtel, et elle apparaîtra, là, elle sortira de ton portefeuille.

Que la chance que tu as d'être le fils d'une femme comme ta mère ne passe pas inaperçue, car dans ce cas tu ne pourrais pas accéder à la contemplation du mystère de l'existence qu'elle a pourtant placé en toi.

Cette chance doit constamment brûler en toi, même si ton corps vieillit, ne l'oublie pas. Qu'elle demeure avec toi, débordante de jeunesse, à l'âge de ta décrépitude.

Je lui dirais ce genre de choses, et j'ajouterais : Tu n'as rien à lui pardonner, bien au contraire, tu devrais demander à ton père qu'il te restitue l'éclat de ta mère, mais il n'en sera pas capable. Je suis le seul, par le biais de ce message adressé au futur, à être en mesure de te renvoyer cette lumière aveuglante, et je ne peux le faire qu'avec ces mots qui ont la capacité de voyager dans le temps.

Tu ne me connaîtras jamais, ta mère ne te parlera jamais de moi, même si, quand vous serez ensemble et que vous discuterez, elle se montrera souvent distraite, peu attentive à votre conversation, car il se peut qu'elle pense à moi. Je serai peut-être présent quand, obnubilée et inattentive, elle songera aux jours où nous étions ensemble, qui ne se sont pas conclus sur un mariage. Je vous vois en train de déjeuner dans un bon restaurant, à Francfort, bavarder en allemand et en espagnol, passant d'une langue à l'autre avec grâce et élégance, d'un ton cordial et festif, comme si changer de langue était le triomphe implicite de deux identités, la marque d'un haut débit de culture, de savoir et de vie, et vous parlez de vous, de tes projets, de ta petite amie, de sa beauté. Si nos journées d'amour s'étaient conclues sur une union, tu m'aurais rencontré et je t'aurais déçu, tu m'aurais comparé à ton père et je n'aurais pas gagné au change, mais te contraindre à la comparaison t'aurait gêné et sans doute fait souffrir, beaucoup souffrir, si bien que ne pas avoir épousé ta mère me déleste du poids de ce chagrin. Parce que tu aurais été triste, c'est évident, je le vois clairement. Et si j'avais été la cause de cette souffrance, j'aurais meurtri Altisidore ; indépendamment de mon amour pour elle, cette peine aurait dérivé en agression contre la beauté de mon esprit et celle du monde.

Je vous vois réunis dans un avenir où je ne serai qu'une ombre lointaine dans la mémoire de ta mère. Je vous vois réunis, main dans la main, ta mère déjà septuagénaire et toi déjà un homme, vous marchez dans une rue d'une ville allemande prospère et moderne, je vous vois sourire, je constate que tu es marié et que ta mère est grand-mère, et dans cette dimension dont je suis absent, je comprends qu'en quelque sorte, les jours que j'ai passés avec ta mère ont un rapport caché avec votre bonheur.

Cela me suffit.

Je considère cela comme une beauté suprême, le bien absolu, dans la mesure où mon existence a servi à d'autres existences, tel est le sens, le seul, des rapports humains.

135

Je me réveille au petit matin, la mer hurle toujours, j'entends des oiseaux et la lumière éclaire timidement la Falaise. Altisidore n'est pas au lit, je regarde du côté de la terrasse et la vois, assise dans un fauteuil en osier, nue.

On va te voir, lui dis-je.

Je trouve idiot d'être habillée devant ce spectacle, me répond-elle.

L'amour ne m'avait pas comblé, je m'en rends compte à présent, car le changement d'espace a provoqué un séisme érotique, et je m'énerve pour la énième fois contre moi-même tout en me réjouissant à l'idée de l'embrasser davantage.

Altisidore, je t'aime.

Je me sens nunuche, sentimental, mielleux, prétentieux et je m'en fiche. Je préfère être un gros niais plutôt que d'avoir un cœur de pierre dont l'érotisme est enterré dans un tombeau profond, comme tous les hommes de mon âge, voire plus jeunes encore, qui ont décidé d'enfouir leur désir des mètres sous terre, jusqu'à ce qu'il pourrisse sans laisser émerger aucune fleur, rien que le néant.

Je préfère être nunuche plutôt qu'habillé.

Tu es dingue, me dit-elle. Je ne veux pas que tu souffres.

136

Alors que nous nous apprêtons à prendre notre petit-déjeuner, je vois de nombreux masques stylés, originaux, lumineux, sympathiques, mais des masques quand même, autrement dit un rappel insistant de l'humiliation de la vie et de la présence de la mort.

Altisidore et moi ne sommes jamais restés aussi longtemps prisonniers d'un masque. Je ne peux pas voir son visage pendant que nous faisons la queue pour entrer dans la salle de restaurant.

Nous nous asseyons enfin, elle se démasque, moi aussi, mais pour manger il faut aller jusqu'au buffet, or le passeport exigé dans cette trajectoire est le masque.

C'est ridicule. Plus que ridicule, pénible. Quel genre de créatures divisées en deux moitiés sommes-nous devenus ? Nous ne savons rien du problème qui nous force à cacher nos lèvres et notre nez, nous ignorons si son origine est politique ou naturelle. Nous ne parvenons pas à distinguer le visage de notre agresseur.

Est-ce la tyrannie ou la nature qui nous attaque ?

Ou bien un mélange des deux, un alliage que l'Histoire n'avait jamais envisagé jusqu'alors.

Deux serveurs en charge du buffet satisfont les désirs des clients. Nous prenons des fruits, des saucisses, des œufs, des croissants et du yaourt.

Tu vois un peu le monde dont héritera Marc ! s'exclame-t-elle.

Il va s'en sortir, toutes les générations s'en sortent. Il y aura aussi de bonnes choses. Ce qui compte, c'est qu'il sache que sa mère l'a aimé, qu'elle l'aime. Il n'a pas besoin de plus.

Elle m'adresse un sourire apaisé. Mes mots l'ont rassurée.

J'observe ses cheveux et il me semble qu'ils sont devenus plus noirs, encore plus noirs, je veux dire encore plus noirs dans leur noirceur. La noirceur me fait penser à un pays, une nation dans laquelle je pourrais vivre, m'acheter une petite maison et vieillir, vieillir et mourir là, dans cette chevelure de plus en plus noire.

Tu me laisserais faire de toi une religion ? lui demandé-je.

Elle me regarde, un croissant à la main, le soleil du matin éclairant ses cheveux qui sont à présent d'un noir doré, et me répond que oui, évidemment. Elle mord dans son croissant : Si tu veux me transformer en religion, ce n'est pas un souci, moi je m'en fous royalement, mais tu ferais mieux de t'acheter une maison au bord de la mer, de me donner un million d'euros, ou mieux, de continuer à m'appeler Altisidore, c'est gratuit.

Nous éclatons de rire.

Elle mange son croissant avec élégance, un art spontané. Elle mord dedans puis le repose dans son assiette pour le replacer ensuite au niveau de sa bouche. Le croissant va et vient comme le Saint Graal, elle le mordille encore, il change de forme à mesure qu'elle le sculpte de ses dents et en fait un petit chef-d'œuvre qui connaît son apogée dans son engloutissement.

J'aimerais bien être à la place du croissant.

Qui enlèvera toute la tristesse que le virus a inoculée dans le monde ? lui demandé-je.

La liberté, forcément. Une liberté totalement nouvelle. Une orgie s'annonce. Ces prochaines années vont être frénétiques ou alors inexistantes. Si les pandémies se poursuivent, les gens en auront marre et se vautreront dans les virus avec luxure, en connaissance de cause.

Si seulement tu disais vrai. Si la passion revenait. Moi j'ai de plus en plus l'impression que notre civilisation pourrait parfaitement être une sorte d'hallucination collective devenue réelle pendant deux millénaires avant de s'effondrer à notre époque, nous amenant à comprendre que rien n'était comme nous l'avions imaginé ou même décrété.

Nous quittons le restaurant pour regagner la Falaise. Je crois qu'Altisidore pense à Marc et se demande quels impacts auront sur la vie future de son fils cette civilisation, cet ordre des choses et cette réalité qui ne sont que des illusions avortées.

Mais une fois sur la Falaise, je lui prends la main et lui dis que la plage nous attend.

Nous enfilons nos maillots et atteignons le rivage en passant par notre terrasse. Main dans la main, nous allons à la rencontre du géant, notre masque sur le nez.

La mer se fout qu'on porte un masque ou pas, elle n'en a jamais tenu compte, dit-elle.

J'ai parfois la sensation qu'elle lit dans mes pensées, très souvent, trop souvent.

Ses seins nus gonflent à nouveau la vie d'orgueil.

L'hôtel met à la disposition de ses clients deux hamacs en tissu épais qui reposent sur une structure classique en bois noblement patiné. Nous nous enduisons de crème et nous y allongeons.

Je me souviens d'avoir passé des vacances à la mer quand j'étais petite, dit-elle. Mon père aimait bien se promener sur la plage en me prenant par la main. Moi je ne peux pas le faire avec mon fils. La main de mon père est elle aussi un fruit de mon imagination.

Je lui prends la main. Ne pense plus à ça, maintenant. Tu entendu les oiseaux chanter, ce matin ? Moi ils m'ont réveillé en s'égosillant comme des illuminés, comme s'ils célébraient la mer.

Oui, je les ai entendus. Un vrai orchestre.

Il y a vingt-cinq ans, si on s'était rencontrés il y a vingt-cinq ans, on aurait peut-être été des jeunes mariés en voyage de noces, lui dis-je. On aurait cessé d'être deux pour ne faire qu'un, dans une dynamique d'expansion de la joie et de célébration de l'avenir, il y a vingt-cinq ans, sans avoir connu de déceptions, comme Roméo et Juliette, que Shakespeare a tués pour qu'ils ne soient jamais déçus. Pour les amoureux, la déception est pire que la mort, ou alors elle est la mort en personne, raison pour laquelle les oiseaux qui chantaient ce matin symbolisent la vie sans temps, et nous la vie rythmée par le temps.

Cervantès et Shakespeare ont choisi de tuer leurs créatures, soufflé-je avant de garder le silence.

Altisidore serre ma main dans la sienne. Tu es complètement dingue, ta main est chaude, le sang coule à l'intérieur et voyage dans ton corps, donc le mystère reste entier. Ces oiseaux et leur chant rendent peut-être un hommage à ton sang, mais tu es vraiment fou, un gentil fou avec une queue qui ne va pas tarder à sortir de ton maillot, alors viens dans la chambre, euh, pardon, sur la Falaise, pour tirer un coup. Je vais te bouffer tout cru.

137

Tu sais, Montserrat, moi aussi je connais certaines rues de Madrid, lui dis-je en la regardant fixement. Nous sommes assis sur le lit, mais cette fois je ne l'embrasse pas, je me contente de l'observer. Des rues de Madrid, mon amour, où règne une atmosphère étrange, comme si elles étaient suspendues dans le temps, des rues où des gens se sont aimés.

Moi aussi j'ai vu de drôles de choses, mais pourquoi tu m'appelles Montserrat ? Tu n'es plus convaincu par Altisidore.

J'ai l'impression d'avoir perdu ma foi dans la beauté, c'est vrai. Comment la retrouver et t'appeler tout le temps Altisidore ?

Allons regarder le soleil, propose-t-elle.

Tu te souviens du jour où on a parlé des rues de Madrid, quand tu m'as dit que les découvrir t'apportait le bonheur, la paix, l'apaisement ?

Bien sûr que je m'en souviens.

Avant d'acheter mon appartement rue Gabriel Lobo, j'en avais visité d'autres. C'était il y a vingt ans et j'en ai vu beaucoup. J'en avais repéré un rue Estanislao Figueras, la propriétaire m'a reçu les larmes aux yeux ; il était sublime, très lumineux, dans un immeuble des années trente, construit avant la guerre. Elle portait une robe chinoise rouge au col rigide. C'était une Asiatique, elle m'a expliqué qu'elle avait épousé un diplomate espagnol mais qu'ils étaient en train de se séparer. Elle parlait notre langue avec un fort accent.

Pourquoi tu me racontes ça maintenant ? me demande Altisidore.

Ça m'est revenu tout à l'heure, la mémoire est capricieuse, personne ne sait ce qu'elle cherche à nous communiquer quand elle se manifeste, parce qu'elle s'allume et s'éteint selon son bon vouloir. C'est peut-être cette plage où on est tous les deux qui a fait remonter ce souvenir, je l'ignore. Si ça se trouve, la mémoire veille sur nous, elle éclaire un peu notre présent avec certains épisodes passés pour nous fournir des informations sur notre vie.

Je t'aime, murmure Altisidore.

Embrasse-moi. J'aimerais que ce soit toi qui décides toujours, je renonce à faire les premiers pas, je ne le ferai plus, alors quand tu auras envie d'un baiser, lance-toi, et tu prendras aussi les devants quand tu auras envie de faire l'amour. Moi je renonce à être un homme.

Je t'aime, mais finis donc ton histoire d'appartement dans la rue Estanislao Figueras.

Tu as entendu ce nom une seule fois et tu l'as déjà retenu. Comme je te le disais, c'était une Asiatique, et pendant qu'elle me faisait visiter, j'ai remarqué que chaque pièce qu'elle me montrait lui causait un immense chagrin, qu'elle était au bord des larmes. Une lumière très puissante, presque éblouissante, éclairait tout, et la larme qui pointait sous son œil scintillait comme une goutte d'eau minuscule. En plus, cette femme se déplaçait en donnant l'impression de danser, d'accomplir une sorte de liturgie. Ce n'étaient pas des pas normaux, je me disais que c'était culturel, quelque chose en rapport avec son Orient natal. Je me rappelle le salon, très agréable, avec des meubles des années cinquante très bien conservés. Je me suis aperçu que c'était une femme magnifique, une révélation qui a duré le temps d'un éclair, d'une beauté délicate et vulnérable. Sa robe rouge était comme une seconde peau. Nous sommes allés dans la cuisine et elle m'a proposé du thé, elle était en train d'en préparer au moment où j'avais sonné à sa porte.

Nous nous sommes assis autour de la table, dans cette cuisine pleine de lumière, il me semblait par instants qu'elle provenait non pas du soleil, mais de la tristesse d'un amour qui, en disparaissant, s'embrasait. Pour la deuxième fois, elle m'a raconté avec amertume que son mari et elle allaient divorcer, qu'ils vendaient donc l'appartement. C'était grand, environ deux cents mètres carrés, mais je n'osais pas demander le prix, elle s'en était rendu compte et continuait pourtant sa visite, sa tasse de thé à la main. Elle m'a fait voir la plus grande chambre, meublée d'un lit immense sur lequel était posée une robe blanche avec de la dentelle dorée. Tout était parfaitement rangé, je me suis concentré sur les rideaux verts. Elle a ouvert la penderie pour me faire voir ses vêtements, nous avons cessé de parler, le silence s'est abattu sur les lieux. De temps en temps nous prenions une gorgée de thé et une larme roulait sur sa joue. La chambre possédait une terrasse qui donnait sur la rue. Elle a monté les stores et nous sommes sortis. De là, la pièce avait l'air d'un paradis avec sa commode, sa jolie chaise en bois noble, son miroir, son valet de nuit, son immense plafonnier et sa salle de bains luxueuse qui comportait deux lavabos et une baignoire blanche sur pieds.

Elle m'a montré le bureau de son mari, en acajou. Il y avait une bibliothèque, un canapé à côté d'une autre table, ronde, sur laquelle s'accumulaient des documents.

Nous sommes allés ensuite dans une petite pièce où elle avait ses livres, des ouvrages en mandarin, en anglais et en français. Je me rappelle ses mains caressant les volumes.

Votre bureau est plus petit que celui de votre mari, ai-je dit, une remarque qui est restée sans réponse.

Elle m'a emmené dans une autre chambre, qui avait dû être celle de leurs enfants. Elle était vide mais très ensoleillée et grande, et son parfum évoquait la propreté et la tranquillité.

Nous nous sommes rendus dans un réduit rempli de valises témoignant de leurs longs voyages. Elle en a caressé une, noire et ancienne. Elle appartenait à ma mère, m'a-t-elle dit.

J'ai fini mon thé et nous avons pris congé en nous serrant la main.

C'est dommage que vous n'ayez pas assez d'argent pour acheter notre appartement, car vous préserveriez l'amour que je laisse entre ces murs, m'a-t-elle dit. Le problème, c'est que mon mari ne voudra jamais négocier le prix à la baisse. Tant pis. Vous, vous auriez pris soin des larmes qui restent ici.

Et je suis parti.

Comme c'est triste, dit Altisidore. Qu'est-ce que ça signifie ?

Je crois que cette femme était très amoureuse de son époux, mais pour une raison ou pour une autre, leur relation était terminée et elle m'a pris pour un ange gardien, une sorte de prêtre capable de veiller sur les ruines de cet amour qui imprégnait les murs, le sol, l'air, les portes et les rideaux de l'appartement. Je crois que j'ai vu sa tristesse et qu'elle m'a simplement dit merci.

Tu aurais dû l'acheter.

Je n'ai même pas osé demander le prix, j'ai été lâche.

Non, pas du tout. Tu as aidé cette femme qui s'est sentie moins seule, du moins tant que tu as été là. Qu'est-ce qu'elle est devenue, à ton avis ?

Je me pose moi aussi la question, j'aimerais bien savoir comment elle a vieilli. Elle est sûrement retournée en Chine, elle a peut-être rencontré quelqu'un qui l'aimait, mais je ne crois pas, parce que cette femme, par sa présence, m'a révélé une facette radieuse de la condition humaine, je veux parler de l'impossibilité d'aimer et d'être aimé, ce qui nous arrive constamment tout au long de notre vie.

Tu as raison, dit-elle. C'est ce qui nous arrive et c'est radieux. Quand on viendra à bout de cette pandémie et que je retournerai passer mes week-ends à Madrid, j'irai rue Estanislao Figueras et je chercherai cet immeuble, je me promènerai dans cette rue en me souvenant de ce que tu viens de me dire.

Je ne pourrai pas aller avec toi ?

Altisidore ne répond pas. Elle se lève et va vers le rivage.

138

J'ai cinquante-huit ans, je suis retraité, mon père est mort quand j'étais petit, ma mère quand j'avais vingt ans, j'ai vécu seul toute ma vie, ne me suis jamais marié et n'ai jamais cohabité avec quelqu'un en dehors des week-ends, et même si, comme tout le monde, j'ai eu plusieurs liaisons, aucune n'a prospéré, quelque chose venait toujours tout gâcher, je crois que c'est à cause de mon idéalisation de l'amour, mais je n'en suis pas certain, on ne peut jamais savoir, toute existence est bonne, bien que certaines paraissent meilleures que d'autres, ce qui est également une hallucination causée par notre avidité, les faits surviennent, rien de plus, et je n'ai jamais songé à poser la question à qui que ce soit, j'entends par là que je n'ai jamais consulté un psychologue, un psychanalyste, un psychiatre, un prêtre, un chamane ou un président du gouvernement, j'ai fait des études d'histoire et de géographie, j'ai arrêté avant la fin du cursus, puis je suis entré dans l'enseignement et j'ai été professeur, d'abord dans un collège, ensuite dans un lycée, on a décidé de m'accorder ma retraite anticipée deux ans avant l'âge légal parce que j'avais fait un burn-out auquel s'ajoutaient, m'a-t-on dit, de légers troubles de la mémoire, je me focalise sur certains souvenirs mais j'en oublie de nombreux autres, le bungalow de Sotopeña appartient au syndicat d'enseignants auquel je suis affilié depuis des années, je n'ai pas de frères et sœurs, aucune famille, ma pension de retraite me permet de vivre sans me soucier de rien, la solitude ne me déplaît pas, je l'ai choisie, et quand le virus est apparu j'ai décidé de rester ici et je suis tombé amoureux de toi, oui, je crois que c'est ça, et il y a une autre nouveauté qui me fascine, c'est qu'après t'avoir rencontrée l'espoir a envahi ma vie. Par ailleurs et de manière étonnante, ma mémoire a commencé à se centrer sur un seul souvenir, l'année où j'étais logé dans un centre universitaire appelé l'Académie, en 1981. Les images de cette époque sont revenues avec une grande intensité. Le virus est à l'origine d'une force gravitationnelle collective importante, il nous pousse à penser à notre identité communautaire, à considérer l'Histoire, à prendre conscience que nous sommes des événements historiques, des dates au travers desquelles la communauté se manifeste. Le dernier événement historique important que je me rappelle avoir vécu est le coup d'État qu'il y a eu en Espagne le 23 février 1981. Tu étais une petite fille à l'époque, tu ne devais pas avoir plus de six ans, tu ne peux pas t'en souvenir, à moins qu'on ne te l'ait raconté ou que tu n'aies lu des livres sur ce sujet. Quand le virus est arrivé, ma mémoire est allée chercher cet événement, qui m'a renvoyé à d'autres images, plus percutantes, endormies en moi. À l'Académie j'ai fait la connaissance d'un étudiant plus âgé que moi qui s'appelait Rafael Puig. On a été amis pendant quelques mois, on a eu des conversations merveilleuses que j'avais complètement oubliées. Elles me sont revenues ces temps derniers. Je suis propriétaire d'un appartement à Madrid, je te l'ai déjà dit, et j'ai 30 000 euros à la banque. On a de quoi s'en sortir, toi et moi.

À quoi tu penses ?

Je viens de faire ces confidences à Altisidore, sur la plage, nous sommes allongés sur les grandes serviettes géniales que l'hôtel met à notre disposition, nos yeux cachés derrière des lunettes de soleil, nos corps enduits de crème solaire. Elle m'a écouté sans m'interrompre.

Mais je ne t'ai jamais rien demandé, c'était notre contrat, dit-elle.

Toi tu m'as raconté ta vie, tu me l'as presque servie sur un plateau, protesté-je.

Oui, bon. Pour le bungalow, je savais qu'il appartenait à ton syndicat, on me l'a dit à Sotopeña. Les policiers. Quant au reste, tu es prof, comme mon ex.

Elle se lève, m'embrasse, retire ses lunettes noires, plonge et nage près d'une heure, d'un côté à l'autre, sans aller trop loin, restant tout le temps à proximité du rivage.

Je la regarde nager en espérant qu'elle sortira bientôt.

Qu'est-ce que tu en dis ? lui demandé-je quand elle me rejoint enfin et s'essuie, trempée, la pulpe des doigts ridée.

Je pense que la vie finit par se transformer en antimatière et qu'il est trop tard.

Ça c'est parce que tu lis Asimov, objecté-je en regardant le livre posé sur son drap de bain.

Elle me lance un regard plein de doutes, étonnée.

Puis me prend par la main pour qu'on retourne sur la Falaise.

139

Altisidore et moi contemplons la nuit depuis la Falaise.

Nous devinons les étoiles.

Elle prend la parole : Si seulement on s'était rencontrés quand on avait quinze ans – enfin… moi j'aurais eu quinze ans et toi une bonne dizaine d'années de plus –, en regardant les étoiles. Je n'aurais pas encore seize ans et on aurait disparu du monde pour réapparaître sur une étoile où il n'y aurait rien ni personne, une étoile avec des rivières, des fleurs, des arbres et du soleil, où les nuits seraient douces et les jours sans pluie. Mais le problème, tu vois, c'est que j'observe l'univers et que ce qui me vient à l'esprit, c'est tout ce qu'on sait maintenant grâce à la physique, à Einstein et à Hawking, et je me dis que ce qu'on nous raconte sur l'univers est une somme de connaissances froides. On nous parle de mathématiques, de neutrons et d'ondes gravitationnelles, tout ça est moche et ridicule, dépourvu d'amour, or sans amour l'univers n'a plus qu'à partir, ça m'est complètement égal.

J'adore tes réflexions.

Il faut exiger la démission de l'univers, renchérit-elle en posant une main sur ma braguette. On se commande une bouteille de champagne ?

Ça va nous coûter un bras.

Je m'en fous, je t'invite, alors que c'est toi qui devrais payer cette bouteille avec les 30 000 euros que tu as à la banque. Allez, décroche le téléphone et vois ça avec la réception.

Allons écouter la mer sur la terrasse, propose-t-elle en me prenant par la main.

C'est elle qui, tout le temps, s'empare de certaines zones de mon corps comme si c'était le sien.

Pour rien au monde je ne te laisserai payer cette bouteille ! m'écrié-je, et cette affirmation très chevaleresque prouve une fois de plus que nous ne sommes pas un couple, qu'il y a donc de l'imperfection dans notre amour, mais je me rends compte dans la seconde qu'en réalité il ne s'agit pas d'imperfection. Comment qualifier cela ? Si on ne se souciait pas de savoir qui paye le champagne, il est fort possible que nous ne commanderions pas cette bouteille, comme tous les couples consolidés qui occupent les chambres voisines, désignées par des numéros – la 206, la 114 ou la 308 – et non surnommées la Falaise.

Sur la terrasse, nous nous embrassons et je m'efforce de me calmer, d'arrêter d'avoir peur de tout, peur de l'amour, de la vie, de l'échec et de la mort.

Nous gardons le silence, mais elle me regarde comme si mes yeux lui inspiraient un doute.

Cette nuit sera inoubliable parce que je vais me délivrer de tout. D'avoir été une fille, de ne pas avoir vu mourir ma mère, que j'ai aimée sur le tard, d'avoir été la petite amie d'un homme que j'ai aidé à mourir, d'avoir été une épouse et une mère. Je vais me libérer de tous les liens qui me rattachent à l'existence et je monterai au ciel.

Tu comptes te libérer de moi également ? lui demandé-je.

Elle s'apprête à répondre mais à cet instant on frappe à la porte. Le room service.

On nous apporte le champagne, nous échangeons des regards complices, l'ouvrons, nous servons et ma question reste en suspens sans que j'aie l'intention de la répéter.

Parce que j'ai peur de n'être Personne dans sa vie.

À présent c'est moi qui parle : Imagine qu'un homme tombe amoureux d'une femme sans se soucier de ce qui est important en général : connaître son prénom, savoir où elle travaille, quel genre de femme elle est, qui sont ses parents, où elle est née, ce qu'elle serait capable de faire pour lui en cas de pépin ; ou imagine une femme qui tomberait amoureuse d'un homme sans se préoccuper de ce qu'ils vont vivre, sans s'intéresser à son travail ni chercher à savoir s'il y a eu une autre femme dans sa vie ou s'il a des enfants. Imagine des amours sans questions, mais je ne suis pas sûr que ça soit possible.

J'aime quand tu m'appelles Altisidore, c'est tout ce que je peux te répondre. Ne m'appelle plus jamais Montserrat et toujours Altisidore. Toujours.

Le silence s'installe.

Nous buvons sans rien dire, nous sommes nerveux.

Tout ce que je veux, c'est boire du champagne, regarder la lune, écouter la mer en pensant qu'Altisidore s'engage sur un chemin qui la mènera vers la plus grande des libertés. Là, elle ne sera plus qu'Altisidore, et dans ce lieu et cette époque régnera la liberté, rien que la liberté.

140

Pourquoi tu es si mince ? me demande-t-elle. Elle ne m'avait encore jamais posé cette question.

Dis-moi, j'ai envie de le savoir. C'est pour moi, je le sais. Tu es tellement fin que ton âge n'a aucun sens.

C'est pour toi, oui.

C'est notre dernière nuit ici.

J'adore ta minceur, elle rend ton sexe plus effrayant, plus puissant et je le vois mieux, ici, maintenant.

Si on était des danseurs, on passerait notre temps à danser le tango, lui dis-je.

Porte-moi sur la table.

Agenouille-toi.

141

Je dois devenir encore plus athée que je ne le suis. Je ne pourrais aimer mieux Altisidore qu'en pratiquant un athéisme radical.

Il reste encore en moi des vestiges de rationalité, la pensée nostalgique d'un ordre, d'une volonté ; j'ai besoin de ne plus croire en rien afin de croire en elle, Altisidore.

Comment fortifier mon athéisme, mon nihilisme et mon anarchisme ?

Les élargir, les affermir, les nourrir au point de les transformer en un nouveau baiser donné à la vie ?

La liberté est là, derrière cette porte.

La porte c'est elle, Altisidore.

La récompense : la liberté.

Athéisme, nihilisme et anarchie, la trinité des amoureux.

Je suis fou, je tends à ressembler à cet autre fou, le chevalier à la Triste Figure, quel beau nom !

Seule la folie est susceptible de révéler la véritable consistance de la vie, a dit Cervantès. Il a introduit cette idée dans un roman drôle et négligeable pour la dissimuler, car à vrai dire il était terrifié par sa découverte.

142

Le lendemain nous sommes retournés à Sotopeña dans un silence sépulcral. Nous n'avons pas échangé un mot de tout le trajet, nous contentant d'écouter la musique qui passait à la radio, au hasard. Nous n'avons pas mis les CD de John Coltrane, Nina Simone et Amy Winehouse, ne nous sommes arrêtés qu'une seule fois pour faire le plein. En revanche nous n'avons pas oublié Franco Battiato, en particulier "La estación de los amores", que nous passions tout le temps.

Nous nous sommes un peu disputés pour savoir qui payerait l'essence, j'ai insisté, et au cours de cet éclat sans importance, j'ai de nouveau pris conscience que nous n'étions pas un couple marié. Un mari et son épouse se fichent de qui règle le plein, et cette fois, notre petite altercation n'avait pas le côté festif, ludique et sensuel de celle à propos du champagne.

J'ai regardé la station-service.

Elle était d'une laideur infernale, augmentée par le désert environnant et la chaleur qui nous accablait impitoyablement.

Je me suis concentré sur les autres véhicules : tous avaient l'air conditionné à fond, se protégeaient de la chaleur et essayaient de survivre.

Les employés portaient un masque avec le logo de la compagnie.

Un mot m'est venu à l'esprit, le mot "pitié".

143

Je rassemble toutes mes affaires avant de quitter la maison de Sotopeña et de rentrer à Madrid.

Mes vêtements et mes livres.

Mes vêtements et les deux éditions du roman de Cervantès. En rangeant je m'aperçois que l'exemplaire de la Bible, que j'avais choisi comme lecture pendant le confinement, a été relégué dans un des tiroirs de la commode. Je trouve que c'est une bonne idée de le laisser là. La personne qui s'installera ici après moi le découvrira et aura de la lecture. Je souris intérieurement, quelle idée saugrenue d'apporter la Bible dans cette maison. Pourvu que ce livre soit utile au prochain occupant des lieux, mais il est fort possible qu'il ne lui serve à rien, hormis à se demander quel genre d'individu a séjourné dans ces murs avant lui. Il en parlera peut-être au syndicat, ce qui leur donnera une bonne occasion de rire ou d'échanger des propos ironiques en reconnaissant qu'on a bien fait de m'accorder ma retraite anticipée, ce qui fait naître chez moi une pensée terrifiante : je n'ai pratiquement aucun souvenir de toutes les années que j'ai passées à enseigner, comme si ma carrière était un rêve devenu réalité sans qu'aucune volonté rationnelle vienne l'étayer.

Je n'arrive pas à me rappeler le nom d'un seul de mes élèves.

À moins qu'ils ne soient tous présents derrière un seul et même visage.

Je n'ai pas revu Altisidore depuis notre retour de Benicasim. À peine arrivée, elle a reçu un appel de son ex-mari, qui lui a dit que son fils Marc avait besoin d'elle et qu'il ne s'opposait plus à son retour en Allemagne, qu'elle devait l'excuser, que leur fils passait avant tout et ne pouvait pas grandir sans sa mère, ils verraient ensemble comment s'organiser. Non seulement il ne s'opposait plus à son retour, mais y aspirait de tout son cœur, car sa présence était ce qui comptait le plus dans la vie de Marc.

Elle est partie deux jours après ce coup de fil.

Elle m'a envoyé un WhatsApp pour m'annoncer qu'elle allait bien, puis ça a été le silence, un long silence.

J'ai pris de ses nouvelles à l'épicerie.

Un homme à l'accent argentin la remplaçait, un homme sympathique d'une trentaine d'années. Il portait un masque noir cousu main qui avait l'air usé, le drapeau de l'Espagne sur un côté, au niveau des attaches. Je lui ai demandé s'il savait quand elle allait revenir.

Mon chef m'a dit qu'il ne pensait pas la revoir. Apparemment, elle a eu une proposition d'embauche en Allemagne, m'a-t-il répondu.

Je vous mets combien d'oranges ?

J'ai regardé les fruits.

Une seule, s'il vous plaît.

144

Que notre histoire ait pris fin de cette manière me plaît. Il est vrai qu'elle aurait pu me téléphoner et réciproquement, il est vrai que nous aurions pu faire évoluer notre relation en une belle amitié sobre et discrète.

Mais nous ne le souhaitions pas, du moins pour ma part.

C'était un adieu brutal, trop brutal, mais beau également, je préfère me dire que c'était beau. Quand on a eu l'occasion d'apprécier un peu de beauté au cours de sa vie, on peut doucement s'acheminer vers la frontière de ses derniers jours.

Une rupture abrupte, ça oui, abrupte et cruelle, mais belle. Ou nécessaire.

Il se pourrait que je la déteste pour m'avoir quitté de cette façon, il se pourrait aussi qu'elle me déteste pour n'avoir pas été l'homme qui lui convenait.

Il se pourrait même que je mette au point un numéro dramatique, me retranchant derrière la longue histoire des relations amoureuses présentes dans la littérature, le cinéma, le théâtre, la peinture. Partout apparaissent des hommes et des femmes abandonnés qui exigent des explications et un coupable.

Il se pourrait même que cette rupture déclenche une lutte de vanités : qui a quitté l'autre, qui a osé dire non à l'autre ; pourtant une des qualités merveilleuses de la maturité est la désactivation de toute vanité et l'activation de la beauté de l'adieu, quelles que soient sa nature et sa cause.

Si c'est elle qui m'a quitté, je ne saurais lui en être plus reconnaissant, car la séparation m'épargne une éventuelle faiblesse de mon esprit, celle d'accepter notre vie en commun future malgré la fin de la passion.

Si c'est moi qui suis à l'origine de la fin de notre liaison par manque de conviction amoureuse, je dois admettre que mon incertitude est fille de la clairvoyance.

En outre la pandémie prendra bientôt fin, la vie continuera telle que nous la connaissions, ou pas.

Hier, aujourd'hui et demain, voilà tout ce que nous sommes.

La conjugaison des temps verbaux, qui nous permettent de percevoir le passé, le présent et le futur avec une simple syllabe, demeure la plus grande avancée technologique de l'humanité. Quel est le premier homme à qui les cordes vocales ont révélé ces quelques mots : j'aime / j'ai aimé / j'aimerai ?

Cette suite de désinences, de sons minimes, contient les clés du temps.

Je dois partir, m'a dit Altisidore au bout du fil. Mon fils a besoin de moi et je sais que tu iras bien. Je t'aime.

Je me suis tu.

Et j'ai raccroché.

La sonnerie a retenti de nouveau.

En l'entendant je me suis demandé si ce qu'elle m'avait raconté sur elle était vrai, car les gens passent leur vie à confondre la réalité et l'imaginaire. J'en ai conclu que peu importait, que vieillir c'est tout placer au même niveau. Il est beau qu'on te mente comme il est beau qu'on te dise la vérité.

Nos baisers, eux, ont été bien réels, c'est une certitude, la seule que je possède.

La photo de Marc dans son portefeuille aussi.

Tout comme son voyage en Allemagne.

C'est moi qui m'achemine vers le doute, pas elle.

145

J'aimerais être un ange sans instinct sexuel, ce qui signifierait que je suis mort.

Il existe forcément un moyen de refouler en moi tout l'érotisme accumulé dans mon âme. Pour ne le donner à personne. Le changer en intransitivité. Qu'il me revienne toujours. L'idéal serait qu'il existe une femme ayant mon visage que j'aimerais follement, avec lascivité. Pour ne donner mon cœur à personne. Ne dépendre de personne. Être seul, par conséquent à l'abri du malentendu, de l'interminable malentendu de l'amour. Il devrait en être de même pour les femmes. Qu'il y ait des hommes ayant un visage semblable au leur. Elles tomberaient amoureuses de ces individus qui leur ressembleraient, seraient une alternative masculine de leur identité.

C'est peut-être ce qui nous attend à l'avenir, dans quelques siècles.

Quand le sexe et la procréation auront été à jamais différenciés surviendra une révolution que je ne verrai pas.

146

Je pense que la chute de l'érotisme se fait graduellement et qu'il faut avoir vécu toutes ses étapes, tous les degrés de la descente jusqu'à atteindre le degré zéro, stade de l'adieu profond.

Notre amour a duré le temps d'un flacon de *Chanel N° 5*. On se croirait dans un boléro.

Je pourrais me battre pour elle, c'est ce que je me dis : bats-toi pour elle, tu n'as rien tenté.

Je pourrais lui téléphoner un millier de fois.

Je ne le ferai pas. Cela équivaudrait à l'appeler Montserrat et non Altisidore.

Je pourrais me pointer en Allemagne, presser une sonnette.

Je m'en garderai parce qu'elle ne le souhaite pas plus que moi. J'ai choisi de l'exalter à travers ma mémoire.

Je préfère le souvenir d'un amour.

Je souffre, c'est vrai, mais d'autre part je suis content pour elle, qui voulait être avec son fils, un désir enfin exaucé qui lui apportera la paix et donnera un sens à son existence. Moi j'ai déjà expérimenté la solitude, bien que je l'aie en partie oubliée.

La solitude, c'est aller seul au lit.

C'est ouvrir un frigo qui, au lieu de produire du froid, ne brûle que pour toi.

C'est rentrer chez toi et constater que les meubles se sont lassés de l'ombre que tu es devenu.

C'est remarquer qu'ils sont vivants et aimeraient mieux vivre entourés d'une famille que partager ton quotidien, même en sachant qu'avec toi ils s'épargneront des coups, des éraflures et la détérioration dans une entropie évidente.

Les Baisers

C'est vieillir sans parler à personne.

C'est ne pas être touché.

C'est être assis là, à côté de l'Obscurité.

Elle a choisi son fils.

Elle a choisi d'occuper une place essentielle dans le monde des sociétés humaines, la mère primant sur l'amante.

Moi je veux qu'Altisidore soit la femme la plus importante de la terre entière.

Est-il si difficile de se réjouir au plus haut point de ce qui arrive à autrui et non à soi ? L'aveuglement a fait partie de notre patrimoine moral pendant des siècles. L'aveuglement entre hommes et femmes.

Je suis peut-être en train de cesser d'être un homme.

Si c'est le cas, si je cesse de considérer le monde en fonction de sa sexualité binaire, alors je choisis d'être un ange.

D'être une part de beauté.

J'en ai besoin, de cette beauté.

Un ange bleu qui survole le monde.

147

C'est le début du mois d'août, le mois le plus fort, le mois où l'été atteint sa pleine maturité. Je quitte Sotopeña tandis que le vieux Juan Carlos Ier s'exile d'Espagne, tous les journaux télévisés viennent de l'annoncer, les journalistes et les hommes politiques sont scandalisés.

Nous avons choisi le même jour.

Nous partons en même temps, une coïncidence qui semble contenir un message, un petit labyrinthe, une signification.

Je quitte la maison où j'ai passé le confinement pendant qu'il abandonne le pays qu'il a fondé.

Juan Carlos Ier a édifié la fiction démocratique, qui disparaît maintenant avec son départ et se retourne contre lui.

Je range mes affaires, mes quelques effets, dans le coffre de ma voiture.

J'imagine que les vêtements du roi resteront en Espagne.

J'aimerais bien connaître la marque de son linge de corps, qui est selon moi le résumé final d'une vie.

T-shirts, slips et chaussettes bien repassés.

De merveilleux pyjamas en soie.

J'aimerais avoir les mêmes que Juan Carlos Ier, mais tout compte fait ça m'est égal puisque Altisidore n'est plus là. Rien n'est plus triste que de ne pouvoir montrer ses sous-vêtements de marque à personne. Le luxe n'existe que partagé, sans quoi il devient la chose la plus affligeante au monde, raison pour laquelle les gens ont cessé de se pomponner pendant le confinement. À quoi bon si personne ne te voit ? Altisidore m'a pourtant dit qu'elle se fichait que nul ne la regarde, qu'elle serait toujours tirée à quatre épingles. Elle m'a fait cette confidence au début de notre liaison. J'emporte avec moi de si nombreux souvenirs qu'ils vont m'occuper longtemps.

Je voterais volontiers pour tout candidat politique qui promettrait à chaque citoyen le même linge de corps que Juan Carlos Ier. Je jure que je le ferais. Je serais incapable de dénicher ce genre de sous-vêtements dans un magasin. J'ai besoin du soutien de l'État espagnol pour connaître cette boutique, que l'État espagnol m'offre ces sous-vêtements que je ne serais pas en mesure de payer, l'argent me brûlerait les doigts, or ces objets sont essentiels. Ces objets : chaussettes, T-shirts, chaussures, voiture, montre, escaliers, autobus, stylos, pièces de monnaie, serviettes, papier hygiénique. Toutes ces choses sont capitales car elles nous accueillent ou nous contiennent.

Altisidore m'a-t-elle quitté ou est-elle simplement partie ?

Tout ce qui a la force de l'érotisme est beau et a son heure de gloire avant de disparaître.

148

Trente-neuf ans et cent soixante-deux jours se sont écoulés depuis ce fameux 23 février 1981, jour du coup d'État où le mythe de Juan Carlos Ier s'est constitué.

Et voilà que ce roi quitte l'Espagne sans honneurs, sans dignité, sans rien, sans qu'une histoire romantique accueille cet exil en son sein. C'est un exil sans légende.

Nous ne sommes pas au pays de Shakespeare.

Empêtré dans les scandales financiers, il a fini par faire de sa vie un égout où ses maîtresses enragées laissaient éclater leur colère. Son argent placé en Suisse, ses millions d'euros cachés dans des paradis fiscaux sont désormais exposés à la vue de tous les Espagnols. Il quitte l'Espagne, part aux Émirats, seule possibilité pour que son fils Felipe VI puisse continuer d'être roi.

Je pense à Lawrence d'Arabie. Mais Juan Carlos Ier n'est pas Lawrence d'Arabie, pas plus que moi ou les Espagnols, qu'ils souhaitent son départ ou non.

On voit bien que les Espagnols et les Espagnoles ne font guère l'amour, que sur la planète les gens ont renoncé au sexe. Le sexe abandonné pourrit et se solde par de la violence politique. Les gens se sentent humiliés sans trop savoir qui leur inflige cette humiliation. Le sexe abandonné, sans doute, car lorsqu'on renonce au sexe la gangrène se forme dans notre cœur et nous fait pourrir de l'intérieur, elle nous aigrit et nous avons envie de tuer pour apaiser notre douleur.

Comment savoir si on est un roi si ce n'est à travers l'accumulation de biens matériels, les biens spirituels étant inexistants ? C'est ce qui est arrivé à Juan Carlos Ier, qui avait besoin d'un miroir pour s'assurer qu'il était roi. Ce miroir était matériel, pas spirituel.

Les Baisers

La matière : maisons, voitures, palais, yachts, maîtresses, avions, chasse à l'éléphant, or et chair.

Tuer des éléphants pour que ta vie déborde d'émotions et de sens.

Comment faire pour que l'existence atteigne la plénitude ?

Que peut faire un roi ?

Donner des baisers, ça oui. Tout embrasser.

C'est ce qu'il a fait à sa manière.

149

Les Espagnols, qui sont-ils ?

Les Français, qui sont-ils ?

Les Italiens, qui sont-ils ?

Les Allemands, qui sont-ils ?

Nous sommes tous des humains, des êtres identiques. L'hallucination selon laquelle les nations existent va bientôt disparaître. Elle se sera dissipée d'ici deux cents ans.

L'Histoire avec un grand "H" nous convoque de temps en temps. Les guerres et les catastrophes, mais aussi les révolutions sont sa manière de se manifester, ses cartes de visite.

Événements historiques universels et événements nationaux : arrivée du Covid-19 dans le monde et départ de Juan Carlos Ier.

Arrivée et départ contiennent apparemment un message secret.

Un message de l'Obscurité ?

Oui. Elle est partout.

150

Les humains ont besoin d'événements d'une ampleur épique, comme les Grecs de *L'Iliade* et de *L'Odyssée* d'Homère, pour que leur vie sociale soit représentée, ce qui est une preuve de leur existence.

Nous cherchons des preuves de notre existence et de ce que nous pensons vraiment être, rien de plus.

Le départ de Juan Carlos Ier atteste notre existence.

L'arrivée de l'épidémie atteste notre existence.

La réponse à tout type de questions tient en deux mots, un article défini et un nom commun : la convoitise.

Le virus convoite notre sang de même que Juan Carlos Ier a convoité de l'argent. Sang et argent sont identiques. Sang et sexe aussi. Sang et Histoire également.

À la télévision et sur les réseaux sociaux, tout le monde veut tourner Juan Carlos Ier en ridicule, railler son amour pour l'argent alors qu'eux non plus ne crachent pas dessus. Tout humain aime l'argent, qui est l'érotisme et le pouvoir. En Espagne, la jalousie naît de la peur que ton voisin ait plus de pouvoir et de richesses que toi et les utilise contre toi. Ici, jalousie et survie sont mystérieusement égaux. Ici, l'envie est liée à la crainte, car on redoute de se faire assassiner ou que celui qui est plus fortuné que soi déclare votre mort civile.

La presse et les télévisions du monde se font l'écho du scandale du roi émérite. L'Espagne revient encore une fois sur le devant de la scène internationale.

Juan Carlos Ier s'imaginait être le roi d'un pays en deuxième division. Il n'avait pas de grande fortune comme les puissants magnats américains, russes ou chinois, il n'avait pas le quart de la richesse de la reine d'Angleterre, et je suppose que ça devait lui être insupportable.

Aujourd'hui son fils doit choisir entre avoir de l'argent ou jouer un rôle important dans l'Histoire. Être anonyme est effrayant. Quand on cesse d'être roi on perd tout, on passe dans une zone grise de la condition humaine, on devient un ouvrier.

Ça aussi Cervantès le savait, et c'est pourquoi don Quichotte est obsédé par le regard de tous les hommes et de toutes les femmes.

Il a besoin d'être contemplé, comme les rois.

Nous avons tous besoin d'être contemplés.

Certains par toute l'humanité, d'autres par leurs compatriotes, d'autres par leur voisin de palier.

151

J'imagine un instant l'effondrement de la monarchie en Espagne. J'imagine Felipe VI vivant comme un citoyen anonyme, dans un appartement de la banlieue madrilène, payant une hypothèque, essayant de favoriser l'avenir de ses filles, de changer de voiture, évitant de prendre un café dans les bars dans le souci d'économiser 14 euros par semaine, s'achetant du ruban adhésif rouge dans un bazar chinois pour cacher les rayures et la rouille sur la carrosserie de son tacot, gardant les tickets de caisse du Carrefour pour obtenir un rabais de 3 euros la prochaine fois qu'il achètera de la bière Mahou si le montant de ses achats s'élève à plus de 30 euros.

Ce Felipe VI sans couronne ferait peur aux Espagnols car nous perdrions alors cette zone de transcendance, d'ornementation, de pouvoir et de privilèges, de représentation, de symboles dont nous avons besoin pour nous affirmer en tant que nation, prouver que nous sommes quelque chose, que nous sommes liés, que notre voisin de palier a avec nous un rapport qui va au-delà de la proximité physique.

Cesser d'être une nation équivaut au retour des tribus, des cris près du feu, des dieux modelés dans la terre, de la viande crue, la maladie, le chamanisme, la folie, le lynchage, la superstition, le néant.

Imagine que tu croises Felipe VI à l'arrêt d'autobus, ou un dimanche à Ikea, ou encore en train de faire la queue pour pointer au chômage, imagine-le ainsi, divorcé, buvant du whisky espagnol bon marché dans un sombre bar en bordure du périphérique, entouré d'immeubles modestes à loyer modéré, à Getafe ou à Parla, buvant pour tout oublier. C'est plaisant, ça n'est pas dénué de beauté, c'est un bon effondrement général de tout un pays.

Là où il y a de la beauté, il y a de la dignité.

Juan Carlos Ier est parti et je constate que le cercle se referme avec la fin de cette histoire. C'est la fin d'une époque. Je quitte Sotopeña, l'endroit où je suis tombé amoureux d'Altisisore, le jour où le roi quitte l'Espagne, comme si je vivais dans un conte de fées ou une histoire de fantômes.

Je suis venu ici poussé par un événement collectif.

Je m'en vais parce qu'une porte collective s'est ouverte, celle par laquelle s'enfuit un roi vers le royaume du silence et de l'échec, et je profite de son ouverture pour prendre moi aussi le large.

On dit que le 23 février 1981, le roi Juan Carlos Ier a sauvé tout un pays, mais il se peut qu'il n'ait sauvé que ses affaires, son entreprise, ses investissements. Il est impossible de les différencier.

Voilà pourquoi je ne crois qu'à l'amour, celui que j'ai vécu avec cette femme. J'ai fait d'elle une déesse car je trouve toujours la vie infiniment belle. Par amour pour la beauté, j'ai transformé Montserrat García – tel était son nom – en divinité.

152

J'ai déjà commencé à voir Altisidore dans ma mémoire, à magnifier son souvenir.

Nous ne sommes pas restés longtemps ensemble, mais cette période équivaut à trente ans de mariage.

N'essaie pas de me chercher, même si je sais que tu ne le feras pas car tu as tout compris, que nous nous sommes aimés et qu'en nous aimant nous avons découvert l'essence du temps.

C'est plutôt moi qui me défends de la chercher un jour, qui m'exhorte à effacer ses photos de mon portable, à supprimer ses WhatsApp et son numéro de téléphone afin de ne pas succomber à la tentation de prendre de ses nouvelles dans trois jours, une semaine, un mois, un an ou dix ans.

C'est que quatre mois et demi d'amour correspondent à quatre siècles et demi de plaisir dans la mémoire.

Nous ne nous destinions à rien qui ressemble aux conventions sociales, à l'ennui, au soutien mutuel dans les routines professionnelles, à la subsistance, au sommeil partagé chaque nuit, à la division des tâches domestiques, toi tu cuisines, moi je fais les courses et je m'occupe du ménage, tu amènes la voiture au garage, mais dis-moi si tout cela est digne de l'immense beauté de ton prénom, parce que tu t'appelles Altisidore.

Adieu mon amour.

Adieu Altisidore.

Remercions la pandémie de nous avoir donné cet amour qui prend fin à présent, maintenant que le virus s'apprête à déserter le monde.

Don Quichotte n'a jamais épousé Dulcinée.

153

Je suis retourné dans mon appartement madrilène.

Rue Gabriel Lobo.

Deuxième étage, escalier B.

J'ouvre la porte.

J'entre sans allumer les lumières et vais directement au salon, m'assieds dans le canapé et attends que la nuit tombe.

Un portrait de ma mère est posé sur la table. Je ne l'ai pas encore regardé, je ne peux pas ou ne veux pas, je ne sais pas.

La nuit s'installe avec amour, comme si elle était ma femme, mon Altisidore, sortie de mes entrailles pour y revenir.

Une pensée se dessine : nous sommes une espèce indestructible ; il se peut même que nos vies soient créées en ce moment par des êtres du futur, dans une affirmation infinie de l'humain.

Ils nous regardent à des millénaires de distance.

Nous ne pouvons pas les voir, mais eux si. Nous ne distinguons pas ceux qui sont capables de nous voir. Mais je sais qu'ils sont là ou qu'ils arriveront bientôt, et cette quête d'avenir atteint un tel degré de certitude que le temps s'annule pour proposer un présent perpétuel où je sais qu'ils sont là, à m'observer. Ce sont nos arrière-arrière-petits-enfants, les arrière-arrière-petits-enfants de Marc.

Ils nous aiment, nous sommes leurs arrière-arrière-grands-parents et ils sont jeunes, promis à une jeunesse inaltérable née de la conjonction de la bonté et de la beauté, à laquelle l'humanité est enfin parvenue. De temps en temps ils nous ressuscitent parce qu'ils nous aiment.

Quand Altisidore revient dans mes pensées, mon corps la cherche. J'ai donc commis la plus grande erreur qui soit.

Les Baisers

Mon corps continue de la chercher.

Il la cherchera pour les siècles des siècles.

Mon corps.

Sang, fluides, sexe et libido sont impérissables et à l'origine de tout. Pas l'âme. Les fluides, les veines bleues, l'exhibition, l'ardeur, la traversée.

154

On vient de sonner à ma porte. Je regarde par le judas et distingue un visage qui porte un masque chirurgical.

C'est Horacio, ton voisin, entends-je.

Je mets mon masque et ouvre la porte. Nous nous saluons avec tendresse.

Je t'apporte ton courrier, il débordait de ta boîte, beaucoup de lettres se sont accumulées pendant ton absence, alors j'ai proposé au facteur de te les garder.

Je le remercie.

Je rentre avec une pile de lettres, pour la plupart de la banque, du syndicat ou des publicités.

Mais l'une d'elles se démarque des autres.

C'est Montserrat qui me l'a envoyée, je lui avais laissé mon adresse.

Je vais au salon, m'assieds dans le canapé et lis l'adresse de l'expéditeur, une rue dans la ville de Butzbach, en Allemagne. Je lui sais gré de ne pas m'avoir envoyé de mail. Voir son écriture et mon nom écrit de sa main est un acte d'amour. Voir sa signature aussi.

155

Mon Salvador bien-aimé,

Ça n'a pas été facile pour moi de partir presque comme une voleuse, mais ce n'était pas toi que je fuyais, tu sais très bien pourquoi j'ai quitté Sotopeña. Je t'ai appelé plusieurs fois après notre dernière conversation, quand je t'ai annoncé que je m'en allais. Je tenais à t'expliquer plus en détail ce qui m'était arrivé, puis j'ai pris conscience que tu le savais, tu t'en doutais ou tu l'avais deviné, c'est pour ça que tu ne répondais pas à mes appels. J'ai compris que tu voulais comme moi qu'il en soit ainsi, pour préserver la "beauté" à laquelle tu aspires constamment, ton romantisme, ta merveilleuse folie dont je suis tombée amoureuse.

Tu le sais, je suis en Allemagne.

Avec Marc, qui a besoin de moi.

C'est un garçon adorable. À ses côtés je suis apaisée et calme, je ne me sens plus coupable.

Je n'ai pas l'intention de te raconter les mésaventures que j'ai traversées dans cette nouvelle situation sur laquelle je ne m'étendrai pas non plus. Je te dirai seulement que je vais bien parce que j'ai retrouvé mon fils, et que comme toute mère je l'aide à grandir.

Je t'aime énormément et je t'aimerai toujours.

Si on ne se revoit pas, sache que je ne t'oublierai jamais.

Tu seras toujours avec moi, toujours présent dans mes pensées. Les journées que nous avons vécues ensemble seront contenues dans chaque battement de mon cœur, chaque clignement d'œil, chaque pli des rides que j'aurai à l'avenir.

Je mourrai en pensant à toi, en me disant que tu as été

le grand amour de ma vie, je rêverai de toi dans un futur situé au-delà de la vie et de la mort, où nous serons enfin libres tous les deux, tous les deux très beaux, comme tu l'as toujours voulu.

J'espère que tu trouveras la beauté que tu cherches, qu'elle t'accompagnera toujours. Je crois que tu avais raison, je crois que la beauté existe. Tu la voyais en moi et je t'en remercie car tu m'as rassurée. Toutes tes louanges, que j'accueillais parfois comme les marques d'une galanterie d'un autre temps, d'un romantisme récalcitrant, n'étaient pas des illusions. Tout ce que tu as vu en moi m'a donné des forces pour aller de l'avant, et cela m'a conduite à t'aimer avec tendresse et bienveillance. Car ce que tu as vu en moi peut s'appliquer à la vie en général, à toutes les facettes de la vie.

La maison de la forêt est celle de mon cœur.

Je garde en moi toutes les fois où tu as fait l'éloge de mes mains, mes yeux et mes cheveux. Tu étais obsédé par mes mains, que je regarde parfois en m'efforçant d'y déceler ce que tu y as vu, et je finis par te voir toi. Tu disais que mes cheveux étaient tantôt noirs, tantôt blonds. Quand je me coiffe devant le miroir, je les vois avec tes yeux et tu reviens. Tu m'as révélé mon identité, et si je n'étais pas cette femme je le suis devenue, elle s'est imposée à mon corps et mon esprit. Ton désir d'amour a fini par se transformer en un virus que tu m'as inoculé. J'ai ce désir d'amour, ce bon virus, en moi.

Tu as été un cadeau de la vie, un cadeau des dieux les plus puissants de l'univers. J'aimerais pouvoir te donner un dixième de ce que tu m'as apporté.

Je t'aime et t'embrasse.

Altisidore

156

Sa lettre m'a fait pleurer.

J'ai été heureux de retrouver ses mots.

Elle m'aime et m'aimera, même si nous ne nous revoyons pas. Ses mots me suffisent. Beaucoup d'amoureux n'ont même pas eu de mots pour adoucir leur solitude.

Lire mon prénom dans sa lettre m'a fait un drôle d'effet. Ces derniers mois, personne ne l'a prononcé, hormis Altisidore quelquefois, de très rares fois.

Un prénom étrange que Salvador, qui était celui de mon grand-père maternel, une concession de mon père à ma mère. Elle adorait ce prénom et m'avait dit que c'était le plus beau du monde.

Un prénom fait pour briller, m'avait-elle précisé il y a des milliers d'années. Des milliers d'années ?

C'est que je ne me souviens pratiquement pas d'elle.

Elle ne vient à moi que lorsque je dis ce prénom qu'elle a choisi et qui a fini dans la main d'Altisidore, dont le nom est une de mes inventions, car en réalité elle s'appelle Montserrat.

Je le vois écrit là, Salvador, de la grande écriture fuselée d'Altisidore, une écriture que je trouve érotique et dans laquelle je vois de la lascivité, de la luxure, un don de chair, le don des baisers les plus exterminateurs, voilà ce que comporte l'écriture d'Altisidore.

Je l'observe, l'ayant à peine vue auparavant, ne connaissant que sa signature. Je peux enfin apprécier cette écriture qui est un prolongement de sa personne, et je suis triste de penser que nous avons passé si peu de temps ensemble que je n'ai pas eu l'occasion de découvrir comment elle écrivait.

Les couples connaissent l'écriture de chacun, l'écriture de la routine.

Les amants ont pour eux l'écriture des adieux.

J'ouvre maintenant une lettre particulière envoyée par le syndicat, mais il ne s'agit ni d'une publicité officielle ni d'une lettre d'information. Elle contient une autre enveloppe, plus petite, portant au dos le nom de Rafael Puig. Un mot du syndicat m'indique qu'ils me réexpédient ce courrier. La lettre vient d'Inde.

Je l'ouvre.

157

Cher Salvador,

J'espère que tu vas bien, je sais que tu vas bien. Après quarante ans sans que nous échangions de nouvelles, j'ai bon espoir que cette lettre te parvienne. T'écrire au terme d'une si longue période est comme écrire dans le vent, un acte insensé en apparence, et pourtant voilà, je le fais. Je t'envoie cette missive en m'en remettant à ton humanité et à ta mémoire. Je l'ai adressée à ton syndicat d'enseignants, je n'avais pas d'autre adresse. Je sais que tu en es membre par doña Matilde, qui est vivante et avec qui je suis toujours en contact, je tenais à te le dire. Elle a quatre-vingt-dix ans et se souvient de nous, de toi surtout, car tu étais timide et tu la traitais avec beaucoup de respect, ce sont ses propres termes. Quatre-vingt-dix ans, eh oui, l'âge que les dieux offrent aux élus. Tu te souviens d'elle, n'est-ce pas ? Pourvu que tu les aies un jour, et moi aussi. Le plus étonnant, c'est que tu as eu sa petite-fille comme élève quand elle était adolescente. Elle t'a dit un jour que Matilde était sa grand-mère, mais ça t'est peut-être sorti de la tête. J'ai appelé à ton lycée, on n'a pas voulu me donner ton adresse, alors j'ai demandé à Almudena (c'est son prénom), qui est professeure, comme toi, et m'a appris que tu étais affilié à ce syndicat. Elle s'est proposé de me fournir ton adresse mail, mais j'ai refusé. Je voulais t'écrire une vraie lettre de ma plume. Elle m'a suggéré de l'envoyer au syndicat, qui la ferait suivre. Elle se souvient bien de toi. Le sourire aux lèvres, elle m'a dit que tes cours étaient très spéciaux, que tu donnais de bonnes notes à tout le monde. Ta bonté m'est alors revenue.

Après mes études, j'ai été médecin dans plusieurs villes d'Espagne, surtout dans le sud, dans des villages perdus d'Andalousie, où je me suis marié et où j'ai divorcé. J'ai mené une existence normale et prévisible, jusqu'à ce que je me rende compte que je voulais aider les gens, consacrer mon énergie aux autres. Mais je ne vais pas te bassiner avec ça. En gros, j'ai exercé la médecine dans différentes ONG et organisations internationales, j'ai parcouru la moitié du globe au service de ceux qui n'ont rien. C'est d'ailleurs dans une ONG que j'ai fait la connaissance d'Almudena, qui est une femme généreuse et engagée. Une coopérante, comme moi.

Je veux te préciser que je n'ai pas agi uniquement par altruisme. J'ai découvert un autre sens à la vie, ça a été une sorte de lumière éblouissante et j'ai vu dans les autres l'énergie que je cherchais. Ils étaient l'explication, la solution.

Je vis dans l'État du Bihar, un des plus pauvres de l'Inde, à Patna, la capitale, où j'essaie de me battre contre le virus, entouré des gens les plus nécessiteux de la terre. Si tu voyais dans quelles conditions je vis, tu prendrais peur. Je n'ai pas l'eau courante et ne peux profiter de l'électricité que quelques heures par jour. Je possède peu de vêtements, mange le strict minimum et mon confort est rudimentaire. Pourtant j'ai la reconnaissance d'enfants, d'hommes et de femmes. Je vois que bien souvent ils ne savent pas comment me remercier. Je n'ai pas d'ambition, tu penseras sans doute que c'est un cliché, mais la vérité est en moi. Ma seule ambition, c'est de voir le soleil se lever chaque jour. Ce n'est pas simple de parvenir à un tel degré de renoncement, presque personne n'y arrive.

Combien de fois dans ma vie ai-je voulu m'aventurer dans le surnaturel ! Nous en parlions beaucoup à l'Académie.

Je n'en connaissais pas la porte. La gratitude d'un humain envers un autre est de nature surnaturelle.

Beaucoup de gens sont morts entre mes mains, c'est vrai, mais beaucoup d'autres, en plus grand nombre, ont été sauvés. Et ceux qui ont survécu m'ont sauvé à leur tour.

En sauvant on obtient son salut.

Je t'ai senti proche ces derniers mois, c'est pourquoi je t'écris comme si tu m'avais invoqué, appelé, comme si tu avais eu besoin de te voir confirmer que, dans la vie, la nature spirituelle des choses existe, comme si ma présence t'était nécessaire.

Je t'écris pour te révéler ce que j'ignorais quand nous passions nos nuits à discuter à l'Académie. Il me semble urgent de te dire qu'on peut vaincre l'Obscurité. Elle domine le visible et l'invisible, c'est sûr, elle fait l'amalgame entre l'existence et l'inexistence, connaît le savoir des anciens alchimistes et des voyageurs astraux, la malversation fondamentale du bien, sa ruine, son échec. Car il échoue avec autant de force qu'il persévère. C'est ça, la porte du surnaturel : l'alternance éternelle entre la persévérance et l'échec du bien.

Je sais que pendant ces mois de pandémie l'Obscurité t'a rendu visite. Je le sais parce que je la fréquente encore. Je la vois dans les nombreuses personnes qui meurent, qui se vident de leur sang sur cette belle planète. Je la vois plantée là comme un immeuble d'acier, au milieu du temps et de l'espace. La plupart des gens la perçoivent au moment de leur mort, dans le millième de seconde où ils sont encore conscients avant de s'éteindre ; nous, nous la voyons plus souvent, c'est tout, dans la mesure où nous faisons attention. Maudite soit-elle, cette attention véhémente. Je préférerais ne pas la voir car elle ne donne rien.

Il ne s'agit pas vraiment de la vaincre, mais d'arriver à cohabiter avec elle. C'est de cela que je voulais te parler.

Je l'ai fait en vouant ma vie et mon art aux plus pauvres et aux plus modestes de ce monde.

Quand je guéris un malade dans le dénuement, sans vêtements ni nourriture, la peau lacérée et l'âme détruite, l'Obscurité s'éloigne. Elle me regarde droit dans les yeux, émue, baisse la tête et s'en va, après quoi la vie reprend.

Guérir un humain est une forme d'érotisme, sans doute la plus profonde qui soit. On parle de générosité, d'altruisme, de justice sociale, de solidarité. Ce ne sont pas les mots qui conviennent. Le bon mot est “érotisme”. Guérir un autre être humain, c'est pénétrer dans ce qu'il a de plus sacré, tu entres dans sa santé, tu lui parles, tu touches ses organes, tu rappelles la vie, tu embrasses la santé, ce qui équivaut à embrasser la vie. Tu entres dans la maladie, tu marches à l'intérieur et tu l'expulses, tu ouvres les fenêtres et l'air pur traverse le corps de celui qui était à l'agonie. C'est de l'érotisme, crois-moi. Tu laisses entrer la mer, les arbres, le vent, les oiseaux, le bien absolu.

Le bien absolu s'édifie sur l'érotisme.

Il s'édifie aussi sur les baisers.

C'est ça : les baisers, qui sont toujours le plus grand mystère du monde. Personne ne saura jamais ce que sont les baisers, pourquoi ils existent ni ce qu'ils signifient vraiment. Ils ont un pouvoir inconnu.

Les baisers, tout est là. Dans les baisers.

C'est ce que je fais en tant que médecin : je dépose des baisers dans des corps malades.

Essaie de vivre avec l'Obscurité, dis-lui que tu es amoureux, tombe amoureux d'une femme, s'il te plaît, et si elle n'existe pas, alors invente-la et l'Obscurité te laissera tranquille, elle s'écartera de toi, du moins pour un temps. L'Obscurité, oui : ne pas savoir pourquoi, ne pas savoir qui ni où, ne pas savoir si la vie est réelle, ne pas savoir et ressentir cette soif, cette soif douloureuse, et cette douleur qui retourne dans l'Obscurité.

Je mourrai seul, comme toi.

Nous mourrons seuls.

Elle finira par nous emporter.

Sans une plainte.

Je t'embrasse,

Rafael

158

Je pose les deux lettres sur la table.

Je les dispose l'une à côté de l'autre.

Deux lettres manuscrites dans un monde où plus personne n'en écrit. Deux lettres qui sont le trésor de la condition humaine, du moins la mienne. Deux lettres humaines, je remercie Dieu sait qui de l'envoi de ces missives, manuscrites comme autrefois, glissées dans une enveloppe timbrée, qui ont requis des préparatifs de voyage avant de me parvenir, une main qui s'empare d'un stylo pour que le papier s'éclaire, l'effort de se rendre à la poste et de regarder un fonctionnaire peser la lettre et consulter le tarif qu'il faut lui appliquer.

Je parcours mon appartement de la rue Gabriel Lobo, j'essaie d'y marcher comme si j'étais dans une forêt solitaire peuplée d'oiseaux qui poussent des trilles véloces et enflammés, j'essaie de penser à ces deux lettres, j'essaie de les comprendre, toutes mes affaires sont là, je vois mes livres, mes photos de famille – peu nombreuses –, mon lit, ma penderie, la cuisine, le frigo vide, je dois aller faire les courses, je me rappelle mes courses, la première fois que je les ai faites à Sotopeña, quand j'ai rencontré Montserrat, et je pense à ces lettres, à ces deux personnes qui sont en cet instant ma seule famille : mon amour et mon ami quasiment imaginaire.

Je vais dans la cuisine.

Je la regarde en tâchant d'y déceler le secret de l'espace et des objets.

J'ouvre le robinet et regarde un moment l'eau couler dans l'évier.

C'est l'eau devant la pierre. L'eau, comme dans ce film que

j'ai vu un jour, *In the Mood for Love*, où à la fin de l'histoire une petite plante poussait au milieu des cailloux.

L'eau.

Altisidore était faite d'eau.

L'eau cache l'énigme de la liberté, car elle n'a pas de représentation politique. Je pense à la liberté en me demandant si je la connaîtrai un jour.

Cervantès a écrit l'histoire d'amour la plus triste qui soit, celle de don Quichotte pour Dulcinée du Toboso. Personne n'a pris cette grande histoire d'amour au sérieux hormis don Quichotte, lui et lui seul pour les siècles des siècles, rien que lui.

C'est ce qui m'est arrivé, rien qu'à moi, en ayant cette foi ridicule dans l'amour d'une femme, je suis ridicule, triste et vieux, mais amoureux comme le fou du roman de Cervantès, défendant une joliesse, la même que celle que je défends contre l'Histoire, contre le Temps, contre la Mort, contre l'Obscurité.

159

Je ne me souviens pas d'Almudena et ne me rappelle pas non plus la conversation à laquelle Rafael fait allusion dans sa lettre. Je vais essayer de la localiser, je prendrai un café avec elle, chacun son masque sur le nez. Au syndicat on me dira où la trouver, même si je ne connais pas son nom de famille. Je pourrais faire des recherches dans mes archives, où sont répertoriés mes anciens élèves, mais je n'ai conservé que celles des dernières années, j'ai détruit les autres non sans tristesse, car je n'avais pas de place pour stocker tous ces jeunes gens, leurs photos, leurs contrôles, leurs notes, le lourd décompte de leurs absences et les justificatifs qui s'y rapportaient, un rendez-vous chez le dentiste, une grippe, un empêchement familial jamais précisé, l'enterrement d'un grand-père.

Comme le vieillissement est obscur !

Sa base d'argumentation nous échappe, on ne comprend pas l'apparition des rides sur notre peau ni la dégradation progressive de la mémoire. Comment ai-je pu oublier la petite-fille de doña Matilde alors qu'elle a été mon élève ?

Le vieillissement est la carte de visite de l'Obscurité.

S'il y a en revanche une chose que je sais, c'est que je ne répondrai à aucune de ces deux lettres. Ni à celle de Montserrat (elle n'est plus Altisidore, qui n'a jamais existé dans la réalité), ni à celle de Rafael Puig.

Qu'est-ce que je leur dirais ?

Je leur proposerais de venir prendre un café et normaliserais des aventures extraordinaires ?

Je vulgariserais ce qu'ils ont été pour moi ?

Je verrais Altisidore vieillir au fil d'une amitié sympathique et lointaine, mais aussi gênante et fausse.

Je ne pourrai pas vivre sans elle. Pourquoi est-ce que je ne lui téléphone pas tout de suite ? Parce que j'ai choisi l'élévation de la vie, voilà la raison. Les hauteurs incommensurables. Parce que je l'aime énormément et que ce n'est que dans le renoncement que mon amour accède à une forme éventuelle de divinité, de transcendance.

Je constate que le virus se décompose. Il a traîné des milliers d'années dans l'atmosphère terrestre. Nous le terrasserons bientôt, et s'il n'y avait pas les masques je l'aurais déjà oublié.

Ces lettres me disent qu'en revanche, le désir qu'éprouvent deux humains l'un pour l'autre est loin de se déliter. Il demeure intact. Il se dégradera peut-être un jour et ce sera la fin du monde : quand les hommes ne désireront plus les femmes et réciproquement.

Ça peut arriver.

Dans la vieillesse profonde et sans mémoire.

Je peux rêver d'un futur où les humains ne s'attireront plus les uns les autres, où le désir aura disparu sans qu'on remarque son absence, sans qu'il nous manque.

Nous connaîtrions la liberté en même temps que notre extinction.

Nous accéderions à l'indépendance en même temps qu'à l'inhumanité.

Nous aurions une vie sans douleur qui devrait chercher sa plénitude ailleurs.

Où ?

Dans l'Obscurité ?

Nous passerions dans la rue les uns à côté des autres sans ressentir la moindre attraction. Nous nous prendrions la main, cordialement mais sans désir. Nous dormirions seuls ou accompagnés, peu nous importerait. Nous nous verrions nus et pourrions même marcher nus dans la rue. Nus dans les transports publics sans une pointe de curiosité, sans séduction ni gravitation, sans honte et par conséquent sans souffrance.

La mort de l'érotisme nous octroierait la liberté.

Nous ne serions pas esclaves de nos instincts.

La destruction de l'âme existe.

L'Obscurité.

Ne formulons aucune plainte, pas même contre elle, vers laquelle nous allons tous et dont nous provenons.

160

Je sors dans les rues de Madrid, mon frigo est vide, je dois acheter des fruits, des légumes, des œufs, du lait et un croissant, et je vois une foule d'hommes et de femmes au visage masqué marcher en silence et attendre.

Qu'attendent-ils ?

Les baisers, voilà ce qu'ils attendent.

CITATIONS

Pour toutes les pages contenant des références à ce roman, nous citons l'édition suivante : Miguel de Cervantès, *L'Ingénieux Hidalgo don Quichotte de la Manche*, traduction d'Aline Schulman, Seuil, 1997, et Points, 2022.

P. 253 : Luis Cernuda, *Los placeres prohibidos*, Presses Sorbonne Nouvelle, 2010. Traduction de Zoraida Carandell, Françoise Étienvre, Serge Salaün, Laurie-Anne Laget et Mélissa Lecointre.

RÉALISATION : NORD COMPO À VILLENEUVE-D'ASCQ
IMPRIMERIE NORMANDIE ROTO
DÉPÔT LÉGAL : OCTOBRE 2022. N° : 149776 (2203243)
IMPRIMÉ EN FRANCE